图 2-23　普莱德动力电池系统

图 2-24　SK 动力电池系统

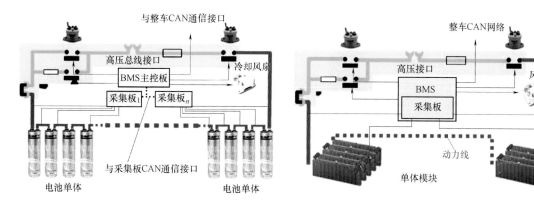

图 2-26　分布式方案　　　　　　　　　图 2-27　集成式方案

旋转变压器

旋变线束

电机转子铁心

图 3-44　旋变器安装位置

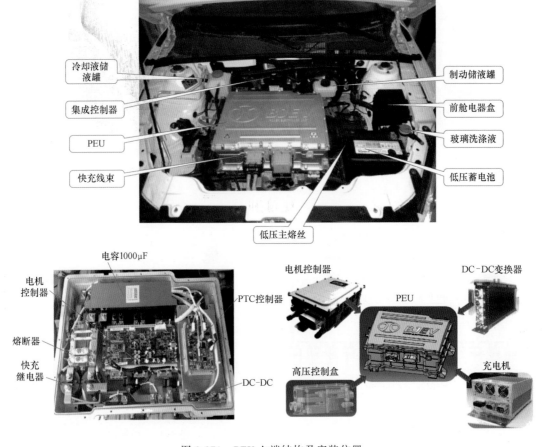

冷却液储液罐

集成控制器

PEU

快充线束

制动储液罐

前舱电器盒

玻璃洗涤液

低压蓄电池

低压主熔丝

电容1000μF

电机控制器

熔断器

快充继电器

PTC控制器

DC-DC

电机控制器

DC-DC变换器

PEU

高压控制盒

充电机

图 3-271　PEU 上端结构及安装位置

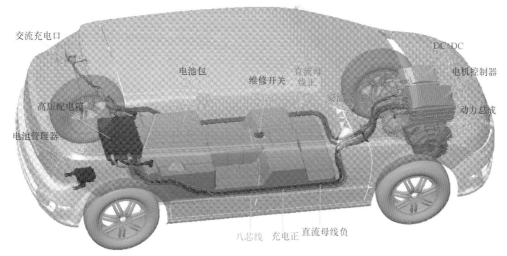

图 5-1　比亚迪 e6 高压系统分布图

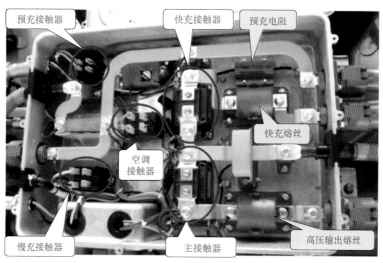

图 5-34　高压配电箱内部结构

a) 转子

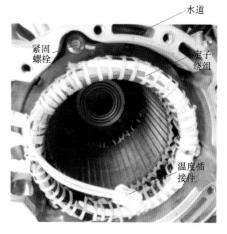

b) 定子

图 5-54　驱动电机转子、定子结构

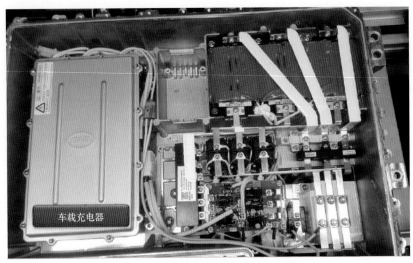

图 5-135　比亚迪秦 EV 车载充电器

整车架构

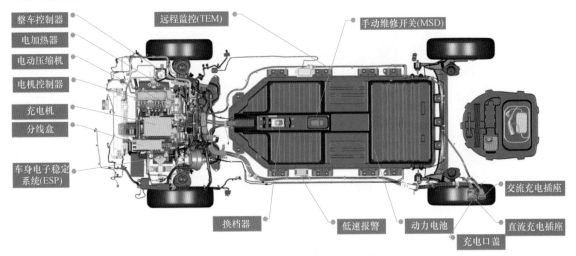

整车控制器
电加热器
电动压缩机
电机控制器
充电机
分线盒
车身电子稳定系统(ESP)
远程监控(TEM)
手动维修开关(MSD)
换档器
低速报警
动力电池
充电口盖
交流充电插座
直流充电插座

图 7-1　吉利帝豪电汽车动整车结构

图 8-9　PEB 高低压电缆

汽车维修入门 全程图解系列

全程图解

电动汽车构造原理与维修

★ 李 伟 主编

结构原理图 ＋ 基础知识 ＋ 实际操作
轻松入门 快速提高！

机械工业出版社
CHINA MACHINE PRESS

本书系统介绍了纯电动汽车维修安全操作、整车控制系统结构原理与检修、动力电池系统结构原理与检修、驱动电机及控制系统结构与检修、充电系统结构原理与检修、辅助系统结构原理与检修、电动汽车拆装等内容。本书结合大量的原理示意图、剖视图，可以让读者清晰地看到电动汽车的内部构造，有利于深入了解电动汽车构造原理及各个部件的故障诊断、维修。

本书可作为职业院校新能源汽车和汽车维修等相关专业的教学用书，也可作为汽车企业的内部培训资料，还可以作为想了解新能源汽车的大众群体的科普读物。

图书在版编目（CIP）数据

全程图解电动汽车构造原理与维修/李伟主编. —北京：机械工业出版社，2019.3

（汽车维修入门全程图解系列）

ISBN 978-7-111-61869-0

Ⅰ.①全… Ⅱ.①李… Ⅲ.①电动汽车-构造-图解②电动汽车-车辆修理-图解 Ⅳ.①U469.72-64

中国版本图书馆 CIP 数据核字（2019）第 012221 号

机械工业出版社（北京市百万庄大街 22 号 邮政编码 100037）
策划编辑：杜凡如 责任编辑：杜凡如
责任校对：王明欣 封面设计：张 静
责任印制：张 博
三河市国英印务有限公司印刷
2019 年 4 月第 1 版第 1 次印刷
184mm×260mm · 26 印张 · 643 千字
0001—3000 册
标准书号：ISBN 978-7-111-61869-0
定价：69.00 元

凡购本书，如有缺页、倒页、脱页，由本社发行部调换

电话服务 网络服务
服务咨询热线：010-88361066 机 工 官 网：www.cmpbook.com
读者购书热线：010-68326294 机 工 官 博：weibo.com/cmp1952
金 书 网：www.golden-book.com
封面无防伪标均为盗版 教育服务网：www.cmpedu.com

前言 PREFACE

目前，我国新能源汽车在全球市场高歌猛进，很多自主品牌，如北汽新能源、比亚迪等已经在新能源汽车市场取得了优秀的成绩，尤其是近年来在政府的支持下，个人购买电动汽车的数量急剧增加，新能源汽车行业前、后市场对技能人才的需求量也不断增大。

本书选取北汽 EV160/200、EX260/300、EU260/300/400，江淮，比亚迪 e6、e5、宋 EV300、秦 EV，吉利帝豪 EV，荣威 EV 等主流电动汽车车型为参考，以电动汽车的主流技术、故障检修、拆装、控制原理为出发点，按照汽车维修职业岗位应掌握的技能和知识，对电动汽车的维修知识进行全方位的讲解。

本书把电动汽车的基本原理与具体车型相结合，在讲述电动汽车共性技术的基础上，通过系统介绍各类电动汽车的结构原理，进一步讲述了各种类型电动汽车的特点和维修诊断的问题。在章节安排上，先讲述基础和共性知识，再从简单到复杂，讲述各类典型车型，由浅入深，方便学习。由于本书重点是电动汽车的应用技术，车型选取主要是根据该类车型市场保有量和影响来确定的。

书中采用大量的结构图、原理图、电路图，配合文字进行详细的讲解与描述，并列举了大量的故障案例，语言通俗易懂，力求让读者能够更加直观地了解新能源汽车的构造原理与维修。

本书由李伟主编，参加编写的人员还有李校航、马珍、李春山、李校研、吕春影，在此深表感谢。由于本书涉及内容较新，编者水平有限，书中不完善之处在所难免，恳请广大读者批评指正。

编　者

目录 CONTENTS

第 4 章　江淮纯电动汽车 ·················· 173

第1章 Chapter 1
纯电动汽车组成、维修安全及操作

1 纯电动汽车的结构

纯电动汽车是指以车载电源为动力，用电机驱动车轮行驶，符合道路交通、安全法规各项要求的车辆。纯电动汽车的组成主要包括电源（动力电池）、驱动电机系统、整车控制器及充电系统、空调系统、冷却系统、制动系统、转向系统和数据采集终端等，而其他部分基本与传统的内燃机汽车相同。纯电动汽车结构如图 1-1 所示。

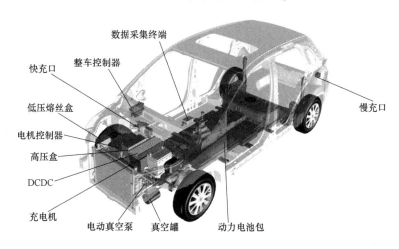

图 1-1　纯电动汽车结构图

2 电动汽车作业过程

（1）作业前

1）切断高压线路检查逆变器放电系统，用标牌警示正在执行涉及高压电气的作业，如图 1-2 所示。对高压系统进行作业时，使用带有警告"正在进行高压作业，请勿触碰！"或类似内容的标牌，以警告其他维修人员。

2）使用绝缘安全器具：①为防止电击，对高压电路执行检查或保养时，戴上绝缘手套并穿上安全鞋等安全器具。②检查绝缘手套是否破裂、撕裂、磨损或潮湿，如图1-3所示。

3）切断高压电路：①对高压电路执行检查和保养时，断开维修塞。将维修塞存放在口袋内，以防止其他维修人员插入维修塞。②断开维修塞后，开始作业前确保遵照规定的必要等待时间以使高压电容器充分放电。③由于放电时间因车型而异，务必查阅相应车型《修理手册》中规定的所需时间。

图1-2　高压警告牌

图1-3　检查绝缘手套

4）检查逆变器放电系统：①断开维修塞，经过规定时间后，通过检查电压确认电容器已放电。②使用自动量程或手动1000V量程的检测仪确保端子电压为0。

5）检查个人物品，不要携带掉落时可能导致短路的物品，如金属自动铅笔或直尺。

（2）作业期间

1）在拆下绝缘盖的情况下触碰高压端子，如图1-4所示：①戴上绝缘手套，触碰高压端子前使用检测仪确保电压为0。②在未戴绝缘手套的情况下，使用检测仪检查端子可能遭受电击。

2）绝缘工具：①拆下或安装螺栓和螺母前，务必将使用工具绝缘。②如果工具触碰到高压电路的正极或负极端子，则可能发生短路，这是非常危险的。

3）将拆下的高压端子绝缘，如图1-5所示。

图1-4　在拆下绝缘盖的情况下
　　　　触碰高压端子时

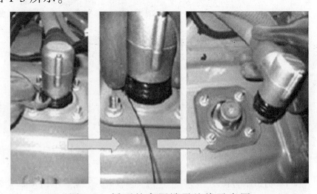

图1-5　拆下的高压端子绝缘示意图

4）在高压、大电流电路下紧固螺栓和螺母：①在高压、大电流电路下紧固螺栓或螺母时，务必紧固至手册中规定的力矩。过度紧固可能导致疲劳断裂，或因螺栓和螺母塑性变形而降低轴向力。这会导致接触电阻增大并产生热量，引起车辆失火。②务必在不可重复使用的零件上使用新螺母。为使安装更加稳固，高压蓄电池（不可重复使用的零件）的锥形螺母在紧固至规定力矩值后会变形。紧固螺母时，紧固至规定力矩前会感觉已经达到了规定力矩，因此如果用手紧固，则可能无法将螺母紧固至正确力矩。紧固新螺母时，务必使用扭力扳手。③不要修理高压紧固件的螺纹部位，这样会产生热量并可能引起车辆失火。

5）断开冷却液软管等操作：①清除高压紧固件上的异物。②如果紧固件不干净，则高压端子之间可能会短路产生热量，从而导致车辆失火。

6）确认工作细节：完成作业后，确保没有零件或工具遗落在作业区域，高压端子已正确紧固，并检查插接器的连接情况。

3 电动汽车安全防护设备

带电作业或使用电气工具时为防止工作人员触电，必须使用绝缘工具，如图1-6所示。

图例	工具名称	用途描述
	警示牌	在地面或车辆附近显明显位置放置
	绝缘手套(绝等级为1000V/300A以上)	拆除及安装高压部件时使用
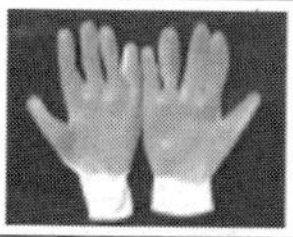	皮手套	拆除及安装高压部件时使用(保护绝缘手套)
	绝缘鞋	拆除及安装高压部件时使用
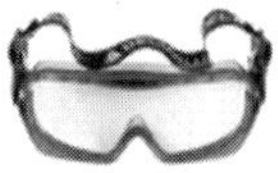	防护眼镜	拆除及安装高压部件时使用
	绝缘帽	拆除及安装高压部件时使用

图1-6 绝缘工具

图例	工具名称	用途描述
	绝缘万用表	测试高压部件绝缘阻值
	绝缘工具	拆除及安装高压部件时使用
	绝缘胶布	覆盖所有的高压电线或端子。在维修塞被拔出后，包住维修塞槽

图 1-6　绝缘工具（续）

4 电动汽车高压系统绝缘性能检测

首先应保证测量者安全，测量者须佩戴好有一定安全等级，符合国家相关标准要求的防护用品（防护用品通常有使用年限要求），如安全帽、安全手套、绝缘鞋等。同时测量者不得佩戴金属饰物，如手表、戒指、项链等，工作服衣袋内不得有金属物件，如钥匙、金属壳笔、手机、硬币等。

检测前须保证电路线束已经不带电，最可靠的方法是测量前使用放电仪器（图1-7）放电，并使用专用万用表进行验电操作，确认高压系统无电后再进行绝缘检测。测量仪器绝缘电阻表如图1-8所示。

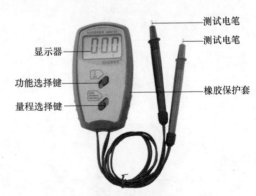

图 1-7　放电仪器

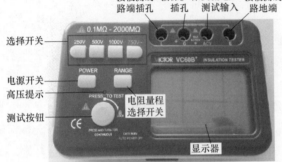
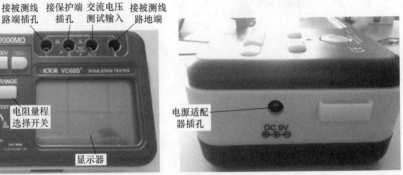

图 1-8　绝缘电阻表

5 高压系统断电操作

1）作业前必须确认汽车附近已经放置了警示牌（车顶位置比较醒目）确认驻车制动处于拉紧位置，点火钥匙处于"OFF"档。

2）用专用工具拆卸高压蓄电池负极。动力电池包总成的左上角有两个端子，连接着动力电池的正极和负极，主要作用是在车辆维修时直接断开高压回路，从而保证操作人员的安全。注：维修开关在正常状态时，手柄处于水平位置；需要拔出时，应先将手柄旋转至竖直状态，再向上拔出；需要插上时，应先沿竖直方向用力向下插入，再将手柄旋转至水平状态。拆卸后必须将负极电缆接头及负极极桩缠绕绝缘胶带，避免两者相互接触，如图1-9所示。

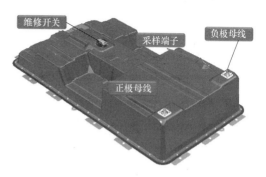

3）正确拆卸动力电池高压维修开关。注意：拆卸后要封闭接口，以免杂物进入，且拆下的维修开关切勿随意摆放，要妥善保管。

4）举升车辆，并做到"锁、稳、平"。

5）正确规范拆拔各高压部件线束插接器。拆拔高压线束插接器前首先将安全锁止

图1-9 拆卸蓄电池负极

机构解除，动力电池插接器有三道锁，第一道锁在最下部，是个拨片，将其拨出，听到"咔"响声为解锁成功。第二、三道锁在两侧和下部，两边锁扣用一只手按住，下方锁扣用另一只手的大拇指或食指按住后，两只手一起用力向外拔即可。向外拔出时用力方向要垂直于接合面，可轻微摇动，但幅度不能过大。安装时，首先保证最后两道保险锁全部到位，必须能听到"咔"的响声，最后按上拨片，若拨片不能按到位，说明前两道锁没有锁到位。

6）各高压部件及线束的绝缘性能检测。使用绝缘电阻表测量各高压部件及线束的绝缘值时，首先使用放电器对正、负极端子进行放电（若无放电器，则需静置10min以上）。

6 高压系统绝缘性能检测

高压部件绝缘性能检测具体步骤如下：

1）动力电池端正、负极绝缘性能检测：拔掉高压盒端动力电池输入线，将钥匙打到ON档，将绝缘电阻表黑表笔接于车身，红表笔逐个测量动力电池正负极端子，如图1-10所示。

测量动力电池输出插座的正、负极，正极标准值≥1.4MΩ；负极标准值≥1.0MΩ。

2）动力电池线束端正、负极输出绝缘性能检测：将车辆电源关闭，打开高压盒输入插头，用绝缘电阻表检测，黑表笔接于车身，红表笔逐个测量输出插头的正、负极，如图1-11所示。

正极母线标准值≥1.5MΩ，负极母线标准值≥1.0MΩ。

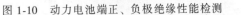

图 1-10　动力电池端正、负极绝缘性能检测　　　图 1-11　动力电池线束端正、负极输出绝缘性能检测

3）车载充电机正、负极绝缘性能检测：断开低压蓄电池负极，拔掉高压盒高压附件线束插头，将绝缘电阻表黑表笔接于车身，红表笔逐个测量高压盒高压附件线束插头的正极和负极，如图 1-12 所示。

标准：环境温度为（23±2）℃、相对湿度为 45%~75% 时，正（E）、负极（F）输出与车身（外壳）之间的绝缘电阻≥1000MΩ。湿度为 90%~95% 时，绝缘电阻≥20MΩ。

图 1-12　车载充电机正、负极绝缘性能检测

4）DC-DC 变换器正、负极绝缘性能检测：断开低压蓄电池负极，拔掉高压盒高压附件线束插头，将绝缘电阻表黑表笔接于车身，红表笔逐个测量高压盒高压附件线束插头的正极和负极，如图 1-13 所示。

标准：环境温度为（23±2）℃、相对湿度为 80%~90% 时，正（A）、负极（G）输出与车身（外壳）之间的绝缘电阻≥1000MΩ。环境温度为 -20~65℃、相对湿度为 5%~85% 时，正（A）、负极（G）输出与车身（外壳）之间的绝缘电阻≥20MΩ。

图 1-13　DC-DC 变换器正、负极绝缘性能检测

5）空调压缩机正、负极绝缘性能检测：断开低压蓄电池负极，拔掉高压盒高压附件线束插头，将绝缘电阻表黑表笔接于车身，红表笔逐个测量高压盒高压附件线束插头的正极 C 和负极 H，如图 1-14 所示

标准：向空调压缩机内充入（50±1）cm³ 的冷冻机油和（63±1）g 的 HFC-134a 制冷剂

图 1-14　空调压缩机正、负极绝缘性能检测

后，空调压缩机正负极对车身的绝缘电阻≥5MΩ；清空冷冻机油后，对车身外壳的绝缘电阻≥50MΩ。

6）暖风加热器（PTC）正、负极绝缘性能检测：断开低压蓄电池负极，拔掉高压盒高压附件线束插头，将绝缘电阻表黑表笔接于车身，红表笔逐个测量高压盒高压附件线束插头的正极 B 和 A 组负极 D、B 组负极 J，如图 1-15 所示。

标准：PTC 正负极与车身绝缘电阻≥500 MΩ。

图 1-15　PTC 正、负极绝缘性能检测

7）电机控制器正、负极绝缘性能检测：断开低压蓄电池负极，拔掉高压盒电机控制器输入插头，将绝缘电阻表黑表笔接于车身，红表笔逐个测量正负极端子，如图 1-16 所示。

电机控制器正负极输入端子与车身（外壳）绝缘电阻值≥100MΩ。

8）高压盒正负极绝缘阻值的测量：断开低压蓄电池负极，拔掉高压盒高压附件线束插头、动力电池输入插头、驱动电机控制器输出插头。将绝缘电阻表黑表笔接于车身，红表笔逐个测量高压盒端（动力电池输入，驱动电机控制器输出），如图 1-17 所示。

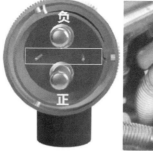

图 1-16　电机控制器插头

高压盒端（动力电池输入，驱动电机控制器输出）与车身（外壳）绝缘阻值为无穷大。

9）高压线束线芯与线壳绝缘阻值的测量：对所有高压（橙色）线缆，将绝缘电阻表黑表笔接于线缆外壳，红表笔测量高压线缆线芯，如图 1-18 所示。

接高压附件线束
接电机控制器线缆
接动力电池线缆

正 负
负 正

接动力电池线缆   接电机控制器线缆

图 1-17   高压盒正负极绝缘阻值的测量

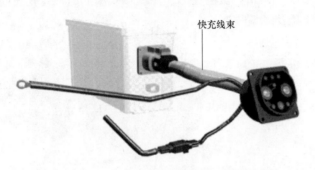

快充线束

图 1-18   高压线束线芯与线壳绝缘阻值的测量

⑦ 无压状态下切换高压系统

（1）请务必遵循操作步骤

1）拔下可能已连接的高压充电电缆。

2）打开发动机舱盖。

3）关闭点火开关。

4）在脱开高压安全插头之前应确保车辆处于"休眠状态"。

（2）遵守再次试运转的操作步骤

1）如果已连接，则断开 12V 充电器。

2）移除挂锁。

3）连接高压安全开关。

4）进行两次总线端切换（操作 4 次起动/停止按钮，每次间隔 1s）。

（3）无压状态下切换高压系统

1）高压安全插头不能完全脱开：将高压安全插头 1 解除联锁，并将其拔出，直至插头

2 和插座上的孔不再连接。在高压安全插头上能够看到"关闭"标记，如图 1-19 所示。

2）防止高压系统再次连接：将挂锁 1 插入高压安全开关预留孔 2 中并锁定，如图 1-20 所示。注意：挂锁的钥匙应置于安全位置保管。

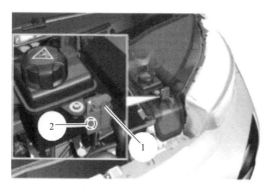

图 1-19 解除联锁

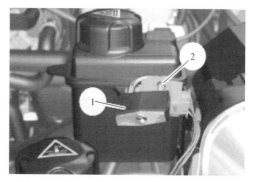

图 1-20 将挂锁 1 插入高压安全开关

3）确定无电压，在进行后续维修工作前务必要：

① 打开点火开关，检查组合仪表，应无电压。检查控制信息必须显示"高压系统已关闭"，如图 1-21 所示。

② 注意出现的高压警告牌（指示灯、检查控制等），找出原因并排除故障。

③ 只有当组合仪表中显示检查控制信息"高压系统已关闭"时，才允许将 12V 蓄电池断开。

提示：点火开关关闭且高压安全插头脱开时，依据标准检查控制信息将显示"高压系统故障"。只有点火开关打开时，才能显示无电压（高压系统已关闭）。

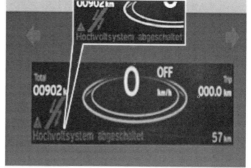

图 1-21 高压系统已关闭

如果未明确确定 KOMBI 组合仪表中无电压，则不允许开始工作。

在开始工作之前，必须由具备资质且经过认证的 DC1000V 电气专业人员，使用相应的测量仪/测量方法确定已断电。

⑧ 电动汽车驾驶操作

当钥匙转动 ON 档时，至少要停 3~5s 使整车通电并完成自检，观察仪表显示正常后，再转动钥匙至 START 位置。当车辆起动时，应踩制动踏板转动钥匙至 START 档。

电动汽车刚起动时会有"嗡嗡"的响声，这是水泵的声音，不影响正常使用。

变速杆处于驻车档或空档（P/N）位才能起动汽车，当变速杆处于其他位置时无法起动。

1）将钥匙插入打到 ON 档位。

2）系统自检后 READY 灯点亮，表明车辆准备完毕，可以行使。

3）检查电池剩余电量百分比（State of Charge，SOC）。电量表分为十个格，每格表示10%的电量。蓝色代表放电，绿色代表充电。

4）踩下制动踏板。

5）将换档旋钮旋至 D 位。

6）松开驻动制动器。

7）缓抬制动踏板，车辆行驶操作步骤如图 1-22 所示。

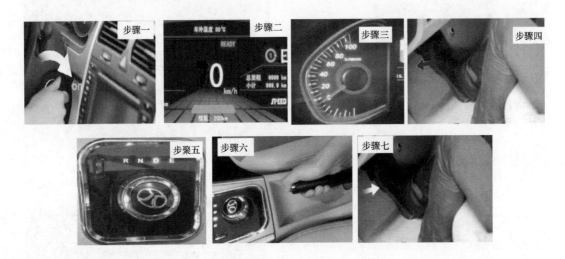

图 1-22　电动汽车驾驶操作步骤

9 常规充电和快速充电

电动汽车以电能为动力，充电系统是其主要的能源补给系统，分为常规充电（俗称慢充）和快速充电（俗称快充）两种方式，如图 1-23 所示。

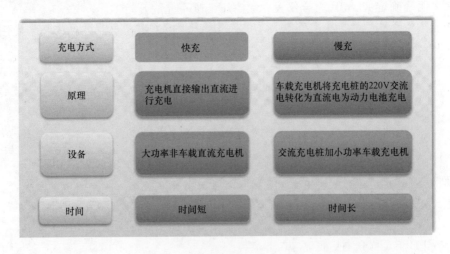

图 1-23　两种充电方式比较

电动汽车有两个充电口，一个快充口和一个慢充口，如图1-24所示。快充是直流供电，30min可充到80%；慢充为交流供电，8~10h充满。

图1-24 充电口

⑩ 电动汽车充电流程

现在使用充电桩充电有两种方式：充电卡和手机APP。充电流程如图1-25所示。注：当停止充电时，必须先断开车身端充电枪，再断开充电桩端插头。

充电桩充电：当充电线连接电动汽车和充电桩后，汽车仪表上会显示充电电压、充电电流（电流负值为充电，正值为放电）以及充电信息，如图1-26所示。

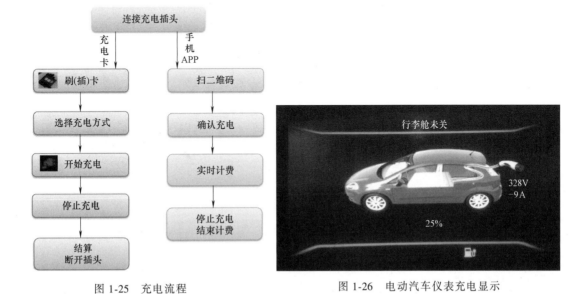

图1-25 充电流程　　　　　　　　　图1-26 电动汽车仪表充电显示

慢充充电：当充电线连接电动汽车车身和充电桩后，汽车中控仪表板上会显示充电电压、充电电流（电流负值为充电，正值为放电）以及已充电电量等信息。

车载充电机上有 "POWER" "RUN" 和 "FAULT" 三个指示灯，在正确的充电过程中，"POWER" 和 "RUN" 两个指示灯会亮，表明电动汽车可以正常充电，如图 1-27 所示。

充电次数对于动力电池寿命没有直接关系，锂离子电池本身没有记忆效应，及时充放电可保持动力电池较好的充放电能力。冬季使用完后及时充电可确保动力电池处于较高温度，避免充电加热阶段，从而有效缩短充电时间。

图 1-27 车载充电机

如果需要长期停放车辆，首先要断开蓄电池负极，动力电池电量最好在 50% ~ 80% 时停放，同时每隔 2 ~ 5 个月对动力电池进行一次充放电，避免长期停放造成电池性能下降。

雨天尽量不要给电动汽车充电，如果有必要，在小雨天气可以充电，但要注意在拔插充电枪时要有雨具遮挡，防止雨水进入充电口。充电枪插牢后具有防水能力。

11 电动汽车清洗

电动汽车清洗过程中对车身表面、轮辋、轮胎的冲洗不会造成触电、漏电等安全问题，但是由于车辆快充口安装在前格栅处，在洗车时应尽量避免高压水枪直接对准前格栅冲刷。

为了防止前机舱内部进水，影响绝缘，无法上电，电动汽车各主要部件都已做防水试验，满足 IP67 防水防电等级标准。

高压电池安装在车身底部，高压水流的冲击可能会造成水渗入电池箱影响绝缘，因此也应避免冲刷底盘。

冲洗电动汽车顺序：车顶→车身前后及玻璃→后视镜→车轮挡泥板→轮胎→车门板下部和底盘。

机舱内清洗：进行机舱内的清洁时，应在关闭点火开关 10min 后进行。机舱内布置了很

图 1-28 机舱清洁

多高压设备，如充电机、高压控制器、高压线束插头，禁止掀开机舱盖冲洗，否则会造成高压部件各插接件受潮，导致车辆出现绝缘故障，无法行驶，如图 1-28 所示。注：擦拭时也不得使用潮湿的布接触高压部件，确实有必要清洁机舱时，尽量单手操作，同时不要手扶车身。如果检查线路插头部位时发现生锈，应使用专业清洗剂处理。

第2章 Chapter 2

电动汽车动力电池

⑫ 电动汽车动力电池组成

电动汽车动力电池主要由电池壳体、电池组、主控制盒、高压控制盒、电池低压管理系统、主继电器等组成，如图 2-1 所示。

图 2-1 动力电池组成

⑬ 动力电池主控盒结构及功能

主控盒结构如图 2-2 所示，它是一个连接外部通信和内部通信的平台，主要功能如图 2-3所示。

1）接收电池管理系统反馈的实时温度和单体电压（并计算最大值和最小值）。

2）接收高压盒反馈的总电压和电流情况。

3）与整车控制器通信。

4）与充电机或快充桩通信。

5）控制正、负主继电器。

6）控制电池加热。

7）唤醒应答。

8）控制充/放电电流。

图 2-2　主控盒结构

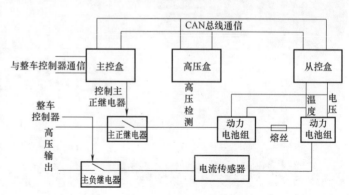

图 2-3　主控盒功能原理图

14 动力电池高压盒结构及功能

高压盒结构如图 2-4 所示，它是"监控"动力电池总电压和充、放电流及绝缘性能的部件，主要功能如图 2-5 所示。

1）监控动力电池的总电压。

2）监控动力电池的总电流。

3）检测高压系统绝缘性能。

4）监控高压连接情况。

5）将以上项目监控到的数据反馈给主控盒。

图 2-4　高压盒结构

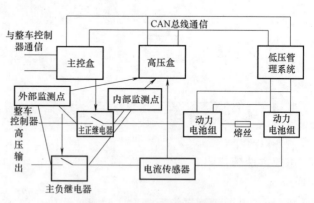

图 2-5　高压盒功能原理图

15 电池低压管理系统（从控盒）结构及功能

电池低压管理系统结构如图 2-6 所示。它是"监控"动力电池单体电压、电池组温度的部件，主要功能如图 2-7 所示。

1）监控每个单体电压并反馈给主控盒。

2）监控每个电池组的温度并反馈给主控盒。

3）检测高压系统绝缘性能。

4）电量（SOC）值监测。

5）将以上项目监控到的数据反馈给主控盒。

图 2-6　从控盒结构

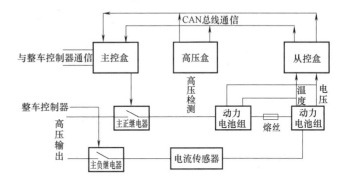

图 2-7　从控盒功能原理图

16 电动汽车动力电池连接方式

为了提升电池容量，需要并联多个单体，通常把几个容量、性能参数一致的单体用激光焊接并联组成基础模块，例如 3 个软包单体并联（3Pparallel），当然也可以将更多的单体并联，如 5P，甚至 16P 等。

为了提升电池电压，则需要串联多个单体，因此再把几个基础模块用激光焊接串联成模块，例如 2 个 3P 基础模块串联为 3P2S（Series）或者 3 个 3P 基础模块串联为 3P3S 电池模块。同时，为了方便在动力电池内布置，模块的组合方式有多种选择：可以单用 1 个 3P2S 模块，电池上面可以布置其他电器元件；也可以把 2 个 3P2S 叠放串联成 3P4S；还可以把 1 个 3P2S 和 1 个 3P3S 叠放组成 3P5S。多种组合方式错落有致地固定在动力电池底板上，方便了总体布局。

例：1P100S

表示：100 块电池单体串联，共分为 9 个模组，如图 2-8 所示。

例：3P91S

表示：3 个单体并联组成一个模块，再由 91 个模块组成若干个模组串联成动力电池总成。

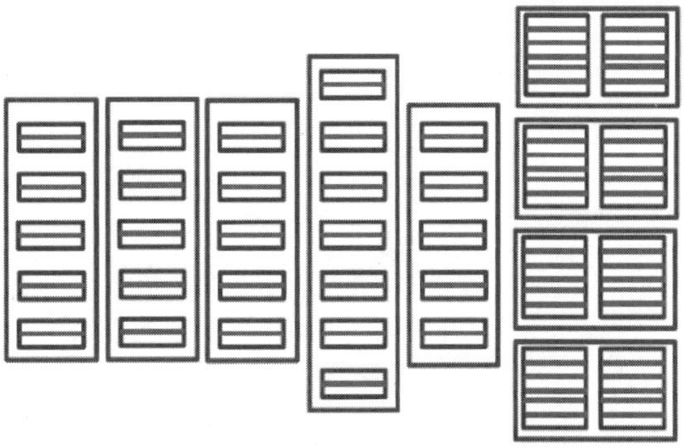

例如：特斯拉 Roadster 纯电动汽车的

图 2-8　某电动汽车电池内部布置

电池组由 6831 节 18650 型锂离子电池组成，其中每 69 节并联为一组，再将 9 组串联为一层，最后串联堆叠 11 层构成，如图 2-9 所示。

每个18650锂离子电池都有导热的管路，并且管路都采用绝缘带进行包裹。以防电池与外壳发生短路。

图 2-9　特斯拉电池组

注：

1）电池单体：构成动力电池模块的最小单元（3.2V）。

2）电池模块：一组并联的电池单体的组合。

3）模组：由多个电池模块或电池单体串联组成的一个组合体。

4）动力电池总成：把每个模组串联起来形成动力电池总成。

动力电池通常由 90~100 个电池模组串联组成，电压高达 DC380V（有些车达到 600V）。对外供电的安全措施必须可靠。

电池模组用多层铜皮制成的成型母线带，通过螺栓可靠连接。母线带非常柔软，避免因车辆振动导致母线与螺栓连接根部产生裂纹。母线带外部用绝缘材料做了耐压绝缘处理。通常在串联的高压回路中，设置维修开关、正负母线继电器、预充继电器、预充电阻和熔断器，如图 2-10 所示。维修开关设置在串联回路的中间，同时维修开关内部还有一个熔断器，如图 2-11 所示。假如回路电流过大，熔断器断开，当维修开关拔出时，高压回路呈开路状态。正极和负极母线对外部负载输出端分别接了继电器，只有正负极母线继电器都接通，才能对外供电或对电池充电。高压母线还设置了电流检测器件，目前有串联在母线上的无感分流器和套装在母线外部的霍尔传感器，如图 2-12 所示。两种传感器都是把检测到的母线电流送到主控盒，用于控制母线输出不能过电流，充电和能量回收时电流不能过大。

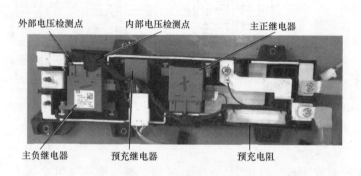

图 2-10　高压控制箱内的继电器

图 2-11　维修开关内的熔断器

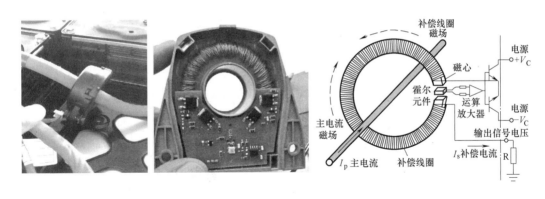

图 2-12　霍尔电流传感器

17 比亚迪 e5 磷酸铁锂电池结构

磷酸铁锂电池是指用磷酸铁锂作为正极材料的锂离子电池，电池负极是石墨，中间是聚乙烯或聚丙烯材料制成的隔膜板，电池中部的上下端间装有有机电解质，锂离子的电解质由有机溶剂和锂盐组成，对人体组织具有腐蚀性，并且可燃，外壳由金属材料密封。

（1）外部结构　比亚迪 e5 动力电池系统最重要的外部特征是，高压导线或高压接口和 12V 车载网络接口布置在整车地板下面，电量为 47.5kW·h。

动力电池组的密封盖一般通过几十个螺栓加密封胶以机械方式与托盘连接在一起。在动力电池组密封盖上一般粘贴有几个提示牌，如一个型号铭牌和两个警告提示牌。型号铭牌提供逻辑信息（例如电池参数标签和电池编号）和最重要的技术数据（例如额定电压）。两个警告提示牌提醒注意动力电池组采用锂离子技术且电压较高以及可能存在的相关危险。图 2-13 为动力电池组上提示牌的安装位置、检验报告和托盘螺栓固定力矩。

在动力电池组上带有一个 2 芯高压接口，动力电池组通过该接口与高压车载网络连接，如图 2-14 所示。围绕高压导线的两个电气触点还各有一个屏蔽触点。这样可使高压电缆屏蔽层（每根导线各有一个屏蔽层）一直持续到动力电池组密封盖内，从而有助于确保电磁兼容性（EMV）。

新能源汽车基本都会在整车的关键连接部件上使用低压互锁电路，图 2-15 所示为比亚迪 e5 主要部件内的互锁电路。互锁电路是一种低压电路，在被断路时向控制模块发出信号，或者当动力电池组的维修开关被部分或完全拆下时主动断开电路。然而，维修开关上的互锁电路通常并不是汽车上唯一的互锁电路，比如说在高压电缆连接插头处或保护盖上也有互锁电路。这样做的目的是确保在高压系统某部分被断接或暴露的情况下，车辆高压系统能够立刻断开（READY 为 OFF）。有些车辆还会采用这样的设计：只有互锁电路断开，同时车辆以小于某规定速度行驶或者停车时，汽车才会断电。

12V 车载网络接口为集成式控制单元提供电压、总线信号、传感器信号和监控信号，如图 2-16 所示。

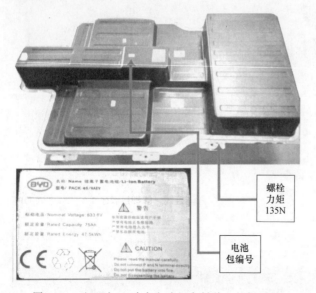

图 2-13　比亚迪 e5 动力电池组密封盖上的提示牌

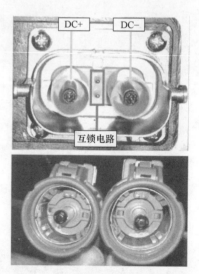

图 2-14　比亚迪 e5 动力电池组高压接口

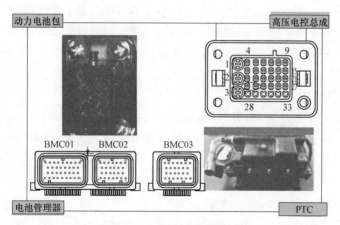

图 2-15　比亚迪 e5 互锁电路

图 2-16　比亚迪 e5 动力电池组低压接口

　　直流高压电缆组件由两根绝缘的高压电缆组成，用来连接混合动力汽车或纯电动汽车的动力电池组和汽车的变频器。由于大部分高压电缆都位于汽车底盘下（夹在动力电池组和底盘之间），需要受到很好的保护，避免碰撞到路面带来的损坏。而纯电动汽车和一些插电式车辆安装的电池组要大得多，往往要延长到几乎车辆前部的位置，所以其高压电缆通常也会相对混合动力汽车中的短一些。比亚迪 e5 电池高压电缆从电池端输出，从高压电控总成端输入，如图 2-17 所示。

　　（2）内部结构　比亚迪 e5 电池组内部结构由电池模组、动力连接片、连接电缆、电池采集器、采集线束、电池组固定压条、密封条等组成，如图 2-18 所示。

　　磷酸铁锂电池的电池单体标称电压是 3.2V，充电终止时的最高电压为 3.6V，最大放电电压为 2.0V。如图 2-19 所示，比亚迪 e5 由 13 个模组串联组成，总电压为 633.6V，容量为 75A·h；电池组高压接口在 1#电池负极、13#电池正极。13 号模组在 1 号的上层，12 号模

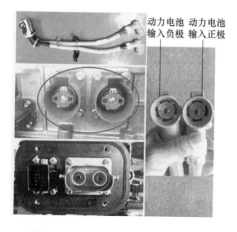

图 2-17　比亚迪 e5 电池高压电缆

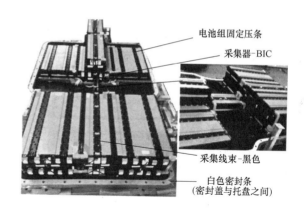

图 2-18　比亚迪 e5 电池组内部结构

组在 11 号的上层，6、7、8 号模组分别在 5、4、9 号的上层。

比亚迪 e5 使用电池信息采集器（Battery Information Collector，BIC）监控电池组传感器测量的数据和电池性能。通常情况下，数据被报告给电池管理系统（Battery Management System，BMS），然后 BMS 根据工作条件和驾驶人的需求命令电池进行相应的充电或放电。

如果电池单体、电池模组或部分电路的电压变得不平衡，部分带充电系统的电动汽车还可以用 BIC 来帮助进行电池电压均衡。BIC 的安装位置如图 2-20 所示，其主要是进行电压、温度和通信信号的采集。

比亚迪 e5 动力电池组内部含有 4 个接触器（影响电池组是否可以串联）和 2 个熔丝：2 个分压接触器和熔丝（6 号和 10 号模组内部各一个），1 个正极接触器（13 号模组内部），1 个负极接触器（1 号模组内部），如图 2-21 所示。分压接触器在电池模组内部，无法单独拆卸。只可以通过插头施加电压进行间接判断。

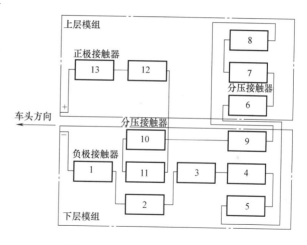

图 2-19　比亚迪 e5 电池模组结构

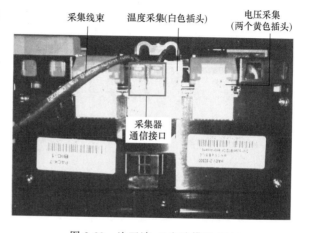

图 2-20　比亚迪 e5 电池模组 BIC

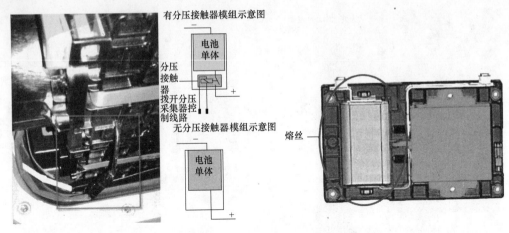

图 2-21　比亚迪 e5 接触器

⑱ 动力电池管理系统

　　动力电池管理系统（BMS）通过检测电池组中各电池单体的状态来确定整个电池系统的状态，并根据它们的状态对动力电池系统进行对应的控制调整和策略实施，实现对动力电池系统及各单体的充放电管理以保证动力电池系统安全稳定地运行。图 2-22 所示为一种典型电池管理系统拓扑图，主要分为主控模块和从控模块两大块，通过采用内部 CAN 总线技术实现各模块之间及外部设备之间的数据信息通信。基于各个模块的功能，BMS 能实时检测动力电池的电压、电流、温度等参数，对动力电池进行热管理、均衡管理、高压及绝缘检测等，并且能够计算动力电池剩余容量、充放电功率以及 SOC、电池健康度（State of Health，SOH）状态。

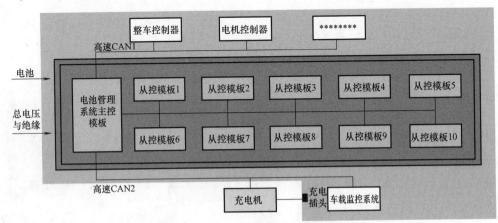

图 2-22　动力电池管理系统（BMS）

　　普莱德电池管理系统由主控盒和绝缘检测单元等组成，如图 2-23 所示。SK 电池的 BMS 采用了高压盒、从控盒和主控盒集成的方式，如图 2-24 所示。

图 2-23 普莱德动力电池系统

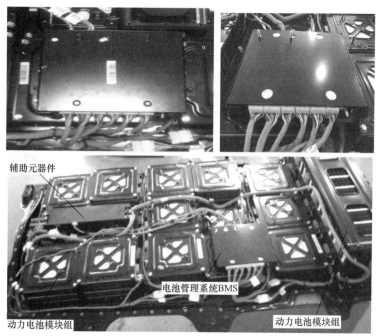

图 2-24 SK 动力电池系统

图 2-25 所示为特斯拉电池管理系统。对电动汽车而言，通过该系统对电池组充放电的

图 2-25 特斯拉电池管理系统内部结构

有效控制，可达到增加续驶里程、延长使用寿命、降低运行成本的目的，并保证电池组应用的安全和可靠性。

⑲ 电池管理系统结构形式

根据电池类型和布置不同，电池管理系统（BMS）结构分为分布式结构和集成式结构，如图 2-26、图 2-27 所示。

分布式方案优缺点：配置灵活、信号采集速度快、线束少，但成本较高。

集中式方案优缺点：成本低，结构简单，但灵活性差，线束过长，增加辐射干扰。

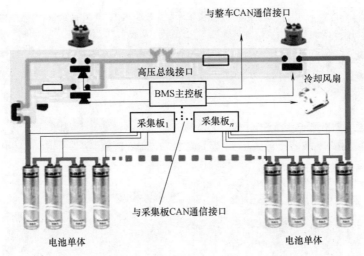

图 2-26 分布式方案

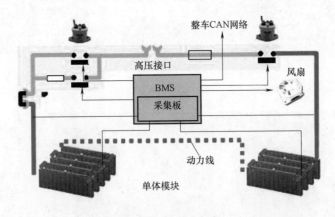

图 2-27 集成式方案

⑳ 电动汽车动力电池系统工作原理

电动汽车的动力电池模组放置在一个密封并且屏蔽的动力电池箱里面，动力电池系统使用可靠的高压插接件与高压控制盒相连，如图 2-28 所示。动力电池输出的直流电由电机控制器转变为三相交流高压电，驱动电机工作。

图 2-28　高压插接件与高压控制盒

系统内的 BMS 实时采集各电池单体的电压、各温度传感器的温度值、电池系统的总电压值和总电流值等数据，实时监控动力电池的工作状态，并通过低压插接件连接 CAN 总线与整车控制器（Vehicle Control Unit，VCU）或充电机进行通信，如图 2-29 所示，对动力电池系统充放电等进行综合管理。

图 2-29　动力电池低压插接件与 VCU 或充电机进行通信

㉑ 动力电池系统内部工作原理

以普莱德动力电池为例来说明其动力电池内部的工作原理。主要从电池内部充电、电池内部放电和绝缘监测三个方面进行说明。

（1）动力电池内部充电原理

1）充电之前-加热。当充电初期，从控盒-电池管理系统监测到每个电池组的温度，并反馈给主控盒。主控盒接收来自从控盒反馈的实时温度，并计算出最大值与最小值，当监测到电池单体温度低于设定值时，主控盒控制加热继电器闭合，通过加热元件、加热熔断器接通电路，进行加热。

途经路线：

慢充时：充电桩—车载充电机—高压插接件—加热继电器—加热元件—加热熔断器—高压插接件—车载充电机—充电桩，构成充电回路，进行加热，如图2-30中箭头所示。

快充时：非车载充电机—高压插接件—加热继电器—加热元件—加热熔断器，构成充电回路，进行加热。

2）充电初期—预充电。在充电初期，整车控制器唤醒 BMS，BMS 进行自检和初始化，完成后上报给整车控制器。整车控制器控制主负继电器闭合，BMS 控制预充继电器闭合，对各电池单体进行预充电，确定电池单体无短路后，BMS 将断开预充继电器，预充完成。

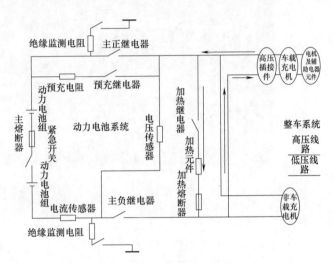

图 2-30　动力电池内部充电原理

途经路线：

慢充时：充电桩—车载充电机—高压插接件—预充继电器—预充电阻—动力电池组—主熔断器—紧急开关—动力电池组—电流传感器—主负继电器—高压插接件—车载充电机—充电桩，构成回路，进行预充，如图 2-31 中箭头所示。

快充时：非车载充电机—预充继电器—预充电阻—动力电池组—主熔断器—紧急开关—动力电池组—电流传感器—主负继电器—非车载充电机，构成回路，进行预充。

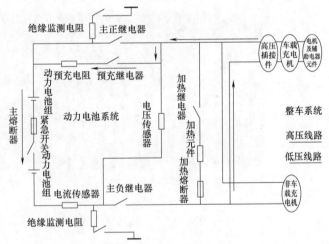

图 2-31　动力电池预充电

3）充电。预充电完成之后，BMS 断开预充继电器，闭合主正继电器，对动力电池组进行充电。

途经路线：

慢充时：充电桩—车载充电机—高压插接件—主正继电器—动力电池组—主熔断器—紧急开关—动力电池组—电流传感器—主负继电器—高压插接件—车载充电机—充电桩，构成回路，进行慢充，如图2-32中箭头所示。

快充时：非车载充电机—主正继电器—动力电池组—主熔断器—紧急开关—动力电池组—电流传感器—主负继电器—非车载充电机，构成回路，进行快充。

（2）动力电池内部放电原理

1）放电初期—预充。整车控制器唤醒BMS，BMS进行自检和初始化，完成后上报给整车控制器。整车控制器发出高压供电指令BMS开始按顺序控制继电器的闭合和断开。

因电路中电机控制器和空调压缩机控制器等含有电容，在放电模式初期，BMS控制预充继电器进行闭合，需低压、小电流给各控制器电容充电，当电容两端电压接近动力电池总电压时，断开预充继电器。

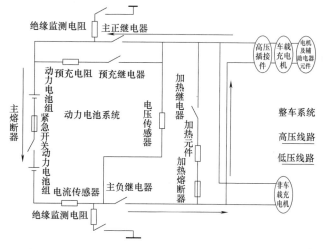

图 2-32 动力电池充电

途经路线：

动力电池组正极端：动力电池组—紧急开关—主熔断器—电池组正极—预充电阻—预充继电器—高压插接件—车载充电机—电机及辅助电器元件。

动力电池组负极端：动力电池组负极—电流传感器—主负继电器—高压插接件—车载充电机—电机及辅助电器元件，构成回路，完成预充。

2）放电。预充完成之后，BMS断开预充继电器，并闭合主正继电器，动力电池组进行放电。

途经路线：

动力电池组正极端：动力电池组—紧急开关—主熔断器—动力电池组正极—主正继电器—高压插接件—车载充电机—电机及辅助电器元件。

动力电池组负极端：动力电池组负极—电流传感器—主负继电器—高压插接件—车载充电机—电机及辅助电器元件，构成回路，完成放电。

（3）绝缘监测 动力电池BMS具有高压回路绝缘监测功能，监测电池组与箱体、车体等路线，绝缘监测回路如图2-33所示。

途经路线：

电池组正极端—绝缘监测电阻—绝缘继电器—接地。

电池组负极端—绝缘监测电阻—绝缘继电器—接地。

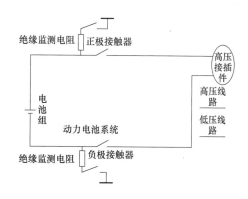

图 2-33 绝缘监测回路

22 动力电池内部高压检测点的作用

1）高压检测点 V_1 位于高压总正、总负继电器内侧，测量动力电池组总电压，用于判定 MSD 熔断器是否断路。

2）高压检测点 V_2 位于负极继电器外侧，另一点位于预充电电阻和预充继电器之间，用于判定预充继电器是否粘连、负极继电器是否断路、预充电阻是否断路、预充继电器是否断路。

3）高压检测点 V_3 位于电池直流母线输出两端，用于判定正极继电器是否粘连，如图 2-34 所示。

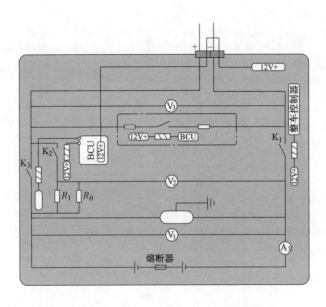

图 2-34　电动汽车电池内部控制系统

23 电动汽车整车供断电过程

以下用点火开关唤醒整车控制器的方式来介绍整车供断电过程，如图 2-35 所示。当点火开关旋转至 Start 档，松开后回到 ON 档，且档位处于 N 位时，整车开始高压供电检测。整车控制器在进行初始化时，会进行整车模式判断，如果此时充电口上连接了充电枪，则整车模式被判定为充电模式，此时将不会进入行车模式，继续后面的供电逻辑，整车控制器初始化不能完成。当整车模式被判定为运行模式后，整车控制器进行初始化并完成自检；之后整车控制器闭合电机控制器（Moter Control Unit，MCU）、低压继电器及空调控制面板、PTC 低压继电器，并唤醒 BMS，新能源低压供电开始；新能源低压供电开始后，进行新能源低压自检，在这个过程中 BMS 和电机控制器完成初始化和自检，完成后自检计数器由"0"置为"1"并发给整车控制器；自检完成后，整车控制器闭合动力电池包内的负极继电器，否则进行高压掉电检测；负极继电器闭合后 BMS 完成动力电池高压自检，通过后自检计数器置为"2"并发给整车控制器，否则整车控制器断开电池负极继电器，各高压控制器检测高压，零功率输出；BMS 完成预充电并闭合动力电池内的正极继电器，完成电池高压分步检测，检测成功后自检计数器置为"3"并发给整车控制器，否则 BMS 断开电池正极继电器，自检计数器置为"2"并发给整车控制器；预充电完成后，对 MCU、空调控制器（ECC）、空调面板系统（HVAC）及空调电加热器（PTC）进行高压检测，检测通过后置高压检测完成标志位并发给整车控制器，该状态下开始判断高压故障，否则断开动力电池正极继电器，高压检测通过后整车供电完成，处于待行车状态，绿色 Ready 指示灯点亮。

当系统检测到高压总电流小于 5A 且持续 600ms 以上时，整车控制系统进行断电流程，BMS 断开电池正极继电器，自检计数器置为"2"并发给整车控制器，各高压电器检测高压，不判断故障，零功率输出；正极继电器断开后，BMS 进行正极继电器粘连检测，各高压电器零功率输出，进行高压回路放电，当电机控制器检测到高压回路电压低于 36V 后置放电完成标志位并发给整车控制器，整车控制器断开电池负极继电器，各高压控制器检测高压，零功率输出；BMS 进行高压掉电检测，完成后 BMS 自检计数器置为"1"并发给整车控制器；当部件存档时，BMS 及各高压电器写 EEPROM（电可擦除只读存储器），BMS 自检计数器置为"0"并发给整车控制器，电机控制器写 EEPROM 完成标志位；当存档完成后，整车控制器依次给 BMS、MCU、HVAC、PTC 进行新能源系统掉电，散热系统延时掉电；整车控制器写 EE-PROM，整车控制器掉电，从而整车断电完成。

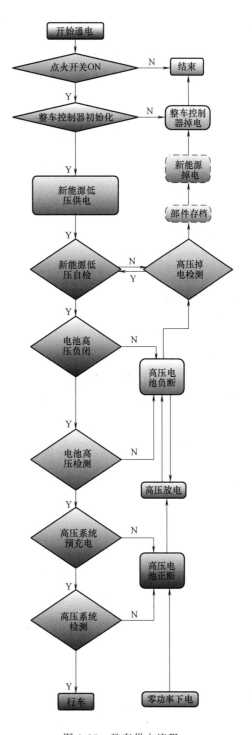

图 2-35　整车供电流程

24 动力电池维修安全注意事项

应特别重视维修动力电池的安全事项，首先应在保证人身安全的前提下，切断动力电池的高压电，必须遵循下列程序，如图 2-36 所示。

1）关闭点火开关，取下钥匙并将其放置妥当，以避免意外起动。

2）打开行李舱，穿戴绝缘手套拔出红色动力电池组的维修手柄。一般打开电动轿车行李舱盖后，就能发现很醒目的红色手柄，依要求按压维修手柄锁扣，用力拔出维修手柄。

3）切断车辆 12V 低压蓄电池的线路，拆除其负极端电缆，保证车上没有低压电，这时可听到有动力电池高压继电器的释放声音。

4）等待约 10min 后，让变频器中的高压电容自动放完电，再用万用表电压档检验证明，动力电池组高压线端确实没有电压。

5）再次分别检查动力电池的正负端，对地无电压或电压小于 3V，这时方可进行动力电池组的相关检测和修理。

关闭点火开关　　　　找到维修手柄　　　　拔下红色手柄　　　　拆除12V电池电缆

等待10min　　　　　　电容放电　　　　　　检验无高压电

图 2-36　维修动力电池组前的安全断电程序

25 动力电池漏电情况检测

（1）常见电池组漏电的故障诊断方法　一般故障表现形式：仪表 OK 灯不亮，仪表提示"请检查动力系统，高压系统漏电故障"。断开电池组与车身所有连接（正负极引出、采样线接口），闭合维修开关，用万用表测试电池组各项步骤如下：

第 1 步：闭合高压维修开关。

第 2 步：使用万用表测量动力电池总电压 V。

第 3 步：使用万用表测量正极与车身电压 V_1，如图 2-37 所示。

1）将万用表选择直流 1000V 档位，必须戴上绝缘手套检测。

2）红表笔接电池正极端子，黑表笔接动力电池外壳搭铁位置。

第4步：使用万用表测量负极与车身电压 V_2，如图 2-38 所示。

1）将万用表选择直流 1000V 档位，必须戴上绝缘手套检测。

2）红表笔接动力电池负极端子，黑表笔接动力电池外壳搭铁位置。

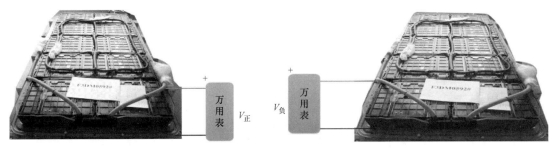

图 2-37　用万用表测量正极与车身电压　　　　图 2-38　用万用表测量负极与车身电压

第5步：将万用表笔更换为并联定值电阻表笔。

1）将万用表档位拨至电阻档，测量定值电阻值 R。

2）在红、黑表笔之间并联一个电阻，大约 100kΩ。

第6步：万用表档位拨回直流电压档，测量并联电阻后正极与车身电压 V_1，如图 2-39 所示。

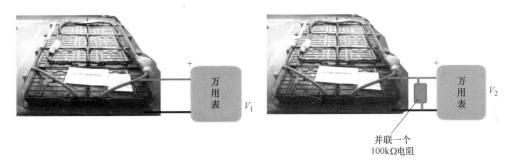

图 2-39　测量并联电阻后正极与车身电压 V_1

第7步：测量并联电阻后负极与车身电压 V_2。

第8步：测量结束后必须断开维修开关，确保维修安全及高压保护。

第9步：动力电池漏电的测量与计算如图 2-40 所示。

正极对地266.4V　　　　　　　　电阻值150kΩ　　　　　　　并联绝缘电阻后正极对地电压133.5V

图 2-40　动力电池漏电的测量

（2）电池漏电测量

1）测量出正极对地电压为 266.4V。

2）测量出定值电阻为 150kΩ。

3）测量出并联绝缘电阻后正极对地电压为 133.5V。

4）动力电池漏电的计算：

$$\frac{\dfrac{V_1-V_2}{V_2}\times R}{\text{动力电池当前总电压}} \geqslant 500\Omega/\text{V} \quad \text{不漏电} \qquad \frac{\dfrac{V_1-V_2}{V_2}\times R}{\text{动力电池当前总电压}} \leqslant 500\Omega/\text{V} \quad \text{漏电}$$

$$（266.4-133.5）\div 133.5 \times 150000 \div 330 = 452.5\Omega/\text{V}＜500\Omega/\text{V}（\text{漏电}）$$

26 动力电池内的主继电器结构

主继电器主要包含主正继电器和主负继电器，主正继电器如图 2-41 所示。在普莱德电池中，主正继电器由 BMS 控制，主负继电器由 VCU 控制。它们的作用是控制回路的通断。

主正继电器

图 2-41　主正继电器

27 动力电池内的预充继电器结构

预充继电器与电阻结构如图 2-42 所示，作用是在充、放电初期闭合预充继电器进行预充电，预充完成后断开预充继电器。它们由 BMS 控制预充继电器闭合或断开。例如，充电初期需要给各电池单体进行预充电，确定电池单体无短路；放电初期需要低电压、小电流给各控制器电容充电，当电容两端电压接近电池总电压时，闭合总正继电器。

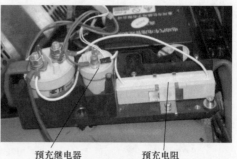

预充继电器　　　　预充电阻

图 2-42　预充继电器和预充电阻

28 动力电池内的加热继电器与熔丝结构

加热继电器与熔丝如图 2-43 所示。在充电过程中，当电池单体温度低于设定值，BMS控制加热继电器闭合，通过熔丝接通加热膜电路。

慢充时温度低于 0℃，启动加热模式：闭合加热片，待所有电池单体温度高于 5℃，停止加热，启动充电程序，充电过程中出现电池单体温度差高于 20℃，则间歇停止加热，待加热片温度差低于 15℃，则重启加热片。

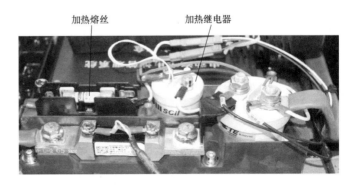

加热熔丝　　　加热继电器

图 2-43　动力电池加热继电器与熔丝

1）加热过程中，正常情况下充电桩电流显示为 4~6A。

2）充电过程中充电桩电流显示为 12~13A。

3）如果单体电压差大于 300mV，则停止充电，报充电故障。

快充时温度小于等于 5℃，启动加热模式：电池单体温度数据与慢充相同；如果充电过程中最低温度小于等于 5℃，则停止充电，也不重新启动加热模式。

29 电流传感器结构

高压母线设置了电流检测器件，目前有串联在母线上的无感分流器和套装在母线外部的霍尔传感器，如图 2-44 所示。两种传感器都是把检测到的母线电流发送到主控盒，用于控制母线输出不能过电流，充电和能量回收时电流不能过大。

霍尔电流传感器

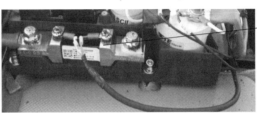

无感分流器

无感分流器

图 2-44　电流传感器

无感分流器在电阻的两端形成毫伏级的电压信号，以监测总电流（型号 300A/75mV）。

注：霍尔器件是一种采用半导体材料制成的磁电转换器件。如果在输入端通入控制电流 I_c，当有一磁场穿过该器件感磁面时，则在输出端出现霍尔电势 V_H。

霍尔电势 V_H 的大小与控制电流 I_c 和磁通密度 B 的乘积成正比，霍尔电流传感器是按照安培定律原理做成的，即在载流导体周围产生一正比于该电流的磁场，而霍尔器件用来测量这一磁场。因此，使电流的非接触测量成为可能。

通过测量霍尔电势的大小，间接测量载流导体电流的大小。因此，电流传感器经过了电—磁—电的绝缘隔离转换。

30 动力电池维修开关结构

维修开关设置在串联回路的中间，同时维修开关内部还有一个熔断器，如图 2-45 所示。假如回路电流过大，熔断器断开，当维修开关拔出时，高压回路呈开路状态。正极和负极母线对外部负载输出端分别接了继电器，只有正负极母线继电器都接通，才能对外供电或对电池充电。

图 2-45　动力电池维修开关

在出现紧急情况、进行高压系统维修保养或进行电池维护安装时，应及时断开手动维修开关，将电池组的电流断开，有效避免因为维修人员操作不当而引发的电击情况，保护维修人员安全。其内部装有 250A 熔断器，以保护高压系统安全。

因涉及高压安全，故紧急维修开关的规范操作是非常重要的，不规范的操作不仅可能造成车辆故障，还有可能引起高压拉弧等危险。紧急维修开关操作规程如下：

① 紧急维修开关是在特殊情况下才使用的，如车辆维修、漏电报警等情况。在非特殊情况下不允许对紧急维修开关进行操作。

② 紧急维修开关的操作应由专业人员进行，操作人员应该进行过相关培训。

③ 操作时，操作人员必须穿戴必要的劳保用品，如绝缘手套、绝缘胶鞋等，其电压等级必须大于电池组的最高电压，用前需检查是否完好无损，确保安全。

④ 拔下紧急维修开关手柄后，必须妥善保管，直至检修完毕，避免错误操作。

⑤ 当拆开紧急维修开关后，必须等待至少 10min 后方能进行维修操作，以确保高压线

路的余电已释放，如果条件允许，建议等待时间为 30min。

维修开关操作步骤如下：

① 拔下点火钥匙，必须将钥匙移出智能充电钥匙系统探测范围。

②断开低压蓄电池负极端子。

③ 确认绝缘手套不漏气，并佩戴。

④ 断开紧急维修开关。

⑤ 将维修开关保存在自己口袋里。

⑥ 等待 10min 或更长时间，以便高压部件总成内部电容放电。

⑦ 进行维修操作。

第 **3** 章 Chapter 3

北汽纯电动汽车

㉛ 北汽 *EV160/200* 整车控制器

整车控制器（VCU）是进行纯电动轿车动力控制及电能管理的载体，如图 3-1 所示。一方面，VCU 通过自身数据采集模块获取驾驶人需求信息，另一方面与电机控制器、电池管理系统、电动辅助系统等部件组成 CAN 总线网络，可以实时获取当前整车状态，电机、电池、电动辅助等部件的参数，采用优化算法协调电动辅助部件和电机运行，在满足驾驶人对整车动力性和舒适性需求的前提下，最大限度地节约电能的消耗。

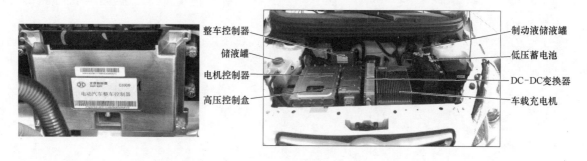

图 3-1　整车控制器

㉜ 北汽 *EV160/200* 车载充电机功用及工作流程

车载充电机安装位置如图 3-2 所示。

（1）功用

1）对动力电池进行充电，为其补充电能。

2）具有 CAN 通信功能，收到允许充电信号后，将输入 220V 交流电，经过滤波整流后，通过升压电路和降压电路，输出合适的电压和电流给动力电池进行充电。

（2）车载充电机工作流程

1）交流供电。

2）低压唤醒整车控制系统。

3）BMS 检测充电需求。

4）BMS 给车载充电机发送工作指令并闭合继电器。

5）车载充电机开始工作，进行充电。

6）电池检测充电完成后，给车载充电机发送停止指令。

7）车载充电机停止工作。

8）电池断开继电器。

注：对车辆进行充电时，应查看指示灯是否正常。

POWER 灯：电源指示灯，当接通交流电后该指示灯亮。

RUN 灯：充电指示灯，当充电机接通电池进入充电状态后该指示灯亮。

FAULT 灯：报警指示灯，当充电机内部有故障时该指示灯亮。

图 3-2　车载充电机安装位置

33　北汽 EV160/200 车载充电机线束及端子含义

1）慢充线束：连接慢充口到车载充电机之间的线束，如图 3-3、图 3-4 所示。

2）车载充电机端子接口及定义如图 3-5、图 3-6 所示。低压控制端子如图 3-7 所示。

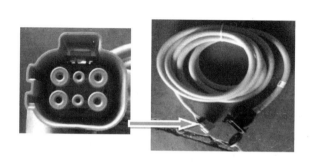

图 3-3　慢充口到车载充电机之间的线束

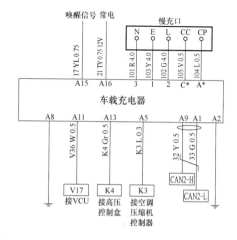

图 3-4　慢充口电路图

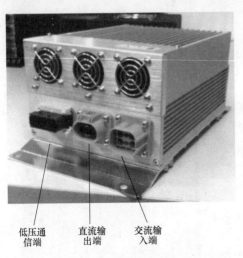

低压通
信端　　直流输　　交流输
出端　　入端

图 3-5　车载充电机接口

交流输入端

直流输出端

图 3-6　接口定义

A—电源负极　B—电源正极　1—L（交流电源）
2—N（交流电源）　3—PE（车身地）　4—空
5—CC（充电连接确认）　6—CP（控制确认线）

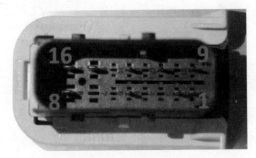

图 3-7　低压控制端子

1—CAN-L　2—CAN-GND　5—互锁输出（到高压盒低压插件）　8—GND　9—新能源 CAN-H
11—CC 信号输出　13—互锁输入（到空调压缩机低压插件）　15—12V+OUT　16—12V+IN

③④ 北汽 EV160/200 慢充系统组成

慢充系统：慢充系统使用交流 220V 单相民用电，通过整流变换，将交流电变换为高压直流电给动力电池进行供电。

慢充系统主要部件：供电设备（电缆保护盒、充电桩、充电线等）、慢充口、车内高压线束、高压控制盒、车载充电机、动力电池等，如图 3-8 所示。

目前，大多数新能源车辆的慢充口在传统汽车的加油口位置，如图 3-9 所示，用于连接慢充桩和充电线。

当充电口盖板打开时，仪表充电指示灯应常亮，当关闭充电口盖板时仪表充电指示灯应熄灭。如果充电口盖板出现问题，车辆无法正常起动。

慢充系统的充电流程如图 3-10 所示。

慢充桩

慢充口

慢充线束

车载充电机

高压控制盒

动力电池

图 3-8 慢充系统组成

慢充口
CP: 控制确认线
CC: 充电连接确认
N: (交流电源)
L: (交流电源)
PE: 车身地(搭铁)

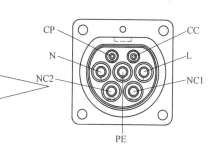

图 3-9 慢充口

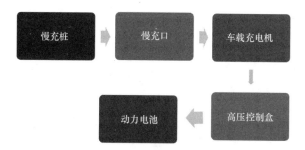

图 3-10 慢充充电流程

㉟ 北汽 EV160/200 慢充系统工作原理

1）当车辆插头与车辆插座插合后，充电桩通过测量检测点 4 的电压值来判断供电插头与插座是否完全连接，车辆控制装置通过测量 RC 电阻值来确认车辆接口是否完全连接（CC 检测）。

2）如果充电桩无故障，并且供电接口已完全连接，则 S_1 从 +12V 连接状态切换至脉冲宽度调制（PWM）连接状态，充电桩控制装置发出 PWM 信号。充电桩通过检测点 1 的电压值来判断充电装置是否完全连接。车辆控制装置通过测量检测点 2 的 PWM 信号，判断充电连接装置是否已完全连接（CP 检测）。

3）在车载充电机（OBC）自检没有故障，并且电池组处于可充电状态时，车辆控制装置闭合 S_2。

4）当电动汽车和充电桩建立电气连接后，车辆控制装置通过判断检测点 2 的 PWM 信号占空比确认供电设备的最大可供电能力，并且通过判断 RC 电阻值来确认电缆的额定容量。车辆控制装置对充电桩当前提供的最大供电电流值、车载充电机的额定输入电流值及电缆的额定容量进行比较，将其最小值设定为车载充电机当前最大允许输入电流，当设置完成后，车载充电机开始对电动汽车进充电，原理如图 3-11 所示。

提示：充电桩通过 CC 连接确认信号并检测充电线可耐受的电流，把 S_1 开关从 12V 端切换到 PWM 端，当检测点 1 的电压降到 6V 时，充电桩 K_1/K_2 开关闭合输出电流，受电网控制充电机最大功率。

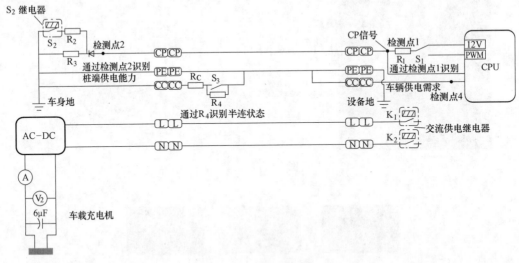

图 3-11　慢充原理图

㊱ 北汽 EV160/200 慢充系统控制原理

充电枪连接通过充电机反馈到整车控制器（VCU），再唤醒仪表显示连接状态（负触发）；充电机同时唤醒整车控制器（VCU）和动力电池 BMS（正触发），VCU 唤醒仪表起动显示充电状态（负触发）；动力电池正、负主继电器由 VCU 发出指令由 BMS 控制闭合。慢充系统的控制如图 3-12 所示。

慢充系统起动，充电桩提供交流供电，蓄电池低压唤醒整车控制系统，动力电池 BMS检测充电需求并给车载充电机发送工作指令，动力电池继电器闭合，车载充电机开始工作，进行充电。当电池检测充电完成后，BMS 给车载充电机发送停止指令，车载充电机停止工作，动力电池继电器断开，充电结束。

整个充电过程归纳为六个阶段：物理连接完成、低压辅助上电、充电握手阶段、充电参数配置阶段、充电阶段和充电结束阶段，如图 3-13 所示。在各个阶段，充电机和 BMS 如果在规定的时间内没有收到对方报文或没有收到正确报文，即判定为超时，超时时间为 5s（除特殊规定外）。

当出现超时后，BMS 或充电机发送错误报文，并进入错误处理状态。在对故障处理的过程中，根据故障的类别，分别进行不同的处理。在充电结束阶段中，如果出现了故障，直接结束充电流程。

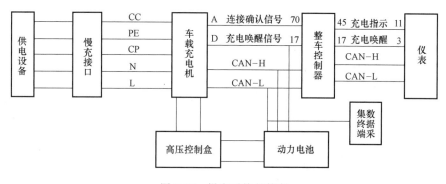

图 3-12　慢充系统的控制

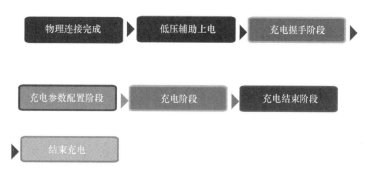

图 3-13　充电流程图

37 北汽 EV160/200 快充系统线束及端子含义

1）快充线束：连接快充口到高压盒之间的线束，如图 3-14 所示。接整车低压线束脚：

1—A-(低压辅助电源负极)，2—A+(低压辅助电源正极)，3—CC2（充电连接确认），4—S+(充电通信 CAN-H)，5—S-(充电通信 CAN-L)。

2）快充口定义如图 3-15 所示。

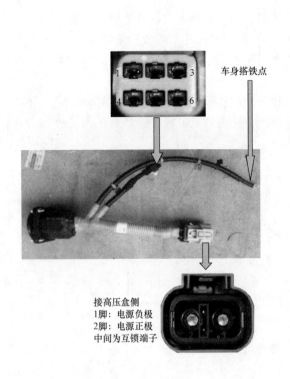

图 3-14　连接快充口到高压盒之间的线束

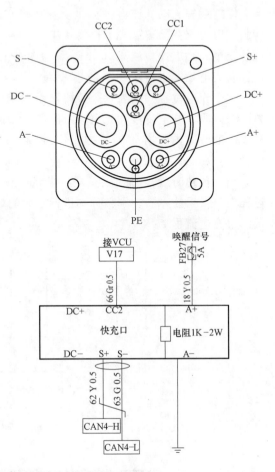

图 3-15　快速充电接口

DC-—直流电源负　DC+—直流电源正　PE—车身地（搭铁）

A-—低压辅助电源负极　A+—低压辅助电源正极　CC1—充

电连接确认　CC2—充电连接确认　S+—充电

通信 CAN-H　S-—充电通信 CAN-L

38 北汽 EV160/200 快充系统组成

快充电桩功能类似于加油站里面的加油机，快充桩的输入端与交流电网 380V 三相电直接连接，内部直接将高压交流电转化为高压直流电，输出端装有充电插头用于连接快充口。

快充系统主要部件：快充桩、快充口、快充线束、高压控制盒、高压线束、动力电池等，如图 3-16 所示。

快充口一般位于机舱盖前方车标内部，用于连接快充桩输出端的充电插头。

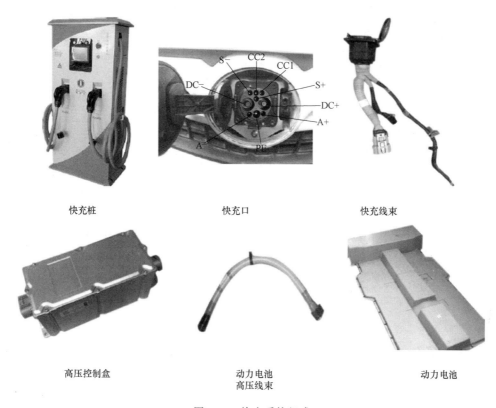

图 3-16 快充系统组成

DC-—直流电源负 DC+—直流电源正 PE—车身地（搭铁） A-—低压辅助电源负极 A+—低压辅助电源正极
CC1—充电连接确认 CC2—充电连接确认 S+—充电通信 CAN-H S-—充电通信 CAN-L

当充电口盖板打开时，仪表充电指示灯应常亮，当关闭充电口盖板时仪表充电指示灯应熄灭。如果充电口盖板出现问题，车辆无法正常起动。

39 北汽 EV160/200 快充系统工作原理

快充系统中 K1、K2 为充电桩高压正、负继电器；K3、K4 为充电桩低压唤醒正、负继电器，供电输出给车辆控制器（VCU）；K5、K6 为电池高压正、负继电器；检测点 1 即 CC1，为充电桩检测快充插头与车辆连接状态识别信号；检测点 2 即 CC2，为车辆控制器（VCU）检测快充插头与车辆连接状态识别信号。

当 CC1、CC2 两个检测点检测到的电压值符合要求之后，即认为充电桩与车辆可靠连接，K3、K4 继电器闭合，充电桩输出 12V 低压唤醒电源到车辆控制器（VCU），两者进行身份辨认，握手成功之后，VCU 报送动力电池的充电需求，充电桩报送供电能力，二者匹配，VCU 和 BMS 控制 K5、K6 闭合，充电桩控制 K1、K2 闭合，即进入充电阶段。VCU 发送充电请求及充电状态报文，充电桩反馈充电机状态报文，当车辆及充电桩判定充电结束之后，断开 K1、K2、K5、K6，充电截止，断开 K3、K4，充电完成，原理如图3-17 所示。

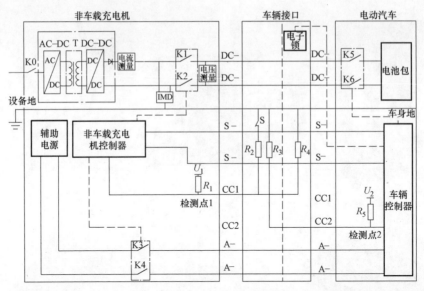

图 3-17　快充系统工作原理图

40 北汽 EV160/200DC-DC 变换器功用及工作流程

DC-DC 的安装位置如图 3-18 所示。

（1）功用

1）将动力电池的高压直流电转换为能够为整车所使用的低压直流电。

2）整车上电所用的电是蓄电池提供的 12V 低压电，整车起动以后动力电池代替蓄电池，通过 DC-DC 为整车提供低压电。

（2）DC-DC 变换器工作流程

1）整车 ON 档上电或充电唤醒上电。

2）动力电池完成高压系统预充电流程。

3）VCU 发给 DC-DC 变换器使能信号。

4）DC-DC 变换器开始工作。

图 3-18　DC-DC 安装位置

41 北汽 EV160/200DC-DC 变换器端子含义

DC-DC 接口定义如图 3-19、图 3-20 所示。

低压输出负极

低压输出正极

低压控制端

高压输入端

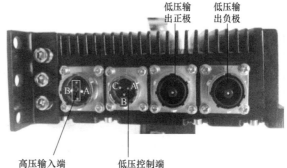

低压输出正极　低压输出负极

高压输入端
A脚：电源负极
B脚：电源正极
中间为高压互锁
短接端子

低压控制端
A脚：控制电路电源正兼使能（直流
　　 12V起动，0～1V关机）
B脚：电源状态信号输出（故障线，故
　　 障：12V高电平，正常：低电平）
C脚：控制电路电源负

图 3-19　DC-DC 接口　　　　　　　　图 3-20　DC-DC 各端子含义

42 北汽 EV160/200 高压线束分布

整车共分为 5 段高压线束，如图 3-21 所示。

动力电池高压电缆：连接动力电池到高压盒之间的线缆。

电机控制器电缆：连接高压盒到电机控制器之间的线缆。

快充线束：连接快充口到高压盒之间的线束。

慢充线束：连接慢充口到车载充电机之间的线束。

高压附件线束（高压线束总成）：连接高压盒到 DC-DC、车载充电机、空调压缩机、空

高压电缆　　　　　高压附件线束

电机控制器
电缆

电机控制器

高压控制盒

快充线束

高压附件线束

慢充线束

车载充电机

DC-DC

图 3-21　高压线束分布图

调 PTC 之间的线束。

⁴³ 北汽 EV160/200 高压线束结构及端子含义

1）动力电池高压电缆：连接动力电池到高压盒之间的线缆，如图 3-22 所示。

接高压盒端
B脚：电源正极
A脚：电源负极
C脚：互锁线短接
D脚：互锁线短接

接动力电池端
1脚：电源负极
2脚：电源正极
中间：互锁端子

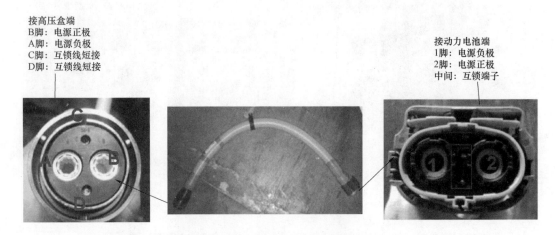

图 3-22　动力电池高压电缆

2）电机控制器电缆：连接高压盒到电机控制器之间的线缆，如图 3-23 所示。

接高压盒端
B脚：电源正极
A脚：电源负极
C脚：互锁线短接
D脚：互锁线短接

单芯插件(Y键位)
接电机控制器正极

单芯插件(Z键位)
接电机控制器负极

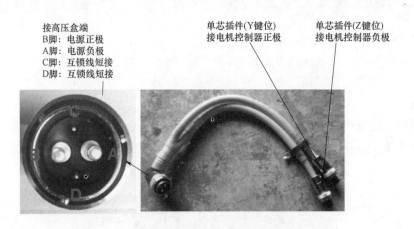

图 3-23　电机控制器电缆

3）高压附件线束（高压线束总成）：连接高压盒到 DC-DC、车载充电机、空调压缩机、空调 PTC 之间的线束，如图 3-24 所示。高压附件线束（高压线束总成）接口定义如图 3-25 所示。

接高压盒插件：A—DC-DC 电源正极、B—PTC 电源正极、C—压缩机电源正极、D—PTC-A 组负极、E—充电机电源正极、F—充电机电源负极、G—DC-DC 电源负极、H—压缩机电源负极、J—PTC-B 组负极、L—互锁信号线、K—空脚。

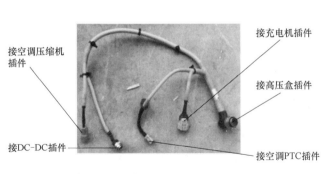

接空调压缩机插件

接DC-DC插件

接充电机插件

接高压盒插件

接空调PTC插件

图 3-24 高压附件线束

图 3-25 高压附件线束接口定义

4）高压附件线束高压线束总成接口定义

① 接充电机插件、接空调压缩机插件端子如图 3-26 所示。

接充电机插件

接空调压缩机插件

图 3-26 接充电机和空调压缩机插件端子

A—电源负极 B—电源正极 1—电源正极 2—电源负极 中间—互锁端子

② 接 DC-DC 插件、接空调 PTC 插件端子如图 3-27、图 3-28 所示。

图 3-27 接 DC-DC 插件端子

A—电源负极 B—电源正极

1—互锁信号输入 2—互锁信号输出

图 3-28 接空调 PTC 插件端子

1—PTC-A 组负极 2—PTC-B 组负极

3—电源正极 4—互锁信号线

5）快充线束：连接快充口到高压盒之间的线束插件端子，如图 3-29 所示。

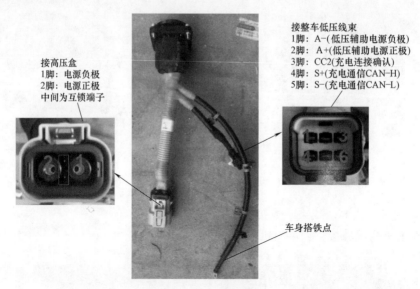

接高压盒
1脚：电源负极
2脚：电源正极
中间为互锁端子

接整车低压线束
1脚：A−(低压辅助电源负极)
2脚：A+(低压辅助电源正极)
3脚：CC2(充电连接确认)
4脚：S+(充电通信CAN−H)
5脚：S−(充电通信CAN−L)

车身搭铁点

图 3-29　快充线束端子

44 北汽 EV160/200 高压电路互锁作用

1）互锁电路的作用是监测高压线束连接情况，当某个高压插件未插到位，动力电池则切断高压电源。互锁电路如图 3-30、图 3-31 所示。

2）整车在高压上电前确保整个高压系统的完整性，使高压处于一个封闭的环境下工作，提高安全性。

3）当整车在运行过程中高压系统回路断开或者完整性受到破坏的时候，需要启动安全防护。

4）防止带电插拔高压插接器给高压端子造成的拉弧损坏。

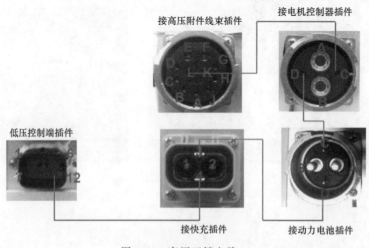

接高压附件线束插件

接电机控制器插件

低压控制端插件

接快充插件

接动力电池插件

图 3-30　高压互锁电路一

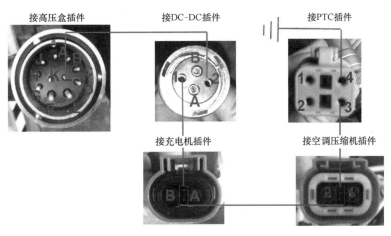

图 3-31 高压互锁电路二

45 北汽 EV160/200 高压电路互锁故障排查

1）故障现象：整车报高压故障。

2）故障原因：某个高压插件未插或未插到位造成高压互锁回路，如图 3-32 所示。

3）常见的高压互锁问题：PTC、DC-DC、高压盒、车载充电机、空调压缩机高低压插件未插，如图 3-33 所示。

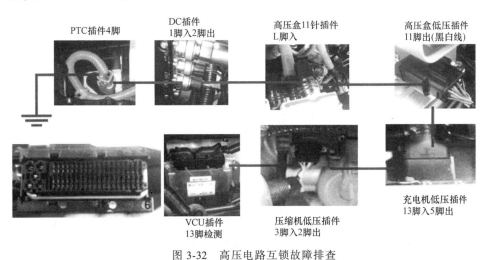

图 3-32 高压电路互锁故障排查

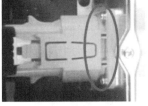

图 3-33 高低压插件未插

46 北汽 EV160/200 绝缘故障排查

1）故障现象：动力电池报整车绝缘故障。

2）故障原因：某个部件或插件引起绝缘阻值低。

3）排查方法：排除法。

由于高压互锁线的存在，在运用排除法前首先需要将互锁回路接地，方法是将空调低压插件 2 脚有效搭铁，如图 3-34 所示。

4）将高压附件线束断开，逐一排查。

图 3-34　将空调低压插件 2 脚有效搭铁

47 北汽 EV160/200 高压控制盒结构

高压控制盒（PDU）是完成动力电池电源输出及分配的部件，实现对支路用电器的保护及切断，结构如图 3-35 所示。

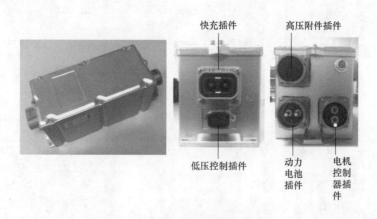

图 3-35　高压控制盒

高压控制盒内部结构如图 3-36 所示。

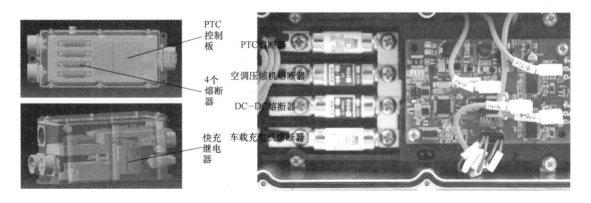

图 3-36　高压控制盒内部结构

48 北汽 EV160/200 高压控制盒原理图及端子含义

1）高压控制盒内部原理电路如图 3-37 所示。

2）高压控制盒外部接口定义如图 3-38 所示。

3）接高压附件线束插件端子如图 3-39 所示。

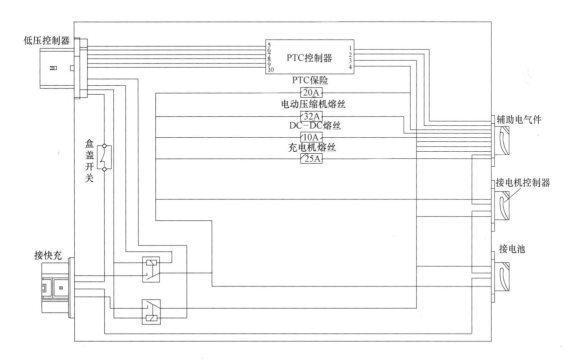

图 3-37　高压控制盒内部原理图

接高压盒
1脚: 电源负极
2脚: 电源正极
3脚: 互锁信号线
4脚: 互锁信号线(到盒盖开关)
低压控制端插件
1脚: 快充继电器线圈(正极)
2脚: 快充负继电器线圈(控制端)
3脚: 快充正继电器线圈(控制端)
4脚: 空调继电器线圈(正极)
5脚: 空调继电器线圈(控制端)
6脚: PTC控制器_GND
7脚: PTC控制器CAN-L
8脚: PTC控制器CAN-H
9脚: PTC温度传感器负极
10脚: PTC温度传感器正极

图 3-38　高压控制盒外部接口

A: DC-DC电源正极
B: PTC电源正极
C: 压缩机电源正极
D: PTC-A组负极
E: 充电机电源正极
F: 充电机电源负极
G: DC-DC电源负极
H: 压缩机电源负极
J: PTC-B组负极
L: 互锁信号线
K: 空引脚
接电机控制器线束插件
B脚: 电源正极
A脚: 电源负极
C脚: 互锁信号线
D脚: 互锁信号线
接动力电池线束插件
B脚: 电源正极
A脚: 电源负极
C脚: 互锁信号线
D脚: 互锁信号线

图 3-39　接高压附件线束插件端子含义

㊾ 北汽 EV160/200 仪表结构

　　仪表显示用户最关心的车辆信息，如图 3-40 所示。主要涉及驾驶与维修提示的仪表故障灯指示。

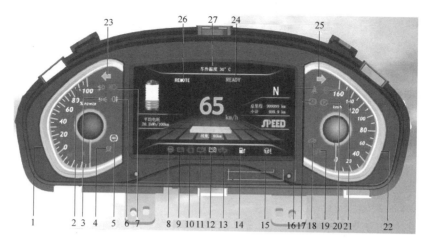

图 3-40　北汽电动汽车仪表

1—驱动电机功率表　2—前雾灯　3—示廓灯　4—安全气囊指示灯　5—防抱死制动系统（ABS）指示灯　6—后雾灯　7—远光灯　8—跛行指示灯　9—蓄电池故障指示灯　10—电机及控制器过热指示灯　11—动力电池故障指示灯　12—动力电池断开指示灯　13—系统故障灯　14—充电提醒灯　15—电动助力转向系统（EPS）故障指示灯　16—安全带未系指示灯　17—制动故障指示灯　18—防盗指示灯　19—充电线连接指示灯　20—驻车制动指示灯　21—门开指示灯　22—车速表　23、25—左/右转向指示灯　24—READY 指示灯　26—REMOTE 指示灯　27—室外温度提示

50 北汽 EV160/200 驱动电机结构

　　三相交流永磁同步电机主要由定子（铝合金）、转子（永磁）、前后端盖和旋变传感器组成。

　　C33DB 驱动电机采用永磁同步电机（PMSM），如图 3-41 所示。它具有效率高、体积小、重量轻及可靠性高等优点，是动力系统的重要执行机构，也是电能与机械能转化的部件，其自身的运行状态等信息可以被采集到驱动电机控制器。

　　依靠内置传感器来提供电机的工作信息，这些传感器包括：

　　1）旋转变压器：用以检测电机转子位置，控制器解码后可以获知电机转速。

　　2）温度传感器：用以检测电机的绕组温度，控制器可以保护电机避免过热，如图 3-42 所示。

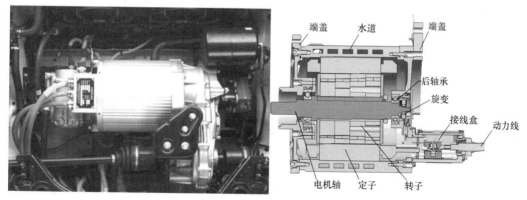

图 3-41　驱动电机结构

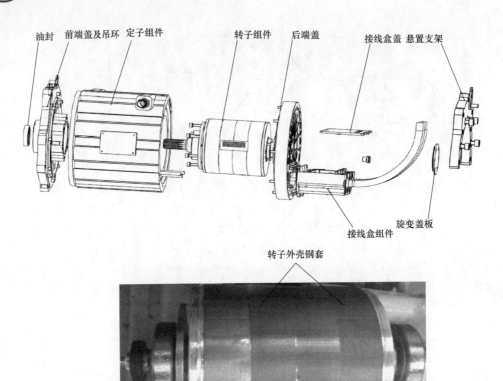

油封　前端盖及吊环　定子组件　　　转子组件　后端盖　　　接线盒盖　悬置支架

接线盒组件　旋变盖板

转子外壳钢套

图 3-41　驱动电机结构（续）

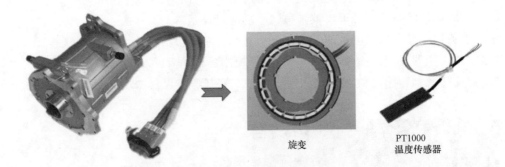

旋变

PT1000
温度传感器

图 3-42　电机传感器

51 北汽 EV160/200 驱动电机低压接口端子含义

驱动电机上有 1 个低压接口和 3 个高压线（V、U、W）接口，如图 3-43 所示。

其中低压接口各端子定义见表 3-1，电机控制器也是通过低压接口获取电机温度信息和电机转子当前位置信息的。

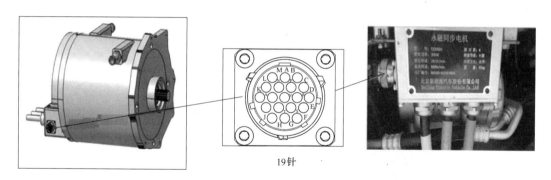

图 3-43 电机接线端口

表 3-1 低压接口各端子定义

编号	信号名称	说明	编号	信号名称	说明
A	激励绕组 R1	电机旋转变压器接口	F	正弦绕组 S4	电机旋转变压器接口
B	激励绕组 R2		G	TH0	电机温度接口
C	余弦绕组 S1		H	TL0	
D	余弦绕组 S3		L	HVIL1（+L1）	高低压互锁接口
E	正弦绕组 S2		M	HVIL2（+L2）	

52 北汽 EV160/200 旋转变压器结构

旋转变压器是一种电磁式传感器，又称同步分解器、旋变器。它是一种测量角度用的小型交流电动机，用来测量旋转物体的转轴角位移和角速度，驱动电机用以检测电机转子位置，控制器解码后可以获知电机转速，如图 3-44 所示。

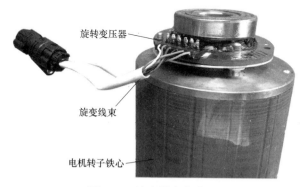

图 3-44 旋变器安装位置

旋转变压器由旋变线圈、转子组成，如图 3-45 所示。

磁阻式旋转变压器的励磁绕组和输出绕组放在同一套定子槽内，固定不动。但励磁绕组和输出绕组的形式不一样。两相绕组输出的信号随转角做正弦变化、彼此相差 90°。转子磁极形状进行特殊设计，使得气隙磁场近似于正弦形。转子形状的设计也必须满足所要求极数。可以看出，转子的形状决定了极数和气隙磁场形状。

旋变的转子

图 3-45　旋变器结构

53　北汽 EV160/200 驱动电机旋转变压器检测方法（图 3-46）

励磁绕组参考电压：打开点火开关 ON 档测量插件端电压，应有 3～3.5V 交流电压。

正弦绕组阻值：拔下插件测量传感器端子电阻，应为（60±10）Ω。

余弦绕组阻值：拔下插件测量传感器端子电阻，应为（60±10）Ω。

励磁绕组阻值：拔下插件测量传感器端子电阻，应为（30±10）Ω。

电机端	MCU端	信号名称	电阻
A	12	励磁绕组R1	20～40Ω
B	11	励磁绕组R2	
C	35	余弦绕组S1	50～70Ω
D	34	余弦绕组S3	
E	23	正弦绕组S2	50～70Ω
F	22	正弦绕组S4	

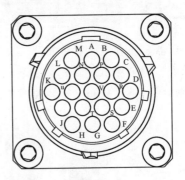

图 3-46　旋转变压器检测

54　北汽 EV160/200 旋变器电路故障与排除

在电机与控制器低压线束连接正确时，如果旋转变压器出现故障，一般分为两种情况：一种是旋转变压器本身故障，另一种为控制器旋变解码电路故障。不管是哪一种故障，都将会导致电机系统无法起动或转矩输出偏小。

检查电机旋转变压器是否损坏。首先检查电机控制器与电机连接低压线束无退针与虚接现象，检查电机控制器低压控制插件 12V 供电是否正常。

（1）检查线路的通断　电路图如图 3-47 所示，脱开电机控制器插头，测量电机旋变插头 35 脚至电机控制器 19 脚之间的导线是否出现断路/短路情况。旋变器端子含义见表 3-3。

（2）检查励磁绕组的电压 将点火开关置于 ON 档，测量插件端，应有 3~3.5V 的交流电压。

（3）检查绕组的电阻值用万用表测量电机旋变传感器的阻值。正确的线圈阻值如下：

1）正弦绕组阻值：拔下插件测量传感器端子电阻，应为（60±10）Ω。

2）余弦绕组阻值：拔下插件测量传感器端子电阻，应为（60±10）Ω。

3）励磁绕组阻值：拔下插件测量传感器端子电阻，应为（60±10）Ω。

若绕组的阻值超出正常范围，需更换旋转变压器。若阻值正常，则可能是控制器内部旋变解码电路故障，需更换控制器主控板。

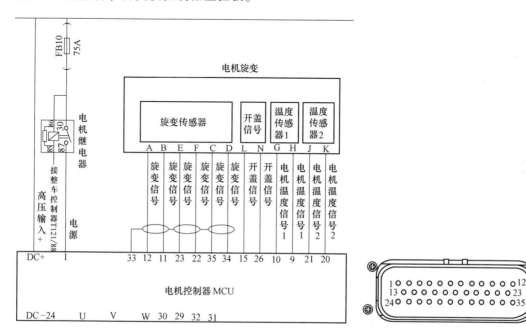

图 3-47 旋变器电路图与插接器

表 3-2 旋变器端子含义

12	励磁绕组 R1	电机旋转变压器接口	22	正弦绕组 S4	电机旋转变压器接口
11	励磁绕组 R2		33	屏蔽层	
35	余弦绕组 S1		24	12V_GND	控制电源接口
34	余弦绕组 S3		1	12V+	
23	正弦绕组 S2				

55 北汽 EV160/200 驱动电机温度传感器检测

电机温度传感器功用：检测电机定子绕组的温度，并作为散热风扇起动的信号之一。

温度传感器阻值：温度在 25℃，拔下插件测量传感器端子电阻，应为（1000±100）Ω，如图 3-48 所示。

散热风扇起动温度值：45℃≤温度<50℃时冷却风扇低速起动；温度≥50℃时，冷却风扇高速起动；温度降至 40℃时冷却风扇停止工作。

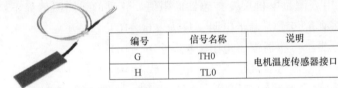

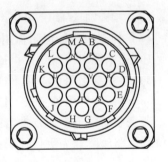

编号	信号名称	说明
G	TH0	电机温度传感器接口
H	TL0	

图 3-48　电机温度传感器检测

56 北汽 EV160/200 驱动电机控制器结构

驱动电机控制器主要由接口电路、控制主板、绝缘栅双极晶体管（IGBT）模块（驱动）、超级电容、放电电阻、电流感应器、壳体水道等组成，如图 3-49 所示。

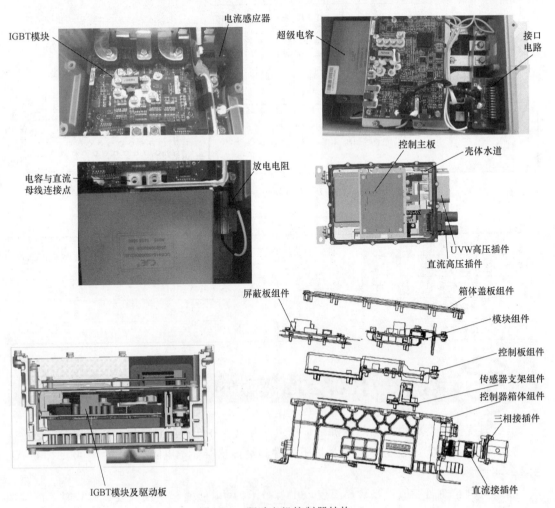

图 3-49　驱动电机控制器结构

注：超级电容和放电电阻的功能如下。

1）超级电容：接通高压电路时给电容充电，在电机起动时保持电压的稳定。

2）放电电阻：断开高压电路时，通过电阻给电容放电。

3）放电电路故障，会报放电超时导致高压断电。

57 北汽 EV160/200 驱动电机控制器端子定义

驱动电机控制器上分为低压接口和高压接口，如图 3-50、图 3-51 所示，低压接口端子定义见表 3-3。动力电池的直流电通过高压盒提供给驱动电机控制器，在电机控制器上布置有 2 个安菲诺高压连接插座。

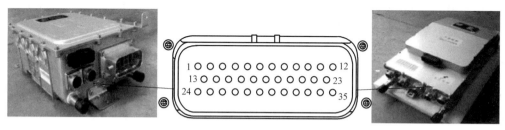

图 3-50 驱动控制器低压接口

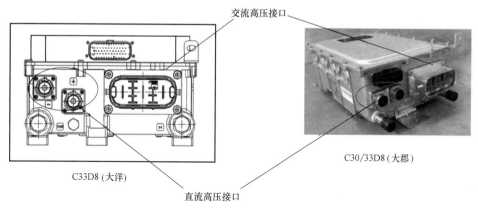

图 3-51 驱动控制器高压接口

表 3-3 低压端接口含义

编号	信号名称	说明	编号	信号名称	说明
12	励磁绕组 R1	电机旋转变压器接口	31	CAN-L	CAN 总线接口
11	励磁绕组 R2		30	CAN-PB	
35	余弦绕组 S1		29	CAN-SHIELD	
34	余弦绕组 S3		10	TH	电机温度传感器接口
23	正弦绕组 S2		9	TL	
22	正弦绕组 S4		28	屏蔽层	
33	屏蔽层		8	485+	RS485 总线接口
24	12V_GND	控制电源接口	7	485−	
1	12V+		15	HVIL1（+L1）	高低压互锁接口
32	CAN-H	CAN 总线接口	26	HVIL2（+L2）	

58 北汽 EV160/200 驱动电机工作原理

（1）D 位加速行车　驾驶人换 D 位并踩加速踏板，此时档位信息和加速信息通过信号线传递给整车控制器（VCU），VCU 把驾驶人的操作意图通过 CAN 线传递给驱动电机控制器（MCU），再由 MCU 结合旋变传感器信息（转子位置），进而向永磁同步电机的定子通入三相交流电，三相电流在定子绕组的电阻上产生电压降。由三相交流电产生的旋转电枢磁动势及建立的电枢磁场，一方面切割定子绕组，并在定子绕组中产生感应电动势；另一方面以电磁力拖动转子以同步转速正向旋转。

随着加速踏板行程不断加大，电机控制器控制的 6 个 IGBT 导通频率上升，电机的转矩随着电流的增加而增加，因此，基本上拥有最大的转矩。随着电机转速的增加，电机的功率也增加，同时电压也随之增加。在电动汽车上，一般要求电机的输出功率保持恒功率，即电机的输出功率不随转速增加而变化。这就要求在电机转速增加时，电压保持恒定，如图 3-52 所示。

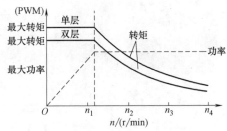

图 3-52　电机机械特性曲线

与此同时，电机控制器也会通过电流感器和电压传感器感知电机当前功率、消耗电流大小和电压大小，并把这些信息数据通过 CAN 网络传送给仪表、整车控制器，其具体工作原理如图 3-53 所示。

（2）R 位行车　当驾驶人挂 R 位时，驾驶人请求信号发给 VCU，再通过 CAN 线发送给 MCU。此时 MCU 结合当前转子位置（旋变传感器）信息，通过改变 IGBT 模块改变 W＼V＼U 通电顺序，进而控制电机反转。

（3）制动时能量回收　在驾驶人松开加速踏板时，电机在惯性的作用下仍在旋转，设车轮转速为 $V_{轮}$、电机转速为 $V_{电机}$、车轮与电机固定传动比为 K。当车辆减速时，$V_{轮}$ 乘以 K 小于 $V_{电机}$ 时，电机仍是动力源。随着电机转速下降，当 $V_{轮}$ 乘以 K 大于

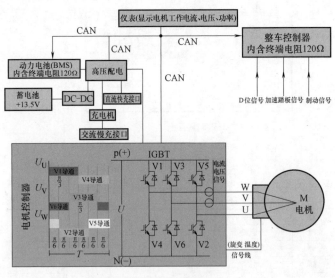

图 3-53　D 位工作原理

$V_{电机}$ 时，此时电机相当于被车辆带动而旋转，此时电动机变为发电机。

BMS 可以根据电池充电特性曲线（充电电流、电压变化曲线与电池容量的关系）和采集的电池温度等参数，计算出相应的允许最大充电电流。MCU 根据电池允许的最大充电电

流，通过控制 IGBT 模块使发电机定子线圈旋转磁场角速度与电机转子角速度保持到发电电流不超过允许最大充电电流，以调整发电机向蓄电池充电的电流，同时这也控制了车辆的减速度 a，具体过程如图 3-54 所示。

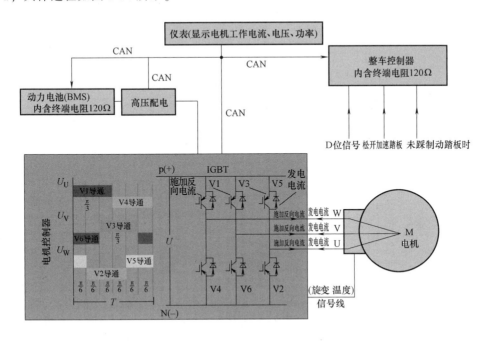

图 3-54　反向电流的施加

当踩下制动踏板时，MCU 输出的电流频率会急剧下降，馈能电流在 MCU 的调节下充入高压电池。当 IGBT 全部关闭时在当前的反拖速度和模式下为最大馈能状态，此时 MCU 对发电机没有实施速度和电流的调整，发电机所发的电量全部转移给蓄电池。由于发电机负载较大，此时车辆减速也比较快。

（4）能量回收的条件　电池包温度低于 5℃ 时，能量不回收。单体电压在 $4.05 \sim 4.12V$ 时，能量回收 6.1kW。单体电压超过 4.12V 时，能量不回收。单体电压低于 4.05V 时，SOC 大于 95%、车速低于 30km/h 时，没有能量回收功能，且能量回收及辅助制动力大小与车速和踩下制动踏板行程相关。

（5）E 位行驶时　E 位为经济驾驶模式，在车辆正常行驶时，E 位与 D 位的根本区别在于 MCU 和 VCU 内部程序、控制策略不同。在加速行驶时，E 位相对于 D 位来说提速较为平缓，蓄电池放电电流也较为平缓，目的是尽可能节省电量以延长行驶距离，而 D 位提速较为灵敏，响应较快。E 位更注重能量回收。松开加速踏板时，驱动电机被车轮反拖发电时所需的"机械能"牵制了车辆的滑行，从而起到了一定的降速、制动的效果，所以 E 位此时的滑行距离比 D 位短。

59 北汽 EV160/200 空调系统结构

电动汽车的空调系统与传统动力汽车基本相同，由压缩机、冷凝器、蒸发器、冷却风扇、鼓风机、膨胀阀、储液干燥器和高低压管路附件、传感器等组成，如图 3-55 所示。传统汽车压缩机由发动机传动带通过电磁离台器带动，而电动汽车采用电动压缩机，电动压缩机由动力电池提供高压电驱动。

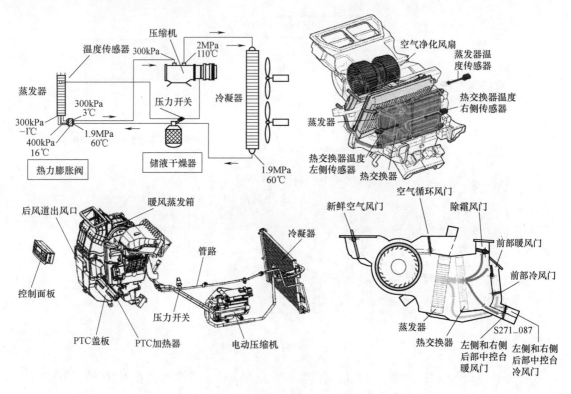

图 3-55 电动汽车空调组成

60 北汽 EV160/200 空调电动压缩机电路原理

北汽 EV 空调电动压缩机电路原理如图 3-56 所示。

空调继电器控制压缩机 12V 低压电源，低压电源电压是空调压缩机控制器的通信信号传输及控制功能得以正常运行的可靠保证。整车控制器（VCU）通过数据总线"CAN-H、CAN-L"与空调压缩机控制器相连接，再由压缩机控制器控制空调压缩机的高压电源线"DC+与 DC-"通断。高压互锁信号线在高压上电前确保整个高压系统的完整性，使高压电处于一个封闭的环境下工作，提高安全性。空调压缩机的高压线束与低压线束相互独立，线束的各个端子定义如图 3-57 和图 3-58 所

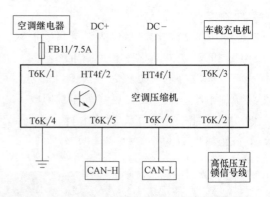

图 3-56 北汽 EV 空调电动压缩机电路原理图

示，其中高压端子 B 与 DC+对应，为高压电源正极，A 与 DC−对应，为高压电源负极。端子含义见表 3-4。

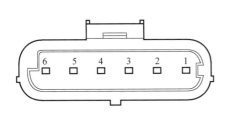

图 3-57 空调压缩机低压插接器

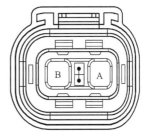

图 3-58 空调压缩机高压线连接

表 3-4 电动压缩机引脚定义

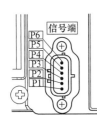

插接件	端口	接口定义	备注
高压两芯 （动力接口）	A	高压正	控制器与动力 电池连接
	B	高压负	
低压六芯 （控制信号接口）	1	DC12V 正极	控制器与低压控 制系统连接
	2	高低压互锁信号	
	3	高低压互锁信号	
	4	地	
	5	CAN-H	
	6	CAN-L	

61 北汽 EV160/200 电动压缩机不工作故障

空调电动压缩机不能工作的故障有机械故障和电子控制系统方面的故障，其常见故障原因及排除方法见表 3-5。

表 3-5 常见故障原因及排除方法

故障	现象	原因及判断	检测及排除方法
驱动控制器不工作，压缩机不工作	压缩机无起动声音，电源电流无变化	①12V 控制电源未通入驱动控制器 ②控制电源电压不足或超压 ③插接件端子接触不良或松脱	①检查驱动控制器控制电源插头端子是否松脱 ②检查控制电源到驱动控制器之间的导线是否有断路 ③测量控制电源电压是否达到要求（对 DC12V 控制电源驱动控制器，控制电源至少大于 DC9V，不得高于 DC15V）
驱动控制器工作正常，压缩机不正常工作	压缩机发出异常声音	①电机缺相 ②冷凝器风机未正常工作，系统压差大，电机负载过大	①检查驱动控制器与电机连接的三相插头及相关导线，保证其接触良好及导通 ②保证冷凝器风机正常工作，待系统压力平衡后再次起动

（续）

故障	现象	原因及判断	检测及排除方法
驱动控制器工作正常，压缩机不工作	压缩机无起动声音，电源电流无变化，各端口电压正常	驱动控制器未接收到空调系统的 A/C 开关信号	①检查 A/C 开关是否有故障 ②检查与 A/C 开关相连的导线是否断路 ③A/C 开关连接方式是否正确[接地(低电平：0～0.8V)开启压缩机，接高电平或悬空关闭压缩机]
驱动控制器工作正常，压缩机不工作	压缩机无起动声音，电源电流无变化，高压端口电压不足或无供电	欠电压保护起动	关闭整车主电源： ①检查驱动控制器主电源输入接口处的插接件端子是否有松脱 ②主电源到驱动控制器之间的导线是否断路 ③控制主电源输入的继电器是否正常动作
驱动控制器自检正常，压缩机不工作	压缩机起动时有轻微抖动，电源电流有变化随后降为 0	①冷凝器风机未正常工作，系统压差过大，电机负载过大导致的过电流保护起动 ②电机缺相导致的过电流保护起动	①保证冷凝器风机正常工作，待系统压力平衡后再次起动 ②检查驱动控制器与电机连接的三相插头及相关导线，保证其接触良好及导通

62 北汽 EV160/200 空调压缩机故障的判别

把点火开关旋至"ON"档，打开空调"A/C"开关，风量开至最大，观察发现鼓风机工作正常，但无冷风，汽车仪表无高压绝缘性故障描述。进一步检查，发现空调压缩机不工作，初步断定为空调压缩机或其控制系统的问题，决定对空调压缩机及其控制线路进行诊断，查找故障原因，并修复排除故障。

压缩机维修诊断关系到高压危险，操作前一定要穿橡胶绝缘鞋，戴绝缘手套。严格按照高压电的操作规范操作。举升汽车，拆下空调压缩机低压插接器。压缩机低压插接器及高压插接器如图 3-59 所示。

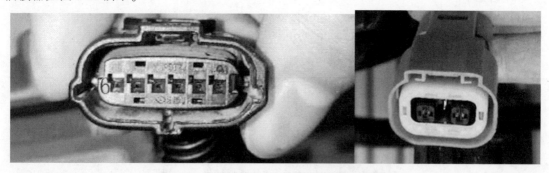

图 3-59　空调压缩机低压插接器与高压插接器

63 北汽 EV160/200 搭铁线、CAN 总线测量

点火开关处于"OFF"状态，断开空调压缩机低压插接器，分别测量搭铁线、CAN 总线。

（1）搭铁线的测量　用万用表测量低压插接器 4 号脚与车身之间的电阻，如图 3-60 所示，其正常电阻应不超过 1Ω，如果电阻为无穷大，则故障为搭铁线断路。若搭铁线有故障，压缩机控制器无法控制压缩机工作。

（2）空调压缩机 CAN 总线电阻的测量　用万用表测量低压插接器 5 号脚与 6 号脚之间的电阻，如图 3-61 所示，其电阻值约为 60Ω，若电阻为无穷大，故障为断路，若电阻接近于 0，则可能为 CAN-H 与 CAN-L 短路或与其连接的相关部件有短路现象。

（3）空调压缩机 CAN 总线的搭铁短路测量　用万用表分别测量低压插接器 5 号脚与车身、6 号脚与车身之间的电阻，电阻值应为无穷大，若电阻接近于 0，故障为导线有搭铁现象。导线搭铁短路往往是由于导线绝缘胶老化、磨损导致导线金属直接与车身相通引起的。

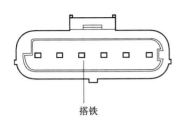
图 3-60　搭拨点测量

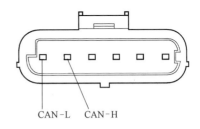
图 3-61　CAN 总线电阻测量

（4）空调压缩机高压互锁信号线的测量　用万用表测量空调压缩机低压接口内部 2 号脚与 3 号脚之间的电阻，如图 3-62 所示，电阻值应小于 1Ω，如果电阻为无穷大，故障为线路断路。

（5）空调压缩机高压线 A、B 电流的测量　连接空调压缩机低压插接器，把点火开关旋至"ON"档，打开空调"A/C"开关，把风量开至最大，用数字钳形表分别测量 A 线和 B 线的电流，如图 3-63 所示，电流值应为 1~1.5A。若电流值为 0，检查动力电池高压线插接器以及高压控制盒高压线束插接器，如果插接器正常，则为空调压缩机内部控制器故障。

（6）12V 低压电源线测量　点火开关旋至"ON"档，用万用表测量低压插接器 1 号脚的直流电压，如图 3-64 所示，电压值应为 9~14V。如果测得电压值为 0，则检查 FB11/7.5A 熔丝、空调继电器，若熔丝及继电器良好，那么检查低压插接器 1 号脚与 FB11/7.5A 熔丝之间有否断路。

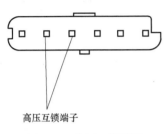
图 3-62　高压互锁测量

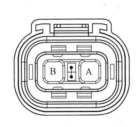
图 3-63　高压线电流测量

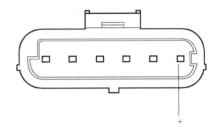
图 3-64　低压电源电压测量

64 北汽 EV160/200 空调系统制冷剂的回收、加注设备

（1）制冷剂鉴别仪作用　主要用来检验制冷剂的类型、纯度、非凝性气体以及其他杂质，能鉴别 R134a、R12、R22、HC、AIR 这 5 种成分的纯度，鉴别结果以百分比显示，精度为 0.1%，如图 3-65 所示。

1）制冷剂鉴别仪的显示。

PASS：制冷剂纯度达到 98% 或更高。通过检验，可以回收。

FAIL：R12 或 R134a 的混合物，任一种纯度达不到 98%，即混合物太多。

FAILCONTAMINATED：未知制冷剂，如 R22 或 HC 含量 4% 或更多，不显示含量。

NOREFRIGERANT-CHKHOSECONN：空气含量达到 90% 或更高，说明没有制冷剂。

2）制冷剂鉴别仪的使用方法。

① 给仪器通电，仪器自动开机后让仪器预热 2min。

② 在预热过程中，需要将当地的海拔输入到仪器的内存中。

③ 系统标定。仪器将会通过进气口吸入环境空气约 1min。

④ 把采样管的入口端接到车辆空调系统或制冷剂罐的出口上，按 A 按钮开始进行分析。

⑤ 分析完成，显示分析结果，检测完毕。

（2）制冷剂回收加注机　利用它可以进行制冷剂回收、净化、抽真空和加注，能进行冷冻机油的回收、加注，还能进行空调系统检漏等作业，如图 3-66 所示。

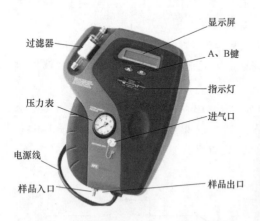

图 3-65　制冷剂鉴别仪

图 3-66　制冷剂回收加注机

制冷剂回收加注机操作面板功能如图 3-67 所示。

（3）空调歧管压力表组与注入阀　利用它和注入阀可以进行制冷剂充注、添加冷冻机油，和抽真空机配合可以进行空调系统抽真空等作业，是汽车空调系统故障诊断与排除以及汽车空调系统维修必不可少的设备，如图 3-68 所示。

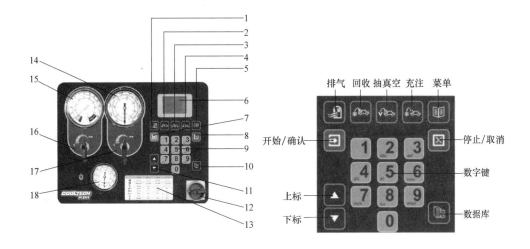

图 3-67 制冷剂回收加注机操作面板

1—排气：运行排气功能的快捷键 2—回收：回收空调系统的制冷剂 3—抽真空：将空调系统进行抽真空
4—充注：向空调系统充注制冷剂 5—菜单：进入菜单程序的快捷键 6—显示屏：显示操作信息 7—开始/确认：
开始/确认程序的进行 8—停止/取消：停止/取消程序的进行 9—键盘：输入数据键 10—数据库：进入数
据库的快捷键 11—上下键：上下选择键 12—电源开关：开机或关机 13—多语言对照表：多种语言表达对照表
14—高压表：显示空调系统高压端压力表 15—低压表：显示空调系统低压端压力表 16—低压阀：控制空调系统低
压端与设备的通断 17—高压阀：控制空调系统高压端与设备的通断 18—工作罐压力：显示工作罐压力的压力表

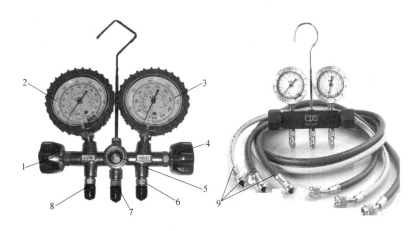

图 3-68 空调歧管压力表组与注入阀

1—低压侧手动开关 2—低压表 3—高压表 4—高压侧手动开关 5—视窗
6—高压侧软管（红） 7—加注罐软管（黄） 8—接低压侧软管（蓝） 9—三色软管

65 北汽 EV160/200 空调系统制冷剂回收、加注作业

（1）制冷剂回收作业

1）开机如图 3-69 所示。

2）按"回收"键。进入回收程序，如图 3-70 所示。

图 3-69　打开电源开关

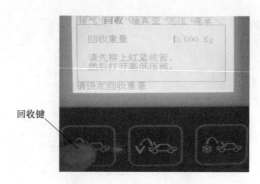

图 3-70　按"回收"键

3）选择回收量，如图 3-71 所示。

4）按菜单要求，进行管路连接，将高低压快速接头正确连接至制冷系统的检测接口，如图 3-72 所示。注意：顺时针拧开高低压开关时，速度应慢一些，防止冷冻机油被制冷剂带出系统。

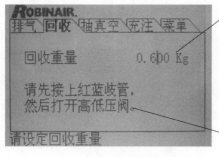

图 3-71　选择回收量

图 3-72　进行管路连接

5）打开仪器上的高低压阀。

6）设备自动起动自我清洁管路功能，如图 3-73 所示。

7）进行制冷剂回收，如图 3-74 所示。

图 3-73　设备自动起动自我清洁管路功能

图 3-74　进行制冷剂回收

8）注意：在回收过程中，应不断地观察压力表指针，当压力达到负压时，压缩机在抽真空，如图 3-75 所示。应及时按"取消"键，停止回收，防止损坏回收机中的压缩机。

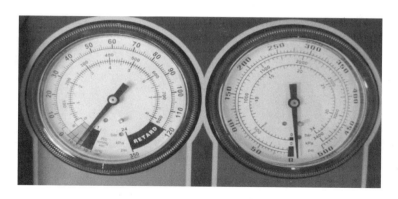

图 3-75　制冷剂回收时压力表显示

9）回收结束后，显示回收的制冷剂量，仪器准备进行排废油，如图 3-76 所示。

10）排油瓶表面有刻度，查看排油瓶内的废油液面并记录，如图 3-77 所示。

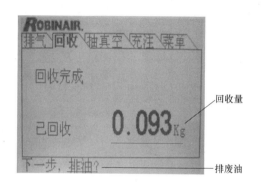

图 3-76　仪器准备进行排废油

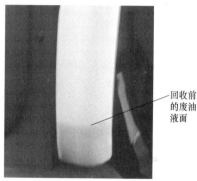

图 3-77　查看排油瓶内的废油液面

11）显示仪器正在排废油，如图 3-78 所示。

12）排油结束，仪器自动停止，如图 3-79 所示。

图 3-78　显示仪器正在排废油

图 3-79　排油结束

（2）制冷剂的加注作业

1）按"抽真空"键，仪器进行抽真空，如图 3-80 所示。

2）按数字键，选择抽真空时间并按"确认"键进行抽真空，如图 3-81 所示。注意：时间可以选择短些。

抽真空

图 3-80　仪器进行抽真空

图 3-81　进行抽真空

3）打开高低压阀，如图 3-82 所示。

4）抽真空至系统真空度低于 -90kPa，根据提示"关闭低压阀，打开高压阀"，如图 3-83 所示。按"取消"键，停止抽真空。

图 3-82　打开高低压阀

图 3-83　关闭低压阀，打开高压阀

5）保持真空度至少 15min，检查压力表示值变化。

① 如压力未上升，进行微小泄漏量的检查。

② 如压力有回升，则继续抽真空，如累计抽真空时间超过 30min，压力仍回升，则可以判定制冷装置有泄漏，应检修制冷装置。

6）在抽真空时，仪器同时进行工作罐中制冷剂的净化，如图 3-84 所示。

7）抽真空时间达到后，仪器自动停止真空泵工作，如图 3-85 所示。

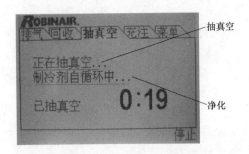

抽真空

净化

图 3-84　仪器同时进行工作罐中制冷剂的净化

图 3-85　仪器自动停止真空泵工作

8）按"确认"键，仪器对系统进行泄漏检测，如图3-86所示。注意：观察高低压表，压力应无回升。

9）检漏结束，准备加注冷冻机油，建议补充量为：排出量+20mL。

10）采用单管加注，关闭低压阀（防止冷冻机油进入压缩机），打开高压阀，如图3-87所示。

11）根据界面提示，查看注油瓶的液面位置，如图3-88所示。

图3-86 仪器对系统进行泄漏检测 　　　　　图3-87 打开高压阀

12）在加注过程中，必须一直观察注油瓶内的液面，达到补充量后及时按"确认"键，暂停加注冷冻机油。确认加注量达到要求后，按"取消"键结束加注冷冻机油，如图3-89所示。

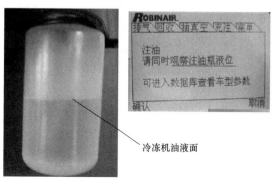

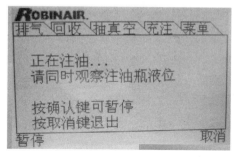

图3-88 查看注油瓶的液面位置 　　　　图3-89 按"取消"键结束加注冷冻机油

13）加注冷冻机油结束。准备充注制冷剂。

（3）加注制冷剂

1）查阅《车辆使用手册》，确认制冷装置中制冷剂的类型及加注量，如图3-90所示。

2）检查工作罐中的制冷剂质量，当质量不足3kg时，应予以补充，如图3-91所示（工作罐内制冷剂达到加注量的3倍，即可满足加注要求）。

3）按"确认"键，进入制冷剂充注界面，如图3-92所示。

4）按数字键，选择加注制冷剂量0.250kg，如图3-93所示。

5）根据界面要求，采用单管加注，关闭低压阀（防止液态制冷剂进入压缩机），逆时针旋转低压快速接头（防止加注的制冷剂从低压检测口出来），打开高压阀，如图3-94所示。

6）按"确认"键进行制冷剂充注，如图3-95所示。

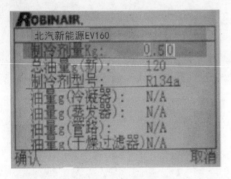

图 3-90　查找加注量

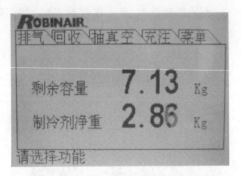

图 3-91　检查工作罐中制冷剂净重

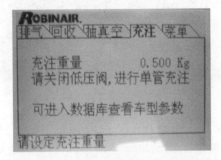

图 3-92　进入制冷剂充注界面

图 3-93　选择加注制冷剂量

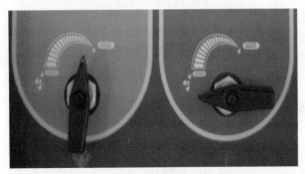

图 3-94　打开高压阀

图 3-95　按"确认"键进行制冷剂充注

7）加注结束，根据界面显示，逆时针旋转高压快速接头，将加注管与制冷系统断开，准备对管路清洁，如图 3-96 所示。

图 3-96　加注结束

8）仪器对管路清洁后，按"确认"键退出，如图 3-97 所示

9）关闭控制面板上的阀门。

10）将高低压软管从车上取下。

11）打开空调，如图 3-98 所示。

12）进行出风口温度检测（空调运转 5～6min；出风口温度 0～5℃）。查找泄漏、压力检测（低压侧压力：0.147～0.192MPa；高压侧压力：1.37～1.62MPa）。

13）完成加注作业。

图 3-97 按"确认"键退出

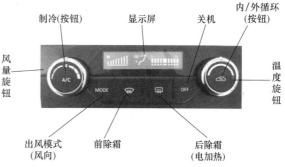

图 3-98 打开空调

66 北汽 EV160/200 电机制动馈能控制

电机制动馈能控制策略及方法是各新能源主机厂整车控制系统的核心内容之一。图 3-99 所示是北汽新能源车装配的旋钮式变速杆，其中 E 位就是电机馈能制动里程的选择位置，能根据用户不同需求改善能量回收强度及制动性能，妥善使用能量回收系统，可增加续驶 5%～15%。车辆前进档分 2 种，一种是 D 位，另一种 E 位经济模式。E 位行驶过程中，松开加速踏板时，车辆自动回收能量。回收强度可通过换档旋钮左上方"E+"和"E-"进行选择，如图 3-100 所示，在仪表中会进行相应的显示。

图 3-99 旋转式换档旋钮及回收模式键　　　　图 3-100 仪表显示的电机制动馈能模式

67 北汽 EV160/200 制动馈能控制开关的电路图及端子

电机制动馈能控制开关的电路图及端子如图 3-101 和图 3-102 所示，档位传感器的真值判断见表 3-6，根据电路图或表中数据，可以对开关的信号进行故障分析及判断。

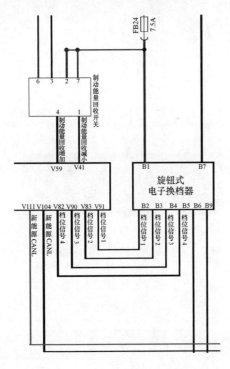

图 3-101　馈能开关的电路原理图

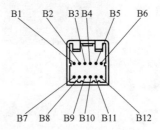

图 3-102　电子换档端子

表 3-6　档位传感器的真值判断

序号	功能定义	电压/V			电流/mA
		Min	Normal	Max	
B1	电源供电	6.50	12.00	19.00	500.00
B2	相位信号 1	/	4.45/0.28	/	1.00
B3	相位信号 2	/	4.45/0.28	/	1.00
B4	相位信号 3	/	4.45/0.28	/	1.00
B5	相位信号 4	/	4.45/0.28	/	1.00
B6	电源地端	/	/	/	500.00
B7	背光灯电源	0.00	12.00	/	50.00
B8	备用	/	/	/	/
B9	背光灯地端	/	/	/	50.00
B10	转向盘换档拨片插接件脚 1（未采用）	/	/	/	/
B11	转向盘换档拨片插接件脚 2（未采用）	/	/	/	/
B12	备用	/	/	/	/

68 北汽 EV160/200 制动系统常见故障排除与诊断

1）行车制动系统。与传统燃油车相同部分故障内容的排除方法基本相同，在此仅提供 ABS 故障码作为故障诊断与排除时的参考，见表 3-7。

2）电动真空泵故障诊断及排除方法电动真空泵常见故障及其诊断排除方法见表 3-8。

表 3-7 ABS 故障码及含义

故障代码	含义	故障代码	含义
C0031	左前轮速传感器线路故障-信号故障	C0032	左前轮传感器线路故障
C0034	右前轮速传感器线路故障-信号故障	C0035	右前轮传感器线路故障
C0037	左后轮速传感器线路故障-信号故障	C0038	左后轮速传感器线路故障
C003A	右后轮速传感器线路故障-信号故障	C003B	右后轮速传感器线路故障
C0010	左前 ABS 进油口电磁阀或者 1 号电机线路故障	C001C	右后 ABS 进油口电磁阀或者 1 号电机线路故障
C0011	左前 ABS 出油口电磁阀或者 2 号电机线路故障	C001D	右后 ABS 出油口电磁阀或者 2 号电机线路故障
C0014	右前 ABS 进油口电磁阀或者 1 号电机线路故障	C0020	泵电机控制故障
C0015	右前 ABS 出油口电磁阀或者 2 号电机线路故障	C0121	阀继电器线路故障
		C0245	轮速传感器频率错误
C0018	左后 ABS 进油口电磁阀或者 1 号电机线路故障	C0800	01 高压故障过压 02 低压故障—欠压
C0019	左后 ABS 出油口电磁阀或者 2 号电机线路故障	C1001	CAN 硬件故障
		U1000	CAN 总线关闭故障

表 3-8 电动真空泵常见故障及排除方法

故障现象	检查方法与处理措施	
	检查熔丝是否熔断	
	熔断	未熔断
连接电源后电机不转	①线路短路	①蓄电池亏电
	②控制器损坏	②线路断路
	③电机烧毁短路	③控制器损坏
接通电源后,真空度抽至上限设定值电机不停转	①开关触头短路常开	
	②电子延时模块坏,应更换	
压力开关不能正常开启和断开	①压力开关触头污损、锈蚀,接触不良。清洁触头或更换压力开关	
	②连接线折断或插头连接处脱焊。应更换连接线	
	③管路密封性不好,检查管路密封性,必要时更换	
设备的机壳带电	①电源线接错,壳体与电源的正极连接,应纠正错误的连接	
	②电源插座的地线未真实与地连接。应把电源插座中的地线连接好	
真空泵喷油	部分新装车的真空泵在工作时会出现从排气孔带出润滑油现象。此为真空泵自身缺陷。工作一段时间可消除	

69 北汽 EV160/200 真空助力制动系统的故障诊断

北汽电动汽车真空助力制动系统可能的故障原因包括真空压力传感器故障、SB06 熔丝故障、真空管路泄漏、真空泵线路故障、真空泵本身故障、真空助力制动系统控制单元（VBU）自身或线路故障。下面介绍具体的诊断方法。

1）故障码及数据流的读取。真空助力制动系统出现故障通常会报故障码，并点亮故障警告灯，如图 3-103 所示。因此首先应观察仪表显示故障信息，并连接诊断仪读取故障码及数据流，如真空泵的使能状态、真空泵的工作电流及真空系统压力值，如图 3-104 所示，初步判断可能的故障原因。

图 3-103　故障信息及故障灯　　　　　图 3-104　读取车辆的故障信息

2）真空泵和控制器的功能检测。车辆静止状态下打开钥匙开关（ON 档），踩制动踏板 1~3 次后观察真空泵的状态，并据此判断制动系统的工作状态是否正常。

制动系统正常工作时，真空泵会保持真空压力在 50~70kPa，由于制动踏板踩下后会造成真空管路的真空度降低（绝对压力提高），当接收到此时真空压力传感器信号，系统判断此时压力不在保持压力范围内，会自动起动真空泵运转，此时可听到真空泵运转的"嗡嗡"声，并在 3s 左右后真空度达到设定值时停止运转；如若不然，则可初步判断系统工作不正常。制动真空泵运转 5min 后（反复踩踏制动踏板至真空泵连续运转几次）观察真空泵有无异响和异味，并检查真空泵控制器及连接线是否变形发热。如果真空泵出现异响或异味，有可能是真空泵内部严重磨损造成的。

3）真空管路密封性检测。在制动真空泵工作时，检查连接软管有无漏气现象，检查各气管连接处有无破损或泄漏。制动软管不能扭曲，在最大转向角度时，制动软管不得接触到汽车零件。

4）相关线路检查。

① 查找真空助力制动系统工作电路及原理图，分析工作原理，如电源、接地、控制单元、传感器及真空泵电路。根据电路（图 3-105），检查驾驶舱内熔丝盒上的 SB06 熔丝（30A），它是真空泵的主供电熔丝，如图 3-106 所示。

② 测量真空助力制动系统控制单元（VBU）插接器的 92 号端子电压，如图 3-107 所示，该端子为真空压力传感器提供电源，据此判断传感器的供电情况。

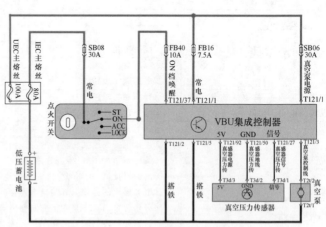

图 3-105　真空助力制动系统电路图

③ 测量真空助力制动系统控制单元（VBU）插接器的 50 号（搭铁）和 27 号（信号）端子，如图 3-108 所示，判断传感器信号线的导通和搭铁是否正常。

图 3-106　SB06 熔丝位置

图 3-107　VBU 插接器的 92 号端子

④ 测量电动真空泵的接线端子，如图 3-109 所示，判断真空泵的供电及搭铁是否正常，并检查真空泵搭铁点的搭铁性能。需特别注意的是，真空泵电动机的电源电压为 14V 左右，而不是传统能源车辆的 12V。

5）完工后的常规检查。故障排除后，一定要对制动系统进行常规的检查。除对制动盘片等进行检查外，新能源汽车还需要重点检查真空助力制动管路及相关插接件，如图 3-110 所示。车辆故障排除后，仪表板显示 READY 指示灯表示车辆完全恢复正常，如图 3-111 所示。

图 3-108　VBU 插接器的 50 号和 27 号端子

图 3-109　测量电动真空泵的接线端子

图 3-110　检查真空助力制动管路
　　　　　及相关插接件

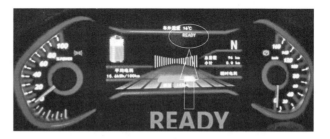

图 3-111　仪表板显示 READY

⑦⓪ 北汽 EV160/200 转向系统组成

转向系统中的电机总成由一个蜗杆、一个蜗轮和一个直流电动机组成。当蜗杆与安装在转向器输出轴上的蜗轮啮合时，它降低电动机速度并把电动机输出力矩传递到输出轴。转向系统组成如图 3-112 所示。

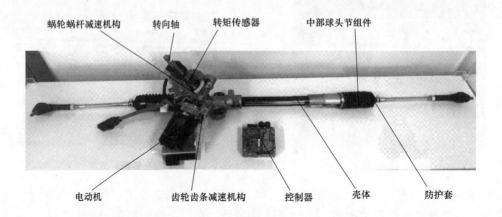

图 3-112　电动汽车转向系统组成

（71）北汽 EV160/200 转向系统插接件定义

转向系统插接件定义如图 3-113 所示。端子含义见表 3-9。

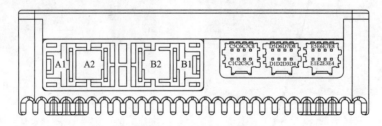

图 3-113　转向系统端子

表 3-9　转向系统端子含义

端子	端子用途定义	颜色	端子	端子用途定义	颜色
A1	电源正	红	C6	地 GND	
A2	电源负	黑	C7	电源+12VA	红
B1	电动机正	黑	C8	电源 TSV5	
B2	电动机负	红	D5	CAN-H	黄
C2	辅路 T2	绿	D6	CAN-L	白
C5	主路 T1	黑	D8	点火 IG	绿

（72）北汽 EV160/200 动力电池高压母线连接故障

此故障的报出是 BMS 检测不到高低压互锁信号所致，所以排查步骤按箭头方向检查，如图 3-114 所示。

1）首先用万用表测量线束端的 12V 是否导通，若导通则进入下一步。

2）检查手动维修开关（MSD）是否松动，重新插拔后若问题依然存在，则进入下一步。

3）插拔高压线束，看是否存在接触不良问题，若问题依然存在，则需联系电池工程师进行检测维修。

根据统计，此故障除了软件的误报之外，MSD 没插到位引起的故障占到 70%，高压线束端问题占到 20%，电池内部线束连接出问题的概率很小。

图 3-114　电池高压母线连接检查

绝缘故障说明：无论电池自身还是电池外电路的高压回路上存在绝缘故障，电池都会上报，直接导致高压断开，在排查时要先断开动力电池与其他部件的连接，然后用绝缘电阻表一次测量各部件的绝缘值。建议优先排查方向按照高压盒、电机控制器、空调压缩机、PTC 的顺序进行。

73 北汽 EX260/360 高压蓄电池拆装

1）将车辆放于举升机位置，关闭点火开关；通过仪表左下方的前舱盖开启手柄打开前舱盖，如图 3-115 所示。

2）断开低压蓄电池负极，如图 3-116 所示。

图 3-115　前舱盖开启手柄

图 3-116　断开蓄电池负极

3）拆下动力电池电缆护板 7 颗固定螺栓，取下护板，如图 3-117 所示。

4）动力电池高压件按照以下步骤进行拆卸：

① 逆时针旋出黑色低压控制插头（箭头 A）。

② 向后拨动高压线束蓝色锁销（箭头 B），如图 3-118 所示。

图 3-117　取下护板

图 3-118　拆卸高压插件

③ 按下锁止销向后拨到底，如图 3-119 所示。

④ 按下锁止销向后拔出插头，如图 3-120 所示。

图 3-119　按下锁止销

图 3-120　拔出插头

⑤ 将车辆举升至一定高度并锁止举升机安全锁。

⑥ 将动力电池举升车推放到动力电池正下方，升高电池举升车平板与电池包底部接触，如图 3-121 所示。

⑦ 拆下动力电池 10 颗固定螺栓，如图 3-122 所示。

⑧ 缓慢下降电池举升车，降到需要的高度后将电池举升推出。

5）安装按相反顺序进行。注意：举升电池的时候要确保电池箱体上的定位销对准底盘上的定位孔。

图 3-121　将举升车放到电池下方

图 3-122　拆下固定螺栓

74 北汽 EX260/360 电池低压控制插件定义

电池低压控制插件端子如图 3-123 所示。端子含义见表 3-10。

图 3-123　电池低压控制插件端子

表 3-10　端子含义

编号	针脚定义
A	空
B	BMS 供电正
C	BMS 唤醒
D	空位
E	空位
F	负继电器控制
G	BMS 供电负
H	继电器供电正
J	继电器供电负
K	空
L	HVIL 信号
M	空
N	新能源 CAN1-屏蔽
P	新能源 CAN1-Ⅱ
R	新能源 CAN1-L
S	快充 CAN2-H
T	快充 CAN2-L
U	动力电池内部 CAN3-H
V	动力电池内部 CAN3-L
W	CAN2 屏蔽
X	空

75 北汽 EX260/360 动力电池低压控制电路检测

（1）BMS 电源电路检查

1）拔下 BMS 插件，测量 B 与 G 端子、H 与 J 端子之间，应该有 12V 蓄电池电压。

2）如无电压则检查前机舱熔丝盒 FB14、FB13 熔丝是否烧坏，如熔丝正常则检测 BMS

插件 B 端子与前机舱熔丝盒 FB14、FB13 之间的电路是否导通。

3）如正极电路正常则检查 BMS 插件 G 与 J 端子与车身搭失是否导通，不导通则检修负极电路，如图 3-124 所示。

（2）BMS 唤醒信号检查

1）拔下 BMS 插件，将点火开关置于 ON 位置，BMS 插件 C 端子与车身搭铁之间应有 12V 电压，如图 3-125 所示。

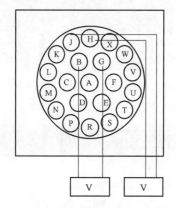

图 3-124　BMS 电源电路检查

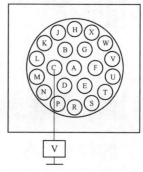

图 3-125　C 端子与车身搭铁之间电压检测

2）如无电压则检测 BMS 插件 C 端子与 VCU 81 脚电路是否导通或插件是否退针，如电路正常，则 VCU 故障，应更换 VCU 处理，如图 3-126 所示。

（3）CAN 线通路检查　拔下 BMS 插件，测量 P 端子与 VCU 111 端子、R 端子与 VCU 104 端子之间，应该导通，如不能导通则检查插件是否退针或线束问题，如图 3-127 所示。

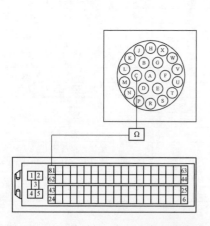

图 3-126　C 端子与 VCU 81 脚电路检测

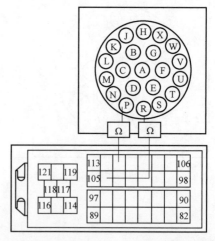

图 3-127　CAN 线通路检查

76　北汽 EX260/360 动力电池故障码分析与处理方法

故障码分析与处理方法见表 3-11。

表 3-11 故障码分析与处理方法

序号	故障名称	故障码	可能导致故障的原因	售后处理方法
1	电池单体过电压	P118822	电机系统失控、充电机失控	1. 如果重新上电,车辆恢复正常,则不需要派工,如果重新上电车辆不能恢复正常,则需要派工 2. 充电过程出现该问题,进行派工(联系电池公司售后)
2	电池单体电压不均衡	P118522	电池单体一致性不好或者均衡效果不好	1. 重新上电,进行反复几次慢充,如恢复正常,则不需要派工 2. 如仍频繁出现该故障,则需要派工
3	电池外部短路	P118111	1. 高压回路异常 2. 高压负载异常	1. 如果重新上电,车辆恢复正常,则不需要派工 2. 如果重新上电车辆不能恢复正常,则需要派工
4	电池内部短路	P118312	电池内部焊接,装配等问题	派工,电池售后确认无故障后,诊断仪手动清除后重新上电
5	电池温度过高	P0A7E22	1. 电池热管理系统有问题 2. 电池单体本身有问题 3. 电池装配节点松弛	1. 车辆断电,等待一段时间,温度自然降低,如果重新上电,车辆恢复正常,则不需要派工 2. 如果重新上电车辆不能恢复正常,或者较短时间内温度仍迅速上升,则需要派工
6	温度不均衡	P118722	电池热管理系统故障	1. 车辆断电,重新上电,车辆恢复正常,则不需要派工 2. 如果重新上电车辆恢复后仍频繁出现,则需要派工
7	电池温升过快	P118427	1. 电池内部短路 2. 电池焊接、装配等问题引起火花	1. 车辆断电,等待一段时间,温度自然降低。如果重新上电,车辆恢复正常,则不需要派工 2. 如果重新上电车辆不能恢复正常,或者较短时间内温度仍迅速上升,则需要派工
8	绝缘电阻低	P0AA61A	1. 高压部件内部有短路 2. 高压回路对车身绝缘阻值下降	派工,确认无故障后,诊断仪手动清除后重新上电
9	充电电流异常	P118674	充电机故障或有充电回路故障	1. 如果重新上电,车辆恢复正常,则不需要派工 2. 如果重新上电车辆不能恢复正常,则需要派工
10	电流系统内部通信故障	U0264S2	1. CAN 总线线路故障 2. BMI 或 BMS 掉线	1. 如果重新上电,车辆恢复正常,则不需要派工 2. 如果重新上电车辆不能恢复正常,则需要派工
11	BMS 与车载充电机通信故障	U025387	1. CAN 总线线路故障 2. 车载充电机故障	1. 如果重新上电,车辆恢复正常,则不需要派工 2. 如果重新上电车辆不能恢复正常,则需要派工
12	内部总电压检测故障(v1)	P118964	系统电压检测回路故障	1. 如果重新上电,车辆恢复正常,则不需要派工 2. 如果重新上电车辆不能恢复正常,则需要派工
13	外部总电压检测故障(v2)	P118A64	系统电压检测回路故障	1. 如果重新上电,车辆恢复正常,则不需要派工 2. 如果重新上电车辆不能恢复正常,则需要派工
14	BMS-EEPROM读写故障	P119844		1. 如果重新上电,车辆恢复正常,则不需要派工 2. 如果重新上电车辆不能恢复正常,则需要派工
15	高低压互联故障	P0A0A94	高压接插件连接问题,零部件质量问题	紧固高压连接件后重新上电 1. 车辆恢复正常,则不需要派工 2. 如果重新上电车辆不能恢复正常,则需要派工
16	加热元件故障	P119796	加热元件失效	该故障不影响行车和上电
17	负极避电器粘连	P0AA473	1. 继电器带载动作或者严重过流 2. 负极继电器控制相关线路故障	1. 如果重新上电,车辆恢复正常,则不需要派工 2. 如果重新上电车辆不能恢复正常,则需要派工

（续）

序号	故障名称	故障码	可能导致故障的原因	售后处理方法
18	预充继电器粘连	P0AE273	1. 继电器带载动作或者严重过电流 2. 预充继电器相关线路故障	需派电池售后确认无故障后,诊断仪手动清除后重新上电
19	正极继电器粘连	P0AA079	1. 继电器带载动作或者严重过电流 2. 继电器控制相关线路故障	需派电池售后确认无故障后,诊断仪手动清除后重新上电
20	负极继电器断路	P0AA572	1. 负极继电器控制相关线路故障 2. 负极继电器失效	1. 如果重新上电,车辆恢复正常,则不需要派工 2. 如果重新上电车辆不能恢复正常,则需要派工
21	预充继电器断路	P0AE372	1. 预充继电器控制相关 2. 预充继电器失效	1. 如果重新上电,车辆恢复正常,则不需要派工 2. 如果重新上电车辆不能恢复正常,则需要派工
22	正极继电器断路	P0AA272	1. 正极继电器控制相关线路故障 2. 正极继电器失效	1. 如果重新上电,车辆恢复正常,则不需要派工 2. 如果重新上电车辆不能恢复正常,则需要派工
23	预充电阻断路	P11D213	预充继电器失效	1. 如果重新上电,车辆恢复正常,则不需要派工 2. 如果重新上电车辆不能恢复正常,则需要派工
24	MS9/主熔丝断路	P0A9513	MSD 开关故障或者 fuse 断路	1. 如果重新上电,车辆恢复正常,则不需要派工 2. 如果重新上电车辆不能恢复正常,则需要派工
25	内部总电压检测电路故障	P11D329	内部总电压检测电路异常	1. 如果重新上电,车辆恢复正常,则不需要派工 2. 如果重新上电车辆不能恢复正常,则需要派工
26	外部总电压检测电路故障	P11D429	外部总电压检测电路异常	1. 如果重新上电,车辆恢复正常,则不需要派工 2. 如果重新上电车辆不能恢复正常,则需要派工
27	总电压检测电路故障	P11D629	电流传感器故障	1. 如果重新上电,车辆恢复正常,则不需要派工 2. 如果重新上电车辆不能恢复正常,则需要派工
28	DCU-EEPROE读写故障	P11D14A		1. 如果重新上电,车辆恢复正常,则不需要派工 2. 如果重新上电车辆不能恢复正常,则需要派工
29	正常继电器驱动通道故障	P11D574	高压板硬件故障	1. 如果重新上电,车辆恢复正常,则不需要派工 2. 如果重新上电车辆不能恢复正常,则需要派工
30	预充电能电路驱动通道故障	P11D674	高压板硬件故障	1. 如果重新上电,车辆恢复正常,则不需要派工 2. 如果重新上电车辆不能恢复正常,则需要派工
31	绝缘检测电路故障	P11D729	高压板硬件故障	1. 如果重新上电,车辆恢复正常,则不需要派工 2. 如果重新上电车辆不能恢复正常,则需要派工
32	（高压板）VBU/VCU 节点通信丢失	U025582	总线故障	1. 如果重新上电,车辆恢复正常,则不需要派工 2. 如果重新上电车辆不能恢复正常,则需要派工
33	子板 EEPROM读写故障	P121144		1. 如果重新上电,车辆恢复正常,则不需要派工 2. 如果重新上电车辆不能恢复正常,则需要派工
34	子板单体电压采集电路故障	P121229	采集板电路故障	1. 如果重新上电,车辆恢复正常,则不需要派工 2. 如果重新上电车辆不能恢复正常,则需要派工
35	子板模组电压采集电路故障	P121329	子板采集电路故障,导致底层采集到超范围的无效值	该故障不影响行车和上电,将信息反馈技术中心相应电池系统工程师
36	子板温度采集电路故障	P121429	子板采集电路故障	1. 如果重新上电,车辆恢复正常,则不需要派工 2. 如果重新上电车辆不能恢复正常,则需要派工
37	子板主动均衡通道故障	P121574	主动均衡回路通道没有响应控制	该故障不影响行车和上电,将信息反馈技术中心相应电池系统工程师

（续）

序号	故障名称	故障码	可能导致故障的原因	售后处理方法
38	子板被动均衡通道故障	P121674	被动均衡回路通道没有响应控制	该故障不影响行车和上电,将信息反馈技术中心相应电池系统工程师
39	子板 VBU/BMS 节点通信丢失	P121782	总线故障	该故障不影响行车和上电,将信息反馈技术中心相应电池系统工程师
40	钢板松动(接触内阻加大)故障	P119B94	单体件连接内阻大导致充放电时单体比实际值偏差大	电池售后维护

 北汽 EX260/360 PDU 接口说明

PDU 接口、端子如图 3-128、图 3-129 所示。其线束走向见表 3-12。其端子含义见表 3-13。

注：高压控制盒（PDU）是一个集成式控制器，它将一些高压部件集成在一起，如将车载充电机、DC-DC、电机控制器、空调压缩机控制集成在一个壳体内。

图 3-128　PDU 接口

图 3-129　PDU 端子

表 3-12　PDU 线束走向

端口名称	线束走向	说　　明
空调压缩机高压线束	空调压缩机控制器	连接 PDU 至空调压缩机控制器并供电
快充线束	车辆快充口	连接车辆快充口至 PDU 供快充用
DC-DC 负极线	前机舱 PDU 支架	DC-DC 负极
DC-DC 正极线	蓄电池正极	给蓄电池充电

(续)

端口名称	线束走向	说　　明
低压控制线束	前机舱电机线束	PDU 内系统控制
慢充线束	车辆慢充口	连接车辆慢充口至 PDU 供慢充用
动力电池高压线束	动力电池输出端	给 PDU 提供高压直流电源
电机控制器线束	电机控制器 (MCU)	给电机控制器提供高压直流电源
PTC 高压线束	空调系统内 PTC 本体	给 PTC 提供高压直流电源
冷却水道(左)	电机控制器冷却水道出口	给 PDU 提供冷却液
冷却水道(右)	电机冷却水道进口	排出 PDU 的冷却液

表 3-13　PDU 端子含义

针脚编号	针脚名称	功能描述	信号走向
1	备用		
2	备用		
3	BAT_Power	常电 12V	输入 12V
4	BAT_Power	常电 12V	输入 12V
5	Grand	蓄电池负极	输出
6	Grand	蓄电池负极	输出
7	CANH EVBUS	新能源 CAN 高	连接至 CAN 网络
8	CANL EVBUS	新能源 CAN 低	连接至 CAN 网络
9	CAN_SHIELD	CAN 屏蔽线	连接至 CAN 网络
10	CAN_GND	CAN 地线	连接至 CAN 网络
11	CANH-VBUS	原车 CAN 高	/
12	CANL-VBUS	原车 CAN 低	/
13	CC-out	充电口连接状态检测	连接至 VCU
14	OBC_EN_VCU	充电过程中唤醒 VCU 及 BMS 等低压控制器	对外唤醒
15	VCU_EN_OBC	VCU 使能控制 OBC	外部唤醒 OBC 控制
16	备用		
17	EN_DC-DC	DC-DC 使能信号	输入 12V
18	PTC_SENSE+	PTC 温度采集	输入信号
19	PTC_SENSE-	PTC 温度采集	输入信号
20	备用		
21	备用		
22	备用		
23	备用		
24	QC-RELAY+	快充高压正极继电器线圈控制	输入信号
25	QC-RELAY-	快充高压负极继电器线圈控制	输入信号
26	HV-LOCK	高压互锁开关线	NA
27	HV-LOCK	高压互锁开关线	NA
28	12V_PTC_RUN	PTC 控制器供电	输入电源
29	备用		
30	备用		
31	备用		
32	备用		
33	备用		
34	备用		
35	备用		

78　北汽 EX260/360 PDU 总成外、内部连接端名称及含义

1) PDU 外部连接端如图 3-130 所示。

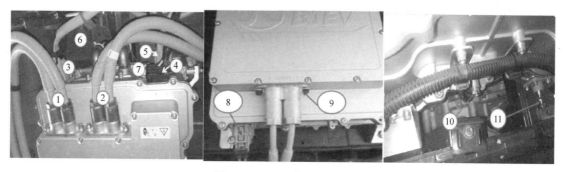

图 3-130　PDU 外部连接端

1—高压电源到电机控制器输入端　2—动力电池高压输入端　3—PTC 高压输出端　4—低压控制　5—慢充输入端
6—冷却出水管　7—冷却入水管　8—空调压缩机高压输出端　9—快充高压输入端　10—蓄电池负极搭铁　11—蓄电池充电正极

注：高压电缆插头如图 3-131 所示，主要包括高压电缆插件的公端和母端，另外还有一个高压互锁端子。系统通过此端子的连接状况来检测高压插件的连接情况，并上报给 VCU。在所有的高压插件上都设置了此检测端子，以此来警告驾驶人和维修人员。

2）PDU 内部连接端含义如图 3-132 所示。

3）各系统熔丝如图 3-133 所示。

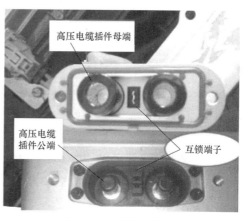

图 3-131　高压电缆插头

图 3-132　PDU 内部连接端

1—接快充输入负极　2—接快充输入正极
3—高压输出到电机控制器负极
4—高压输出到电机控制器正极　5—动力电池高压输入负极
6—动力电池高压输入正极　7—开盖开关感应器

图 3-133　各系统熔丝

1—PTC 高压熔断器 20A　2—压缩机熔断器 16A
3—备用高压熔断器 32A　4—充电机高压熔断器 10A
5—DC-DC 高压熔断器 10A

注：所有高压线束与 PDU 连接点必须连接可靠，不允许有虚接和松脱现象，以免造成打火、锈蚀以及用电器的损坏。

79 北汽 EX260/360 PDU 的拆装

1）关闭点火开关，拆下低压蓄电池负极连接线，如有可能，用塑料帽将电池的负极接线柱盖好，如图 3-134 所示。

2）拔下 PDU 低压插件，并保护好插件，避免进入灰尘及水分等杂物。将插件的舌头往上挑后，用力将插件往外拔，即可将插头往外拔，如图 3-135 所示。

图 3-134　拆下蓄电池负极

图 3-135　拔下 PDU 低压插件

3）断开空调压缩机高压母线插件。先将 1 往外拉出至图示位置，按住 2 将插件用力往外拔出一段距离，最后按住 3 将插座彻底往外拔，即可断开此插座，如图 3-136 所示。

4）将快充线束插件的 2 颗紧固螺栓用图示工具拆开后，用力将插件往外拔出，即可将快充线束从 PDU 移开，如图 3-137 所示。

图 3-136　断开空调压缩机高压母线插件

图 3-137　拆下快充线束插件

5）用步骤 4 的方法将动力电池高压线束和电机控制线从 PDU 移开，如图 3-138 所示。

6）用步骤 3 中断开空调压缩机高压母线的方法，从 PDU 端断开 PTC 高压母线插件，如图 3-139 所示。

7）用步骤 3 中断开空调压缩机高压母线的方法，从 PDU 端断开慢充线束插件，如图 3-140 所示。

图 3-138　拆下电机和动力电池线束插件　　　　　图 3-139　断开 PTC 高压母线插件

8）用 13mm 的套筒和棘轮将 DC-DC 正负极接线端子上的螺栓拆下，然后将线束固定卡子松开并移开线束，做好相应保护，如图 3-141 所示。

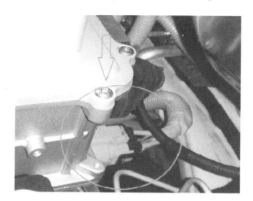

图 3-140　断开慢充线束插件

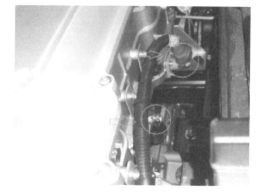

图 3-141　将 DC-DC 正负极接线端子上的螺栓拆下

9）用合适的容器收集冷却液，打开散热器底部的阀门，排空所有的冷却液，在冷却软管下面放置容器和毛垫，用以接收在软管中残余的冷却液。用螺钉旋具或鲤鱼钳将水管管卡松开后，移开软管，如图 3-142 所示。

10）拆下 PDU 总成 4 颗固定螺栓（拧紧力矩：50～60N·m）。用 13mm 的套筒将螺栓拆下，如图 3-143 所示。

11）用吊带固定好 PDU，并用相关举升设备将 PDU 吊离车辆，放在工

图 3-142　排空冷却液

作台上，如图 3-144 所示。注：超过 20kg 的物体，请勿试图人工搬运。

12）安装以相反顺序进行，安装完毕后，检查各插件是否到位牢靠。注：补充冷却液，并检查软管接头。

图 3-143　拆下 PDU 总成螺栓

图 3-144　拆下 PDU

80 北汽 EX260/360 PDU 内部拆装

1）使用 T20 的内六花工具将 PDU 的盖板螺钉松开，共有 13 颗，然后将盖板移开，如图 3-145 所示。

2）使用 T25 的内六花工具将 PDU 的第二层螺钉松开，共 15 颗，如图 3-146 所示。

图 3-145　将 PDU 的盖板螺钉松开

图 3-146　将 PDU 的第二层螺钉松开

3）用 6mm 的小套筒将开盖感应开关上的 3 颗螺钉松开，然后将开盖移开，应注意上面的弹簧片，否则很容易掉进 PDU 内（开盖感应开关能够感应到 PDU 盖的状况，如果感应到盖开时 VCU 将断开动力电池的总负继电器，从而达到系统断电的目的，确保安全），如图 3-147 所示。

4）用 13mm 的套筒将 PDU 插件内部母线端子螺栓松开，共计 6 颗，另外用 6mm 的内六角将另一母线接线端子松开，并移开母排，如图 3-148 所示。

5）用 5mm 和 4mm 的内六角工具就可以将相关的高压熔断器拆下进行检查或更换，如图 3-149 所示。

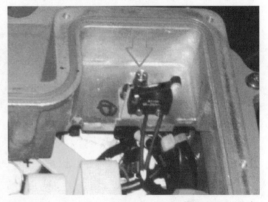

图 3-147　将开盖感应开关上的 3 颗螺钉松开

6）安装以相反的顺序进行即可。

图 3-148　将 PDU 插件内部母线端子螺栓松开

图 3-149　拆下高压熔断器

81 北汽 EX260/360 动力电池高压线束拆装

1）用 S2 T30 的内六花工具拆下 2 颗紧固动力电池的螺栓。拆下 PDU 端高压插件，然后移开高压母线，如图 3-150 所示。

2）用 10mm 的套筒拆下高压线束固定卡扣及其他固定卡扣并移开，如图 3-151 所示。

图 3-150　拆下 PDU 端高压插件

图 3-151　拆下高压线束固定卡扣

3）拔下动力电池插件，如图 3-152 所示。将锁扣 1 拔出，按下 2 后用力往外拔出一段距离，然后按住 3 用力将插件往外拔，直至分离。

4）安装：

① 对准插座后将高压线束往里插，到位后将锁扣 1 往里推，锁住插座。

② 线束固定卡子安装，先将高压电缆及固定卡子安装到车身焊栓上面，然后拧紧安装螺母。

③ 将动力电池高压电缆插件与 PDU 对

图 3-152　拔下动力电池插件

接，然后拧紧 2 个安装点的螺栓，拧紧力矩（10±2）N·m。

82 北汽 EX260/360 快充线束拆装

1）用 T30 的内六花工具拆下 PDU 端高压插件的 2 颗固定螺栓，然后用力将快充线束拔出，如图 3-153 所示。

2）拔下快充低压插件，如图 3-154 所示按下箭头所示的锁片，然后拔开插头。

图 3-153　将快充线束拔出

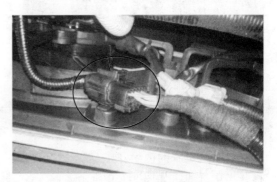

图 3-154　拔下快充低压插件

3）用 8mm 的套筒拆下快充的 PE 线，将 PE 线从车身上分离，如图 3-155 所示。

4）用 8mm 的套筒拆下快充口 4 颗固定螺栓，然后取下快充线束总成，如图 3-156 所示。

5）安装快充线束，以相反步骤进行。

图 3-155　拆下快充的 PE 线

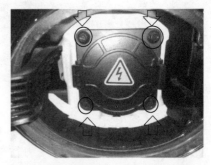

图 3-156　拆下快充口 4 颗固定螺栓

83 北汽 EX260/360 慢充线束拆装

1）拔下 PDU 端高压插件，如图 3-157 所示。将锁片 1 往外拉出一段距离，按住锁片 2 将插头往外拔出，直至插头从 PDU 上分离。

2）从车后保险杆下方将慢充插座控制单元（CMU）线束拔开，按图 3-158 所示的方法按住箭头所示的锁片，往外拔即将插头分离。

图 3-157　拔下 PDU 端高压插件

图 3-158　将 CMU 线束拔开

3）用 8mm 的套筒拆下慢充口 4 颗固定螺栓，如图 3-159 所示。

4）将慢充锁的紧急拉锁从 CMU 上拆除，如图 3-160 所示。

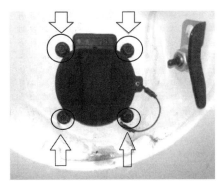

图 3-159　拆下慢充口 4 颗固定螺栓

图 3-160　将慢充锁的紧急拉锁拆下

5）将慢充线束上的固定卡子从线束上松开，将线束从车上移开。

6）安装以相反的顺序进行。

84 北汽 EX260/360 压缩机线束拆装

1）拔下 PDU 端输出插件，先将 1 往外拉出至图 3-161 所示位置，按住 2 将插件用力往外拔出一段距离，最后按住 3 将插座彻底往外拔，即可断开此插座。

2）拔下压缩机端直流高压母线线束插头，如图 3-162 所示。按下 1 往上拔出一小段，

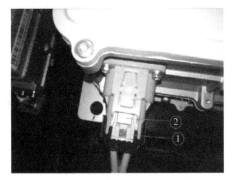

图 3-161　拔下 PDU 端输出插件

图 3-162　拔下压缩机端直流高压母线线束插头

然后按住 2 往上拔，直至插座分离。

3）拆下线束固定点，即可将线束拆下。

4）安装按相反顺序即可。

85 北汽 EX260/360 PTC 高压线束拆装

1）将锁片 1 往外拔出，然后按下锁片 2 后往外拔出插件一段距离，最后按下锁片 3 用力往外拔，直至插头完全从 PDU 分离，如图 3-163 所示。

2）如图 3-164 所示，将 PTC 连接插头上的红色安全卡扣移除。

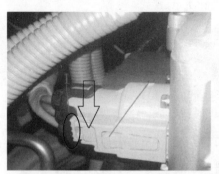
图 3-163　将锁片 1 往外拔出

图 3-164　将 PTC 连接插头上的红色安全卡扣移除

3）按住图 3-165 所示的锁片，然后向下拔出插头，即可断开 PTC 空调箱端的线束。

4）将图 3-166 所示的橡胶保护套撬开后，将 PTC 高压线束取出即可。

5）以相反的顺序，安装 PTC 高压线束。

图 3-165　拔出插头

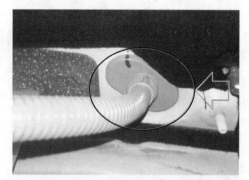
图 3-166　将 PTC 高压线束取出

86 北汽 EX260/360 PDU 控制电路排查

在进行电路故障排查时，应牢记大部分的故障来自熔丝、插头和线路，并遵循从易到难、从外到内的原则，控制器及其软件损坏的概率非常低。先检查高压母线的熔丝后再进行控制电路的检查。

1）检查 DC-DC 电源：拔下 PDU 35 针插件，用万用表直流档测量 35 针插件 3 号端子与蓄电池负极之间的电压，应该有 12V 蓄电池电压。如无电压则检查前机舱熔丝盒 FB02 熔丝是否烧坏，如熔丝正常则检查 FB02 熔丝与 35 针插件 3 号端子线路是否导通，如图 3-167 所示。

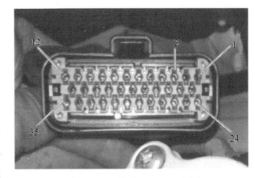

图 3-167　检查 DC-DC 电源

2）检查 DC-DC 负极：拔下 PDU 35 针插件，用万用表电阻档测量 35 针插件 5、6 号端子与车身搭铁之间是否导通，如果不导通则排查线束与针脚退位，如图 3-168 所示。

3）检查 DC-DC 使用信号：拔下 PDU 35 针插件，用万用表直流电压档测量 35 针插件 17 号端子与蓄电池负极之间的电压，应该有 12V 电压。如无电压，则用万用表电阻档测量 35 针插件 17 号端子与 VCU 62 号端子之间是否导通，如图 3-169 所示。

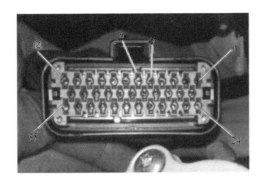

图 3-168　检查 DC-DC 负极

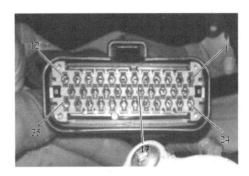

图 3-169　检查 DC-DC 使用信号

87 北汽 EX260/360 快充继电器电路排查

1）检查快充继电器电源：拔下 PDU 35 针插件，用万用表直流电压档测量 35 针插件 4 号端子与蓄电池负极之间的电压，应该有 12V 电压。如无电压则检查熔丝 FB02 是否烧坏，如熔丝正常则检查熔丝与 35 针插件 4 号端子线路是否导通，如图 3-170 所示。

2）检查快充正极继电器控制电路：拔下 PDU 35 针插件，用万表电阻档测量 35 针插件 24 号端子与 VCU 118 号端子，应导通，不导通则维修线路，如图 3-171 所示。

3）检查快充负极继电器控制电路：拔下 PDU 35 针插件，用万用表欧姆档测量 35 针插件 25 号端子与 VCU 116 号端子，应导通，不导通则维修线路，如图 3-172 所示。

图 3-170　检查快充继电器电源

图 3-171 检查快充正极继电器控制电路

图 3-172 检查快充负极继电器控制电路

88 北汽 EX260/360 PTC 控制电路排查

1）检查 PTC 控制器电源：拔下 PDU 35 针插件，用万用表直流电压档测量 35 针插件 28 端子与蓄电池负极之间的电压，应该有 12V 蓄电池电压。如无电压则检查前机舱熔丝盒 FB11 熔丝是否烧坏，如熔丝正常则检查 FB11 熔丝与 35 针插件 28 号端子线路是否导通，如导通，则检查前舱电器盒内的空调系统继电器，如图 3-173 所示。

图 3-173 检查 PTC 控制器电源

2）拔下 PDU 35 针插件，用万用表电阻档测量 35 针插件 5、6 号端子与车身搭铁之间是否导通，不导通则排查车身搭铁点或前机舱线束，如图 3-174 所示。

3）检查 PTC 温度传感器电路：拔下 PDU 35 针插件，用万用表电阻档测量 35 针插件 18 号端子与 19 号端子之间的电阻，温度在 3℃ 左右时应有几十到几百千欧的电阻，如电阻为无穷大则检查温度传感器，如图 3-175 所示。

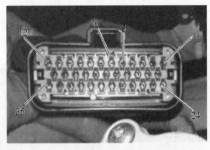

图 3-174 检查与车身搭铁之间是否导通

图 3-175 检查 PTC 温度传感器电路

89 北汽 EX260/360 CAN 通信电路排查

1）将低压控制电路故障排除后，如还有未能解决的故障，则需要考虑各模块之间的通信问题。拔下 PDU 35 针低压插件，测量 7、8 号针脚之间的电阻，应有 60Ω 左右的电阻。否则检查新能源 CAN 上的并联电路，如图 3-176 所示。

2）将钥匙转到 ON 档，测量 7 号针脚对地电压，应为 2.5V 左右，测量 8 号针脚对地电压，应为 2.0V 左右。

3）测量 9 号针脚与地的电阻，应为无穷大，测量 10 号针脚与地的电阻，应为 0~5Ω，否则更换新能源 CAN 线，如图 3-177 所示。

4）测量 9、10 号针脚之间的电阻，应有 60Ω 左右的电阻。否则检查原车 CAN 线上的并联电阻。

5）将钥匙转到 ON 档，测量 11 号针脚对地电

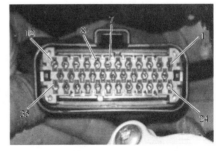

图 3-176　测量 7、8 号针脚

压，应为 2.5V 左右，测量 12 号针脚对地电压，应为 2.0V 左右，否则更换 CAN 线束或相关控制器，如图 3-178 所示。

图 3-177　测量 9 号针脚

图 3-178　测量 11 号针脚

⑨⓪ 北汽 EX260/360 电机拆装

1）关闭点火开关及所有用电器，松开蓄电池负极电缆总成的固定螺母，如图 3-179 箭头所示，取下负极电缆组件。

2）断开驱动电机交流母线与 MCU 连接高压插件，并做好防护，如图 3-180 所示。

图 3-179　松开蓄电池负极电缆

图 3-180　断开驱动电机交流母线

3）断开驱动电机旋变插件，并进行简单固定，防止在电机拆卸过程中损坏插件，如图3-181所示。

4）将冷却系统的冷却液排出，并放入收集盘中，按相关标准进行处理。

5）松开驱动电机冷却水管卡箍，脱开水管，如图3-182所示。

图 3-181　断开驱动电机旋变插件　　　　图 3-182　松开驱动电机冷却水管卡箍

6）断开空调压缩机的高压插件和低压插件，如图3-183所示。

7）使用空调制冷剂回收设备对空调系统内的制冷剂进行回收，完成后拆卸低压接口和高压接口，并对接口进行封闭处理，拆卸压缩机固定螺栓，如图3-184所示。

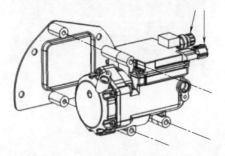 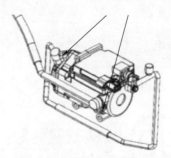

图 3-183　断开空调压缩机的高压、低压插件　　　图 3-184　拆卸压缩机固定螺栓

8）拆卸压缩机3颗固定螺栓，取下压缩机，如图3-185所示。

9）拆卸压缩机固定支架上的4颗固定螺栓，取下支架，如图3-186所示。压缩机固定支架通过3个六角法兰面承面带齿螺栓-细牙固定在电机本体上，拧紧力矩25~30N·m。

10）将收集盘放到右侧半轴油封下部，拆卸右侧半轴。

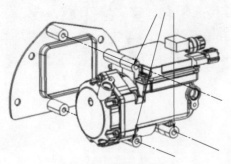 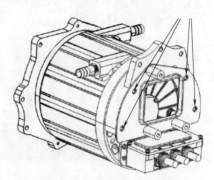

图 3-185　取下压缩机　　　　图 3-186　拆卸压缩机固定支架

11）拆卸电机后悬置支架，如图 3-187 所示。图中 1、2 处力矩分别为（65±5）N·m 和（90±5）N·m。

12）拆卸电机右悬置支架，如图 3-188 所示。

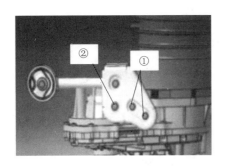

图 3-187　拆卸电机后悬置支架

图 3-188　拆卸电机右悬置支架

13）用举升装置对电机进行托举，拆卸左悬置支架，如图 3-189 所示。

14）拆卸驱动电机与减速器的固定螺栓（拧紧力矩：35～45N·m），将驱动电机与减速器脱开，平稳放到指定区域，如图 3-190 所示。

图 3-189　拆卸左悬置支架

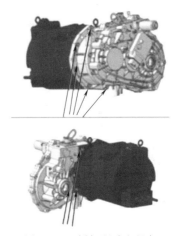

图 3-190　拆卸驱动电机与减速器的固定螺栓

15）安装以相反顺序进行，同时注意以下事项：

① 驱动电机与减速器连接花键润滑脂加注如图 3-191 所示，加注量为 20g。

图 3-191　加注润滑脂

② 冷却系统安装及冷却液加注。

③ 装配过程中保证管路清洁，不要进入异物，以免造成水泵损坏及管路堵塞。

④ 管路两端有对齐标记，装配时按照对齐标记对齐。

91 北汽 EX260/360 电机控制系统内部构造

电机控制系统主要由接口电路、控制主板、IGBT 模块（驱动）、超级电容、放电电阻、电流感应器、壳体水道等组成，如图 3-192 所示。

MCU外观视图

MCU内部电路板

图 3-192　电机控制系统结构图

92 北汽 EX260/360 电机控制器插件端子含义

驱动电机系统状态和故障信息会通过整车 CAN 网络上传给整控制器（VCU），传输通道是两根信号线束，分别是电机到控制器的 19 针插件和控制器到 VCU 的 35 针插件。

驱动电机低压插件如图 3-193 所示，端子说明见表 3-14。检修时先确认插件是否连接到位，是否有"退针"现象。

驱动电机高压插件如图 3-194 所示，端子说明见表 3-15。

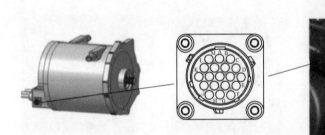

图 3-193　驱动电机低压插件

35PIN

图 3-194　驱动电机高压插件

表 3-15　驱动电机高压插件端子

型号	编号	信号名称	说明
AMP 35pin C-776163-1	12	励磁绕组−	电机旋转 变压器接口
	11	励磁绕组+	
	35	余弦绕组−	
	34	余弦绕组+	
	23	正弦绕组+	
	22	正弦绕组−	
	33	屏蔽层	
	24	12V_GND	控制电源接口
	1	12V+	
	32	CAN-H	CAN 总线接口
	31	CAN-L	
	30	CAN_位	
	29	CAN_屏蔽	
	10	电机温度 0 测量 L 端	电机温度 传感器接口
	9	电机温度 0 测量 H 端	
	15	HVIL1（+L1）	高低压 互锁接口
	26	HVIL2（+L2）	

表 3-14　驱动电机低压插件端子

插接器型号	编号	信号名称	说明
Amphenol RTOW01419PN03	A	励磁绕组−	电机旋转 变压器接口
	B	励磁绕组+	
	C	余弦绕组−	
	D	余弦绕组+	
	E	正弦绕组+	
	F	正弦绕组−	
	G	温度 0 测量 H 端	电机温度 接口
	H	温度 0 测量 L 端	
	J	温度 1 测量 H 端	预留
	K	温度 1 测量 L 端	
	L	HVIL1（+L1）	高低压 互锁接口
	M	HVIL2（+L2）	

93　北汽 EX260/360 电机控制器电路排查

1）检查电机控制器电源：拔下电机控制器 35 针插件，用万用表直流电压档测量 35 针插件 1 号端子与 24 号端子之间的电压，应该有 12V 蓄电池电压。如无电压检查熔丝 FU10 是否烧坏，如熔丝正常，则检查熔丝与 35 针插件 1 号端子线路是否导通，检查 24 号端子与车身搭铁之间是否导通，如图 3-195 所示。

2）检查 CAN 线：拔下电机控制器 35 针插件，用万用表电阻档测量 35 针插件 31 号端子与 VCU 插件 104 号端子之间是否导通，35 针插件 32 号端子与 VCU 插件 111 号端子之间是否导通，如图 3-196 所示。

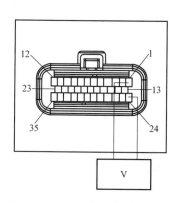

图 3-195　检查电机控制器电源

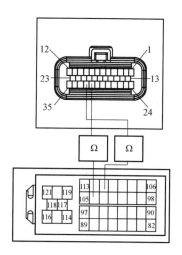

图 3-196　检查 CAN 线

94 北汽 EX260/360 空调系统构造

空调系统主要由空调压缩机、冷凝器、蒸发器、膨胀阀、储液干燥器、管道、冷凝风扇、鼓风机和控制单元组成，如图 3-197 所示。

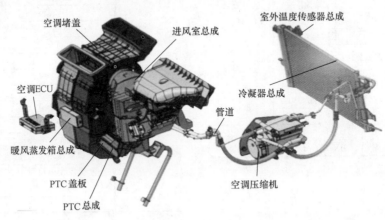

图 3-197　空调系统

95 北汽 EX260/360 空调压缩机拆装

1）确保断开点火开关，断开蓄电池负极。

2）如图 3-198 所示箭头 1，用手指按下锁片将插头拔出一部分，用一字螺钉旋具压下箭头 2 所示的锁片，将插头完全拔出，将高压插头从压缩机控制器上拔出。

3）如图 3-199 所示，将插头的黄色部分往右拔出，然后用力将压缩机控制器的低压插头拔出。

图 3-198　将高压插头从压缩机控制器上拔出

图 3-199　将插头的黄色部分往右拔出

4）用真空泵及空调歧管压力计抽空系统的制冷剂，用 10mm 的套筒松开压缩机上的空调进口管和连接螺栓，如图 3-200 所示，注意保护好接头并用合适的堵头安装在所有管路上。

5）用 10mm 的套筒松开压缩机空调出口管上的连接螺栓。并用相关堵头保护好接口，如图 3-201 所示。

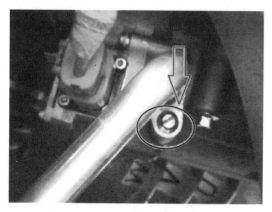

图 3-200　松开压缩机上的空调进口管

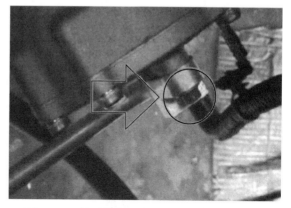

图 3-201　松开压缩机空调出口管上的连接螺栓

6）用 10mm 的套筒松开压缩机的 3 颗固定螺栓，然后将压缩机从其支架移开，如图 3-202所示。

7）用 10mm 的套筒松开 4 颗螺栓，然后将压缩机支架从车移开，如图 3-203 所示。

8）安装以相反顺序进行。

图 3-202　松开压缩机的 3 颗固定螺栓

图 3-203　松开 4 颗螺栓

96 北汽 EX260/360 PTC 拆装

1）关闭点火开关。

2）断开低压蓄电池负极电缆。

3）旋出螺母，如图 3-204 所示，拆开驾驶人右端的侧板。

4）拔掉 PTC 高压插接件。用手按住图 3-205 中箭头所示的锁片，然后用手握住插头两端，用力将插头拔开，直至分离。

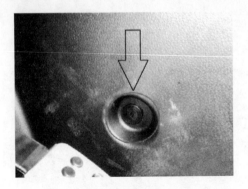

图 3-204　旋出螺母

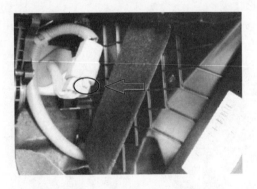

图 3-205　拔掉 PTC 高压插接件

5）用十字螺钉旋具松开 PTC 护板上的 3 颗螺钉，将 PTC 护板取下，拿掉护板。再用十字螺钉旋具将 PTC 固定板上的螺钉松开，并取下 PTC 固定板，如图 3-206 所示。

6）将副驾驶左侧侧板上的螺钉用十字螺钉旋具松开，然后撬下侧板，拔掉 PTC 低压插接件，然后用 10mm 的套筒将接线松开，如图 3-207 所示。

7）抽出 PTC 本体，如图 3-208 所示。

8）安装以相反步骤进行。

图 3-206　松开 PTC 护板上的 3 颗螺钉

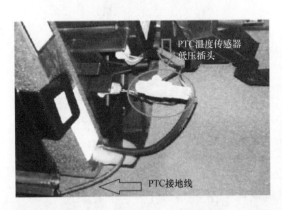

图 3-207　拔掉 PTC 低压插接件

图 3-208　取出 PTC

97 北汽 EX260/360 PTC 常见故障处理及故障码定义

1）PTC 常见故障处理见表 3-16。

表 3-16　PTC 常见故障处理

故障	现象	原因及判断	检测及排除措施
PTC 不工作	起动功能设置后风仍为凉风	1. 冷暖模式设置不正确 2. PTC 本体断路 3. PTC 控制回路断路 4. 内部短路烧毁高压熔丝 5. PTC 控制器故障损坏 6. PTC 温度传感器损坏	1. 检查冷暖设置是否选择较暖方向 2. 检查 PTC 本体电阻值 3. 打开 PDU 观察指示灯情况及高压熔丝 4. 测量 PTC 温度传感器在某一温度下的电阻值，如损坏则更换 5. 更换 PTC 或 PDU
PTC 过热	出风温度异常升高或空调出风口有塑料焦糊气味	1. PTC 控制模块内部 IGBT 损坏（短路，不能断开） 2. PTC 温度传感器损坏	1. 断电更换相关部件 2. 测量 PTC 温度传感器在某一温度下的电阻值，如损坏则更换

2）故障代码定义。故障代码定义见表 3-17。

表 3-17　故障代码定义

序号	故障名称	故障码（DTC）
1	模式风门电动机开路	B132015
2	模式风门电动机对电源短路	B132111
3	蒸发温度传感器开路或对电源短路	B131515
4	蒸发温度传感器对地短路	B131611
5	环境温度传感器开路或对电源短路	B131715
6	环境温度传感器对地短路	B131811
7	电源电压过电压	U300317
8	电源电压欠电压	U300316
9	与 PTC 断开连接	U015500
10	与 EAS 断开连接	U012200

98　北汽 EX260/360 拆装电动水泵

1）关闭点火开关及所有用电器。

2）将合适的冷却液收集容器置于排空阀下面，然后逆时针方向旋松散热器排空阀，如图 3-209 所示，排空冷却液。为了快速将冷却液排空，将补水罐的盖打开。

3）断开水泵电动机插头，如图 3-310 所示，用手按住锁片然后用力往外拔，直到分离。

图 3-209　逆时针方向旋松散热器排空阀

图 3-210　断开水泵电动机插头

4）用鲤鱼钳夹住进水管和出水管的弹性软管夹箍后，将弹性软管夹箍移开到软管的其他部位，然后用力将软管拔开，如果不易拔开，可用一字螺钉旋具撬动软管后再拔，如图 3-211 所示。

5）用 10mm 的套筒将水泵的 2 颗固定螺栓拆下，如图 3-212 所示，然后将水泵移出。

6）用 10mm 的套筒将水泵固定支架的 2 颗螺栓拆下，然后将水泵支架取下即可，如图 3-213 所示。

7）安装以相反顺序进行，同时注意水泵的插头分正负极，所以在安装前请先确认其正极。

图 3-211　拆卸夹箍

图 3-212　拆卸水泵螺栓

图 3-213　拆下水泵支架

99　北汽 EX260/360 冷却系统常见故障排查

1）冷却系统常见的故障码见表 3-18。

2）冷却系统常见无故障码诊断见表 3-19。

表 3-18　冷却系统常见的故障码

编号	故障名称	DTC	维修提示
1	低速风扇继电器驱动通道开路	P100A13	1. 检查风扇插件和线束 2. 更换风扇继电器
2	低速风扇继电器驱动通道对电源短路	P100A12	1. 检查风扇插件和线束 2. 更换风扇继电器
3	低速风扇继电器驱动通道对地短路	P100A11	1. 检查风扇插件和线束 2. 更换 VCU
4	水泵继电器驱动通道开路	P100C13	1. 检查水泵插件和线束 2. 更换水泵继电器
5	水泵继电器驱动通道对电源短路	P100C12	1. 检查水泵插件和线束 2. 更换水泵继电器
6	水泵继电器驱动通道对地短路	P100C11	1. 检查水泵插件和线束 2. 更换 VCU
7	高速风扇继电器驱动通道开路	P100D13	1. 检查风扇插件和线束 2. 更换风扇继电器
8	高速风扇继电器驱动通道对电源短路	P100D12	1. 检查风扇插件和线束 2. 更换风扇继电器

表 3-19 冷却系常见无故障码诊断

故障现象	故障分析	处理措施
水泵工作有异响(嗡嗡声)	首先分析车辆是在行驶中还是静止状态出现的异响,若以上两种情况均有。检查散热器内冷却液是否充足,补充后再进行试车,如还是存在异响,考虑为水泵出现故障	补充冷却液:若补充后,水泵声音仍然很大,更换水泵
仪表报出驱动电机过热	1. 水泵不工作/运转不顺畅 2. 水道堵塞 3. 冷却系统缺液 4. 散热器外部过脏 5. 散热器散热效果不佳,如散热器翅片发生变形,通风量降低等 6. 电子风扇不转	1. 检查水泵电路部分,更换相应器件(熔丝、继电器、线束);更换水泵 2. 更换相关管路 3. 补充冷却液 4. 清理散热器表面脏污(如杨絮、蚊虫等杂物) 5. 更换散热器 6. 检查电子风扇供电电路

100 北汽 EX260/360 真空压力开关检测

1)将点火开关置于 ON 档,检测真空压力开关插头针脚 3 是否有 5V 电压。若无,则检查 VCU 插头端 92 针脚是否有 5V 电源输出。若无电压输出,则更换 VCU。若有,则检查真空压力开关插头针脚 2 是否接地。若不接地,则维修线束,如图 3-214 所示。

2)将点火开关置于 ON 档,连续踩压制动踏板,观察真空压力开关针脚 2 是否有电压变化,变化范围为 0.5~4.5V。若无,则更换真空压力开关。

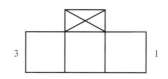

图 3-214 真空开关检测

101 北汽 EX260/360 电动真空泵故障现象和排除措施

1)连接电源后电动真空泵不转见表 3-20。

表 3-20 连接电源后电动真空泵不转

序号	检查步骤	检查结果		
0	初步检查	正常	有故障	操作方法
	熔丝是否熔断	进行第 1 步	熔丝熔断	更换熔丝
1	检查蓄电池	正常	有故障	操作方法
	蓄电池是否亏电	进行第 2 步	蓄电池亏电	补充电量
2	检查控制器电路	正常	有故障	操作方法

（续）

序号	检查步骤	检查结果		
	检查控制器电路是否正常	进行第3步	控制器线路短路/断路	维修或更换线路
3	检查电动真空泵电路	正常	有故障	操作方法
	检查电动真空泵电路是否正常	进行第4步	电动真空泵电路线路短路/断路	更维修或更换线路
4	检查电动真空泵	正常	有故障	操作方法
	检查电动真空泵是否正常	进行第5步	电动真空泵损坏	更换电动真空
5	检查控制器	正常	有故障	操作方法
	检查控制器是否正常	进行第6步	控制器损坏	更换控制器
6	检查操作	正常	有故障	操作方法
	正确检修操作后,检查故障是否出现	诊断结束	故障未消失	从其他症状查找故障原因

2）接通电源后，真空度抽至上限设定值电动机不停转，见表3-21。

表3-21 真空度抽至上限设定值电动机不停转

序号	检查步骤	检查结果		
0	初步检查	正常	有故障	操作方法
	检查传感器是否正常	进行第1步	传感器损坏	更换传感器
1	检查电动真空泵	正常	有故障	操作方法
	检查电动真空泵是否正常	进行第2步	电动真空泵损坏	更换电动真空泵
2	检查控制器	正常	有故障	操作方法
	检查控制器是否正常	进行第3步	控制器损坏	更换控制器
3	检查操作	正常	有故障	操作方法
	正确检修操作后,检查故障是否出现	诊断结束	故障未消失	从其他症状查找故障原因

3）电动真空泵不能正常开启和关闭，见表3-22。

表3-22 电动真空泵不能正常开启和关闭

序号	检查步骤	检查结果		
0	初步检查	正常	有故障	操作方法
	熔丝是否熔断	进行第1步	熔丝熔断	更换熔丝
1	检查蓄电池	正常	有故障	操作方法
	蓄电池是否亏电	进行第2步	蓄电池亏电	补充电量
2	检查控制器电路	正常	有故障	操作方法
	检查控制器电路是否正常	进行第3步	控制器线路短路/断路	维修或更换线路
3	检查电动真空泵电路	正常	有故障	操作方法
	检查电动真空泵电路是否正常	进行第4步	电动真空泵电路线路短路/断路	更维修或更换线路
4	检查传感器	正常	有故障	操作方法
	检查传感器是否正常	进行第5步	传感器损坏	更换传感器

（续）

序号	检查步骤	检查结果		
5	检查真空管	正常	有故障	操作方法
	检查真空管路密封性	进行第6步	管路有损坏	更换真空管路
6	检查电动真空泵	正常	有故障	操作方法
	检查电动真空泵是否正常	进行第7步	电动真空泵损坏	更换电动真空
7	检查控制器	正常	有故障	操作方法
	检查控制器是否正常	进行第8步	控制器损坏	更换控制器
8	检查操作	正常	有故障	操作方法
	正确检修操作后,检查故障是否出现	诊断结束	故障未消失	从其他症状查找故障原因

102 北汽 EX260/360 加速踏板检测

（1）控制原理 控制原理如图 3-215 所示。

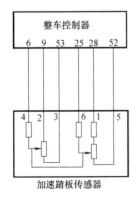

针脚	定义
1	信号2电源
2	信号1电源
3	信号1接地
4	输出信号1
5	信号2接地
6	输出信号2

图 3-215　加速踏板控制原理图

（2）检测方法 检测加速踏板传感器1信号：踏板开度从 0%～100% 变化，用万用表直流电压档测量插件 4 号端子与对地之间的电压，应有 0.74～4.34V 的电压。否则检查传感器电源和地线，如果输入电源和地线正常，则为传感器内部故障。

检测加速踏板传感器2信号：踏板开度从 0%～100% 变化，用万用表直流电压档测量插件 6 号端子与对地之间的电压，应有 0.36～2.24V 的电压。否则检查传感器电源和地线，如果输入电源和地线正常，则为传感器内部故障。

103 北汽 EX260/360 换档旋钮拆装

1）断开蓄电池负极电缆。

2）使用小木片撬开两侧红色装饰条，如图 3-216 所示。

3）拆卸旋钮式电子换档总成装饰压板的固定螺钉（左右两侧各 2 个），如图 3-217 所示。

4）撬开旋钮式电子换档总成的装饰压板，并断开点烟器电源插头，如图 3-218 所示。

5）松开固定旋钮式电子换档总成的 4 个螺钉，如图 3-219 所示。

6）松开旋钮式电子换档总成背面的档位控制插头 A 和能量回收插头 B，取下旋钮式电子换档总成，如图 3-220 所示。

7）安装以倒序进行，安装完成后检查档位功能。

图 3-216　撬开两侧红色装饰条

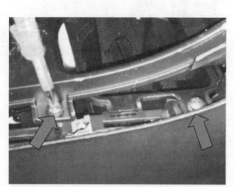

图 3-217　拆卸螺钉

图 3-218　断开点烟器电源插头

图 3-219　松开螺钉

图 3-220　松开旋钮式电子换档
总成背面的档位控制插头

104　北汽 EX260/360 换档旋钮电路检测

1）旋钮式电子换档接口如图 3-221 所示。端子定义见表 3-23。

表 3-23 旋钮式电子换档接口定义

序号	功能定义	电压/V			电流/mA
		Min	Normal	Max	
B1	电源供电	6.50	12.00	19.00	500.00
B2	相位信号1	/	4.82/0.36	/	1.00
B3	相位信号2	/	4.82/0.36	/	1.00
B4	相位信号3	/	4.82/0.36	/	1.00
B5	相位信号4	/	4.82/0.36	/	1.00
B6	电源地端	/	/	/	500.00
B7	背光灯电源	0.00	12.00	/	50.00
B8	备用	/	/	/	/
B9	背光灯地端	/	/	/	50.00
B10	转向盘换档拨片接插件脚1(未采用)	/	/	/	/
B11	方向盘换档拨片接插件脚2(未采用)	/	/	/	/
B12	备用	/	/	/	/

2）电源电路检测。点火开关打到 ON 档，使用万用表测量电子旋钮档位接头 B1 针脚电压是否为 12V，若不是，则检查仪表电器盒熔丝 FB39 是否熔断。若未熔断，则检查针脚 B6 是否接地。若接地，则使用万用表检查针脚 B1 与电器盒 IEC-E 插头的 8 针脚是否导通。IEC-E 插接样式如图 3-222 所示。若不导通，则维修仪表线束。

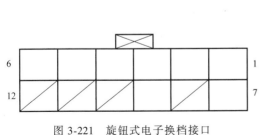

图 3-221 旋钮式电子换档接口

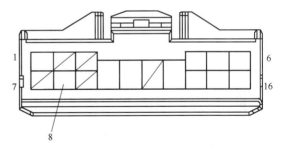

图 3-222 IEC-E 插接样式

3）点火开关打到 ON 档，将电子旋钮档位分别旋至 RNDS 4 个档位，并同时用万用表测量 4 个信号电压值，电压标准值见表 3-24。若电压值不符，则维修换档旋钮总成或更换新零件。

表 3-24 电压标准值 （单位：V）

档位	信号1	信号2	信号3	信号4	档位	信号1	信号2	信号3	信号4
R	4.82	4.82	0.36	0.36	D	0.36	4.82	0.36	4.82
N	4.82	0.36	0.36	4.82	S	0.36	4.82	4.82	0.36

105 北汽 EX260/360 能量回收调节按钮检测

能量回收调节按钮位于换档旋钮左上侧，用于调节制动能量回收的强度，能量回收调节按钮有 B+和 B−两个按键，其功能：1）B+表示制动能量回收强度增加，最大可调节 3 档；

2）B-表示制动能量回收强度减小，最小可以调节1档，只有S位行驶时，制动能量回收强度可以在1档至3档间切换。

（1）插件端子定义　插件端子如图3-223所示。其端子定义见表3-25。

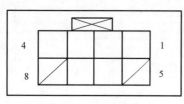

图3-223　插件端子

表3-25　端子定义

针脚编号	端子定义
1	B+（制动能量回收增加）
2	电源-
3	电源+
4	B-（制动能量回收减小）
6	背光调节电源+
7	背光调节电源-

（2）检测方法　能量回收调节插接件如图3-224白色部分所示。在进行以下检测时应该将插头连接好，从插头后端使用测试导线进行检测。打开点火开关ON档，使用万用表测量针脚电压。

1）未按下能量调节按钮时，针脚1和针脚4电压均为0V。

2）按下B+调节按钮时，针脚1为0V，针脚4为14V。

3）按下B-调节按钮时，针脚1为14V，针脚4为0V。

图3-224　能量回收调节插接件

若电压值不符合以上标准，则维修换档机构或更换零件。

106 北汽 EX260/360 数据采集终端主要功能

（1）数据采集终端主要功能　数据采集终端通过车辆总线网络实时采集车辆数据信息，如电池状态、整车状态、GPS信息及其他车辆状态的变化事件，可根据需要存储到产品内部的存储介质中，并传送到监控平台。

数据采集终端支持发送远程控制命令，对充电及空调进行远程控制。

数据采集终端组成包括数据采集终端、终端天线、SD卡、SIM卡。

数据采集终端问题排查可以通过数据采集终端的指示判断其工作状态。

（2）运行功能说明

1）常灭：无电源、电源异常、已休眠。

2）常亮：终端运行异常（T-BOX功能无法实现）。

3）正常闪烁1Hz：正常运行。

4）慢闪烁0.5Hz：休眠中。

（3）故障功能说明

1）常亮：当前有故障（故障为出现的故障）。

2）常灭：当前无故障。

3）闪烁2Hz：系统自检中。

107　北汽 EX260/360 数据采集终端总成拆装

1）拆卸右侧前排座椅的固定螺栓，如图3-225所示。

2）断开座椅下三个插头：后排安全气囊，安全带未系报警线束，座椅重力传感器，如图 3-226所示。

3）断开 GPS 天线连接插头 A、数据采集终端总成连接插头 B、GSM 天线连接插头 C，并拆下数据采集终端总成，如图 3-227 所示。

4）安装以倒序进行。

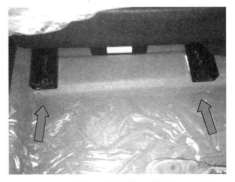

图 3-225　拆卸右侧前排座椅的固定螺栓

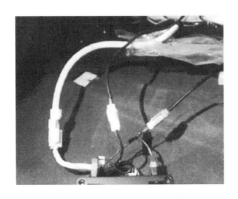

图 3-226　断开座椅下三个插头

图 3-227　数据采集终端总成

108　北汽 EX260/360 数据采集终端检测

（1）接口定义　接口定义见表3-26。

表 3-26　接口定义

管脚	名　　称	额定电压/mA	信号类型	备注
A1	VBUS 高	10	原车网络 CAN 高	500kbit/s
A2	VBUS 低	10	原车网络 CAN 低	500kbit/s
A5	快充充电唤醒	100	快充充电唤醒线	快充工况下唤醒
A6	ON 档唤醒	100	ON 档唤醒线	正常工况下唤醒
A7	慢充充电唤醒	100	慢充充电唤醒线	慢充工况下唤醒
A9	VCU 唤醒	10	VCU 唤醒线	远程唤醒 VCU
A10	电源正	250	蓄电池正	
A11	VBUS-SHIELD	10	原车网络 CAN 屏蔽	
A12	FCBUS 高	10	直流充电网络高	250kbit/s

（续）

管脚	名 称	额定电压/mA	信号类型	备注
A13	FCBUS 低	10	直流充电网络低	250kbit/s
A14	FCBUS-SHIELD	10	直流充电网络屏蔽	
A16	FCBUS-SHIELD	10	新能源网络 CAN 屏蔽	
A18	EVBUS 低	10	新能源网络 CAN 低	500kbit/s
A19	EVBUS 高	10	新能源网络 CAN 高	500kbit/s
A20	电源负	250	蓄电池负	

（2）电源检测

1）点火开关打到 ON 档，使用万用表测量数据采集终端控制插件针脚 A10 的电压是否为 14V，若无电压则检查前舱电器盒熔丝 FB15 是否熔断。

2）点火开关打到 ON 档，使用万用表测量数据采集终端控制插件针脚 A20 的电压，若无则检查线束搭铁点或维修线束。

（3）CAN 线的检测

1）数据采集终端控制插件中有 3 组 CAN 线，分别为原车 CAN（VBUS）、新能源 CAN（EVBUS）和快充 CAN（FCBUS）。

2）一般来说，CAN 线上有信号传输时 CAN-H = 3.5V、CAN-L = 1.5V，没有信号的时候 CAN-H = CAN-L = 2.5V。

（4）唤醒线的检测

1）ON 档唤醒。在点火开关打到 ON 档时，用万用表检查数据采集终端控制插件 A6 电压是否为 14V。

2）慢充唤醒。将点火开关打到 LOCK 档时，插上慢充枪，用万用表检查数据采集终端控制插件针脚 A7 的电压是否为 14V。

3）快充唤醒。将点火开关打到 LOCK 档时，插上快充枪，用万用表检查数据采集终端控制插件针脚 A5 的电压是否为 14V。

4）VCU 唤醒。在远程模式和插件连接的状态下，用万用表从插件后端检测针脚 A9 的电压是否为 14V。

109 北汽 EX260/360 行人警示模块拆装

1）拆下低压蓄电池负极，如图 3-228 所示。

2）举升车辆至合适高度，拆下左前轮轮罩挡泥板固定卡扣及螺栓，如图 3-229 所示。

3）旋出行人警示器的 4 个固定螺钉，断开线束插头，取出行人警示器，如图 3-230 所示。

4）安装以倒序进行。更换行人警示器后，点火开关置于 ON 档（无需起动车辆），进行行人警示器配置。

图 3-228　拆下低压蓄电池负极

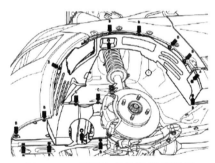

图 3-229 拆下左前轮轮罩挡泥板

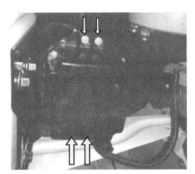

图 3-230 取出行人警示器

110 北汽 EX260/360 行人警示控制电路排查

（1）针脚定义 行人警示器针脚如图 3-231 所示。其针脚定义见表 3-27。

表 3-27 行人警示器针脚定义

针脚编号	针脚定义	备注
1	空	预留
2	CAN-H	VBUS
3	工作指示灯	
4	空	预留
5	IG1	电源线
6	空	预留
7	CAN-L	VBUS
8	SW	自复位
9	NC	预留
10	GND	地线

图 3-231 行人警示器针脚

（2）排查步骤

1）点火开关置于 LOCK 状态时，断开行人警示器连接插头，检查行人警示器插头是否有裂痕和异常，针脚是否腐蚀、生锈。若是，清洁插头及针脚，否则进行第 2 步。

2）电源电路检测：检查仪表板熔丝盒熔丝 FB40（10A）是否熔断。若是，进行更换，否则进行下一步。

3）点火开关置于 ON 状态时，测量行人警示器线束插头 5 号针脚与车身接地之间电压是否为蓄电池电压，如图 3-232 所示。若是，进行第 4 步，否则维修故障导线。

4）点火开关置于 LOCK 状态时，测量行人警示器线束插头 10 号针脚与车身接地之间导线是否导通，如图 3-233 所示。若是，进行第 5 步，否则维修故障导线。

5）CAN 线检测：测量行人警示器线束插头 2 号与 7 号针脚同 VCU 线束插头 108 号与 101 号针脚之间导线是否导通，如图 3-234 所示。

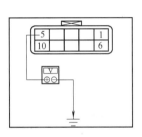

图 3-232 插头 5 号针脚与车身接地之间电压

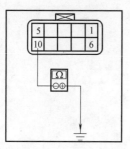

图 3-233　插头 10 号针脚与车身
接地之间是否导通

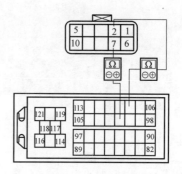

图 3-234　CAN 线检测

111　北汽 EX260/360 充电插座控制单元（CMU）显示流程及应急解锁

整车控制系统根据当前的充电状态、门锁状态、故障状态来控制充电接口锁止装置将充电枪锁止或解锁。充电接口指示模块显示流程如图 3-235 所示。应急解锁如图 3-236 所示。

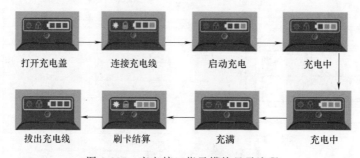

打开充电盖　　连接充电线　　启动充电　　充电中

拔出充电线　　刷卡结算　　充满　　充电中

图 3-235　充电接口指示模块显示流程

行李舱内左侧应急解锁拉绳

图 3-236　应急解锁

112　北汽 EX260/360 CMU 拆装

1）拔下 PDU 端高压插件，如图 3-237 所示。将锁片 1 往外拉出一段距离，按住锁片 2

将插头往外拔出，直至插头从 PDU 上分离。

2）从车后保险杆下方将 CMU 线束拔开，按住图 3-238 中箭头所示的锁片往外拔即可将插头分离。

图 3-237 拔下 PDU 端高压插件

图 3-238 将 CMU 线束拔开

3）旋出固定螺栓，如图 3-239 箭头所示，拆下慢充插座。

4）将慢充锁的应急拉锁从 CMU 上拆除，如图 3-240 所示。

5）将慢充线束上的固定卡子从线束上松开，将线束从车上移开。

6）安装以相反的顺序进行。

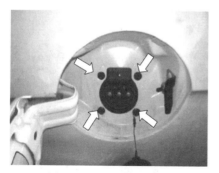

图 3-239 拆下慢充插座

图 3-240 将慢充锁的应急拉锁从 CMU 上拆除

113 北汽 EX260/360 CMU 电路检测

（1）电源电路检测

1）拔下慢充插座控制单元线束插件，测量 4 号与 5 号脚之间的电压，应有 12V 蓄电池电压。

2）如无电压则检查仪表板熔丝盒 FB29（7.5A）熔丝是否烧坏，如熔丝正常则检测线束插件 4 号针脚与仪表板熔丝盒 FB29 之间电路是否导通。

3）如正极电路正常则检查线束插件 5 号针脚与车身搭铁是否导通，不导通则检修负极电路，如图 3-241 所示。

（2）CAN 线通路检查 拔下慢充插座 CMU 插件，测量 1 号端子与 VCU 111 号端子、2 号端子与 VCU 104 号端子之间是否导通，应导通，如不能导通则检查插件是否退针或线束故障，如图 3-242 所示。

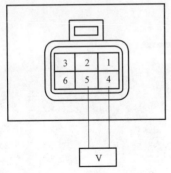

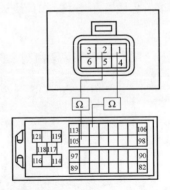

图 3-241　电源电路检测　　　　　　　　图 3-242　CAN 线通路检查

114　北汽 EU220/260 动力电池拆装

注意：准备拆装动力电池前应关闭点火开关、拆下低压蓄电池负极，车辆举升到需要的高度时，举升机要锁止安全锁；电池举升车上升接触到电池包底部再进行拆卸工作。

解除快换锁的方法如下：

1）将车辆放于举升机位置，点火开关置于 OFF 档，同时拆下低压蓄电池负极，如图 3-243 所示。

规格：M6×1.0mm，力矩：8～10N·m，工具：10mm 六角套筒。

2）将车辆举升至一定高度后锁止举升机安全锁。

3）动力电池举升车推放到动力电池正下方，升高电池举升车平板与电池包底部接触，如图 3-244 所示。

图 3-243　拆下蓄电池负极　　　　　　图 3-244　动力电池举升车推放到动力电池正下方

4）用撬棍把电池锁止机构接触点向车身尾部方向移动，如图 3-245 所示。

5）左右两侧电池锁解除后，用撬棍将电池包整体向车身尾部移动至支架开口处，如图 3-246 所示。

6）缓慢下降电池举升车，降到需要的高度后将电池举升车推出。

图 3-245　用撬棍移动电池锁止机构接触点　　图 3-246　将电池包整体向车身尾部移动至支架开口处

7）安装：按相反顺序安装电池包。注意事项：电池包安装到位后，一定要确认换锁机构落锁到位。

115 北汽 EU220/260/300/400 快换支架拆装

1）拔下快换锁线束插件（位置在后桥上方的 16 针插件），如图 3-247 所示。

2）打开快换线束与车架左后侧固定卡扣，如图 3-248 所示。

3）在动力电池前端拔下动力电池控制系统低压控制线。

4）拆下高压线束与车身、减速器处固定卡扣，如图 3-249 所示。

5）拔下动力电池与电机控制器（PEU）连接插件，并把高压线束向下顺拉。

6）用动力电池举升车支撑快换支架，如图 3-250 所示。

图 3-247　拔下快换锁线束插件

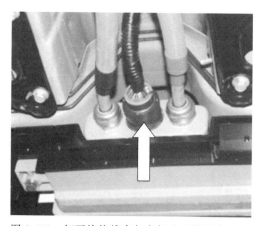

图 3-248　打开快换线束与车架左后侧固定卡扣

图 3-249　拆下固定卡扣

7）拆下快换支架 16 颗安装螺栓，同时注意检查线束与车身是否脱离，如图 3-251 所示。

规格：M12×1.75×40mm，力矩：90~100N·m，工具：18mm 六角套筒。

8）安装快换支架：采用相反的顺序。注意事项：拆装快换支架时不能损坏传感器。

图 3-250　用动力电池举升车支撑快换支架

图 3-251　拆下快换支架 16 颗安装螺栓

116 北汽 EU300/400 动力电池拆装

1）断开蓄电池负极电缆，如图 3-252 所示。

螺栓规格：M6×1.0mm，螺栓拧紧力矩：8~10N·m，螺栓使用工具：10mm 六角套筒。

2）对高压部件进行作业前，必须确认车辆钥匙处于 LOCK 档位，12V 蓄电池负极已经断开，PEU 35 针低压插件断开（防止 DC-DC 处于定量开启而造成高压系统未能有效断开，对人体造成电击伤害）。

3）使用绝缘工具断开空调压缩机 PEU 端的高压插件，使用放电工装对其进行放电，直至放电工装指示灯熄灭为止，然后使用万用表对其电压进行测量，确保直流电压在 36V 以下，方可确认放电结束。

4）拆卸车身下防护板后段 6 颗固定螺栓，取下后护板，如图 3-253 所示。

图 3-252　断开蓄电池负极电缆

图 3-253　拆卸车身下防护板后段

螺栓规格：M6×1.0mm，螺栓拧紧力矩：8~10N·m，螺栓使用工具：10mm 六角套筒。

5）动力电池高压插件按照以下步骤进行拆卸：

① 逆时针旋出黑色低压控制插头，如图 3-254 箭头 A 所示。

② 向后拨动高压线束蓝色锁销，如图 3-254 箭头 B 所示。

③ 按下箭头所指锁止销，向后拨动到底，如图 3-255 所示。

④ 按下锁止销，向后拔出插头，如图 3-256 所示。

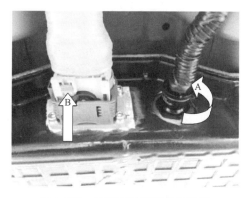

图 3-254　拨动高压线束蓝色锁销

图 3-255　按下箭头所指锁止销，向后拨动到底

6）将车辆举升到一定高度并锁止举升机安全锁。

7）动力电池举升车推放到动力电池正下方，升高电池举升车平板与电池包底部接触，如图 3-257所示。

8）拆下动力电池 16 颗固定螺栓，如图 3-258 所示。

规格：M12×1.75×40mm，力矩：90~100N·m，工具：18mm 六角套筒。

9）安装以倒序进行。更换锂离子动力电池系统后，将起动停止按键置于 ON 状态，进行锂离子动力电池系统配置（写入电池编码），具体配置项目参照诊断仪提示进行操作。

图 3-256　按下锁止销，向后拔出插头

图 3-257　升高电池举升车平板与电池包底部接触

图 3-258　拆下动力电池固定螺栓

117 北汽 EU260/300/400 快换装置控制系统构成

系统构成如图 3-259 所示。

车头方向

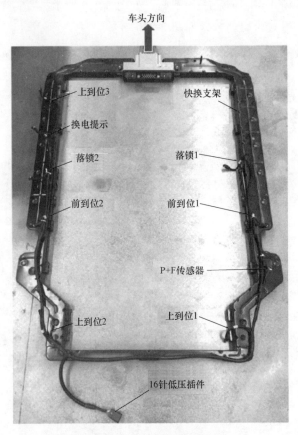

上到位3

换电提示

快换支架

落锁2

落锁1

前到位2

前到位1

P+F传感器

上到位2

上到位1

16针低压插件

图 3-259　快换装置系统结构

118 北汽 EU260/300/400 快换锁及快换提示原理

1）快换锁。确保电池包与快换锁支架安装可靠，当快换锁未锁到位时整车控制器发出下电指令，禁止车辆起动行驶。

2）快换提示。当在执行快换电池时，整车控制器强制动力电池下电，确保零负荷换电。

3）快换锁和快换提示控制原理。

① 快换锁：有两个霍尔传感器串联在一起监控快换锁的状态，当 VCU 监测到高电位时切断动力电池高压输出，原理图如图 3-260 所示。

② 快换提示：在车辆底盘左侧快换支架上有一个快换提示传感器，当有磁体接近快换提示传感器时，传感器输出 0V 信号，VCU 监测到 0V 信号立即发出指令切断动力电池主继

电器，强制下电，控制原理如图 3-261 所示。

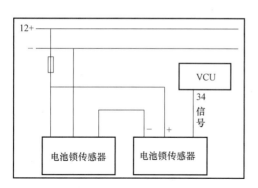

图 3-260　快换锁控制原理图

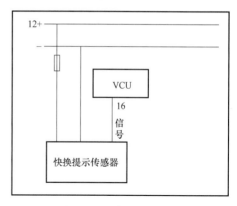

图 3-261　快换提示原理

4）快换接口。快换接口是动力电池与高压系统的便捷插接器，车身端接口的针脚带有弹性，保证与电池端良好连接，如图 3-262 所示。快换接口端子含义见表 3-28。

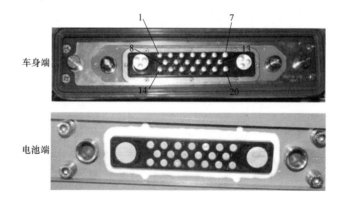

图 3-262　快换接口

表 3-28　快换接口端子含义

针脚编号	功　能	备　注	CATL 插接器编号
5	VCU 继电器控制信号	VCU 发送给 BMS	5
1	BMS 供电正	常电	1
2	BMS 供电负	常电	2
3	继电器供电正	如有风机，可用于风机供电，常电	3
4	继电器供电负		4
6	VCU 唤醒信号	VCU 唤醒 BMS	6
9	CAN1_SHIELD		
10	CAN1_H	EVBUS	10
11	CAN1_L		11
14	CAN2_H	FCBUS	14
15	CAN2_L		15
12	CAN3_H	INBUS	12
13	CAN3_L		13
16	CAN2_SHIELD		

119 北汽 EU260/300/400 快换装置检修

（1）快换接口

1）故障模式：快换接口端子弹性失效或烧蚀，导致高压电路接触不良或低压控制功能失效。

2）处理方法：打磨端子或更换快换接口。

（2）快换锁

1）故障模式：仪表显示"动力电池锁故障"，动力电池断开，车辆无法行驶。

2）处理方法：

① 检查动力电池快换锁是否锁到位，如未落锁到位，排除锁止机构部分机械故障。

② 检查落锁传感器电源供电是否正常。拔下快换线束 16 针插件，测量第 6 和第 7 脚之间的电压，应有 12V 电压，如图 3-263 所示。如无电压则检查前机舱熔丝盒 FB17 熔丝及搭铁线。

③ 检查快换线束 16 针插件中第 8 脚和搭铁之间是否有约 8.5V 的电压，如测量到 12V 电压，则快换锁信号线与电源正极短路或整车控制器（VCU）故障。如无电压，测量快换线束 16 针插件中第 8 脚和 VCU 插件第 34 脚是否导通，如图 3-264 所示。

④ 如以上检查都正常，将快换线束 16 针插件中第 8 脚和搭铁短接。如"动力电池锁故障"消除，则落锁传感器故障，更换传感器处理。

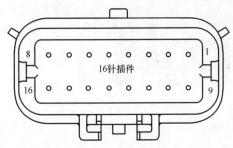

图 3-263　快换线束 16 针插件

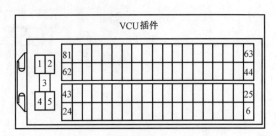

图 3-264　检查快换线束 16 针插件

（3）快换提示

1）故障模式：仪表显示"动力电池快换"，动力电池断开，车辆无法行驶。

2）处理方法：

① 检查快换提示传感器是否吸附磁性物质，如有磁性物质清除磁性物质处理。

② 检查快换提示传感器是否涉水，用干布擦拭水珠后，重新起动车辆检查是否恢复正常。

③ 拔下快换提示传感器插件，重新起动车辆，如果恢复正常，则快换提示传感器故障，更换传感器处理。

④ 如果拔下快换提示传感器线束故障依然存在，测量快换线 16 针插件 11 脚 与搭铁之间是否有 8.5V 左右的电压，如电压显示为 0V，则快换提示传感器信号线与搭铁短路。

120 北汽 EU260/300/400 动力电池控制系统检修

（1）电池低压控制插件定义 电池低压控制插件端子如图 3-265 所示。端子含义见表 3-29。

表 3-29 端子含义

针脚序号	针脚定义	线束走向
1	12V+常电	FB14 熔丝
2	接地	车身塔铁
3	12V+常电	FB13 熔丝
4	接地	车身搭铁
5	总负继电器控制	VCU97 脚
6	BMS 唤醒	VCU81 脚
7	空	
8	空	
9	空	
10	新能源 CAN1H	VCU111 脚
11	新能源 CAN1L	VCU104 脚
12	内部 CAN3H	OBD 接口
13	内部 CAN3L	OBD 接口
14	快充 CAN2H	快充口
15	快充 CAN2L	快充口
16	CAN2-屏蔽	接地
17	空	
18	空	
19	CAN1-屏蔽/空	接地

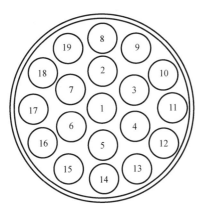

图 3-265 电池低压控制插件端子

（2）动力电池低压控制电路检测

1）BMS 电源检查。拔下 BMS 插件，1 号、3 号端子与 2 号、4 号端子之间应该有 12V 蓄电池电压，如无电压则检查前机舱熔丝盒 FB13、FB14 熔丝是否烧坏，如熔丝正常则检测 BMS 插件 1 号、3 号端子与前机舱熔丝盒 FB13、FB14 之间电路是否导通，如正极电路正常则检查 BMS 插件 2 号、4 号端子与车身搭铁是否导通，不导通则检查负极电路，如图 3-266 所示。

2）BMS 唤醒信号检查。拔下 BMS 插件，点火开关置于 ON 档，BMS 插件 6 号端子与车身之间应该有 12V 电压，如无电压则检测 BMS 插件 6 号端子与 VCU 81 号端子电路是否导通或插件是否退针，如电路正常则 VCU 故障，如图 3-267 所示。

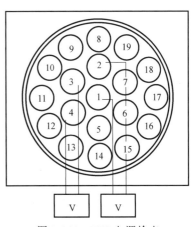

图 3-266 BMS 电源检查

（3）CAN 线通路检查

1）EVCAN 测量。拔下 BMS 插件，10 号、1 号端子与 VCU 111 号、104 号端子之间应该导通，如不能导通则检查插件是否退针或线束故障，如图 3-268 所示。

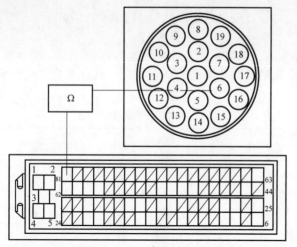

图 3-267　BMS 唤醒信号检查

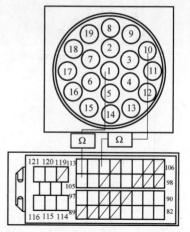

图 3-268　测量 BMS 与 VCU 之间导通性

2）拔下 BMS 插件，12 号、13 号端子与 OBD 诊断接口 2 号、10 号端子之间应该导通，如不能导通则检查插件是否退针或线束故障，如图 3-269 所示

3）快充 CAN 测量。拔下 BMS 插件，14 号、15 号端子与快充口 S+、S−端子之间应该导通，如不能导通则检查插件是否退针或线束故障，如图 3-270 所示。

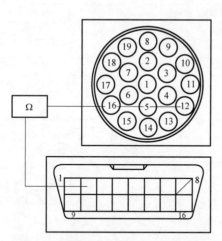

图 3-269　测量 BMS 与 OBD 之间导通性

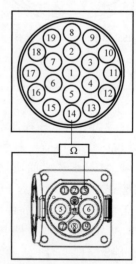

图 3-270　快充 CAN 测量

121 北汽 EU260/300/400 PEU 构造

（1）特点

1）将电机控制、车载充电机、DC-DC 控制器和高压控制盒集成在一起，缩小了体积和得量，安装工艺简单，线束减少。

2）IGBT 主板、车载充电机、DC-DC 都采用水冷方式，温度控制得到有效解决，提高了电子器件工作的稳定性。

（2）功能

1）怠速控制（爬行）。

2）控制电机正转（前进）。

3）控制电机反转（倒车）。

4）能量回收（交流转换直流）。

5）驻坡（防溜车）。

6）车载充电。

7）直流高低压转换。

8）快充高压电路控制。

9）PTC 控制。

10）高压电路熔断保护。

（3）PEU 构造

1）PEU 上端主要由电机控制器、车载充电机、DC-DC、PTC 控制器、快充继电器、熔断器、互锁电路等构成，安装位置结构如图 3-271 所示。

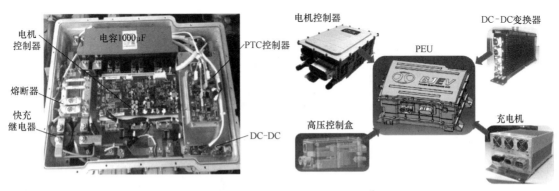

图 3-271　PEU 上端结构及安装位置

2）PEU 下端由 2 个 3.3kW 车载充电机组成，其安装在 PEU 下方，中间是冷却水套，如图 3-272 所示。

图 3-272　PEU 下端结构

122 北汽 EU260/300/400 PEU 插件端口功能

PEU 插件端口功能如图 3-273 所示。

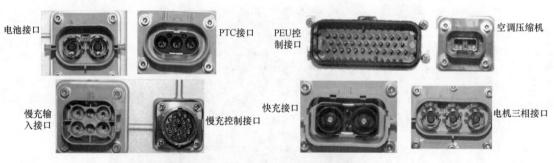

图 3-273　PEU 插件端口功能

123 北汽 EU260/300/400 高压插件端子定义

1）动力电池插件如图 3-274 所示。

2）PTC 插件如图 3-275 所示。

图 3-274 动力电池插件

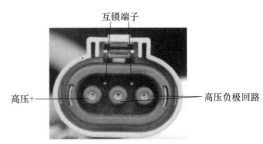

图 3-275 PTC 插件

3）慢充交流插件如图 3-276 所示。

4）压缩机高压插件如图 3-277 所示。

图 3-276 慢充交流插件

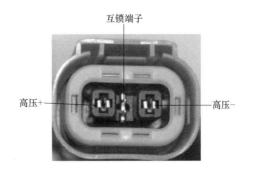

图 3-277 压缩机高压插件

5）快充插件如图 3-278 所示。

6）电机三相插件如图 3-279 所示。

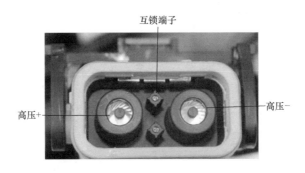

图 3-278 快充插件

7）高压熔断器功能定义如图 3-280 所示。

图 3-279　电机三相插件

图 3-280　高压熔断器功能定义

124　北汽 EU260/300/400 PEU 低压插件端子定义

PEU 低压插件端子如图 3-281 所示。端子定义见表 3-30。

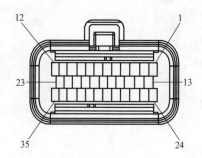

图 3-281　PEU 低压插件端子定义

表 3-30　PEU 低压插件端子定义

针脚编号	信号名称	线路走向
20	励磁绕组 R1(9Ω)	旋变插件 A
8	励磁绕组 R2	旋变插件 B
22	余弦绕组 S1(13Ω)	旋变插件 C
10	余弦绕组 S3	旋变插件 D
9	正弦绕组 S2(13Ω)	旋变插件 E
21	正弦绕组 S4	旋变插件 F
11	电机识别电阻 1	旋变插件 N
23	电机识别电阻 2	旋变插件 V
30	W 相温度电阻 2	旋变插件 L
31	W 相温度电阻 1	旋变插件 M
32	V 相温度电阻 2	旋变插件 J
33	V 相温度电阻 1	旋变插件 K
34	U 相温度电阻 2	旋变插件 G

（续）

针脚编号	信号名称	线路走向
35	U 相温度电阻 1	旋变插件 H
1	12V+（PTC 控制器电源）	保险盒 J3 插件 B1 脚
3	12V+常电	FB22 保险
15	12V+（VCU 控制继电器电源）	保险盒 J3 插件 A10 脚
27	12V+常电	FB22 保险
4	GND	车身搭铁 S28 节点
5	CAN GND	车身搭铁 S28 节点
16	GND	车身搭铁 S28 节点
24	GND（DC-DC/PTC）	车身搭铁 S28 节点
26	GND（高低压互锁）	车身搭铁 S28 节点
25	高低压互锁	压缩机控制器 5 脚
6	CAN-H	新能源 CAN
17	CAN-L	新能源 CAN
18	CAN_屏蔽	接电机控制器 RC 阻容
12	CAN_SHIELD（电机屏蔽）	旋变插件
2	PTC 温度传感器+	PTC 本体温度传感器
13	PTC 温度传感器–	PTC 本体温度传感器
28	快充正继电器控制	VCU 118 脚
29	快充负继电器控制	VCU 116 脚
14	DC-DC 使能信号	VCU 62 脚

125 北汽 EU260/300/400 充电机低压插件定义

充电机低压插件如图 3-282 所示。端子定义见表 3-31。

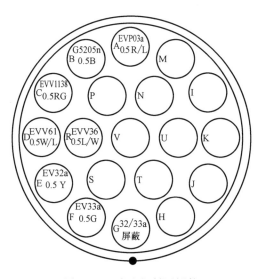

图 3-282　充电机低压插件

表 3-31　端子定义

编号	端子定义	线路走向
A	12V+常电	FB22 熔丝
B	GND	车身接地
C	慢充唤醒	VCU 113 脚、数据采集终端 A7 脚
D	充电机使能	VCU 61 脚
E	CAN1H	新能源 CAN
F	CAN1L	新能源 CAN
G	屏蔽层	充电机内部
R	充电连接确认	VCU 36 脚、（慢充口 CC）

126 北汽 EU260/300/400 PEU 总成拆装

1）关闭点火开关，拆下低压蓄电池负极，如图 3-283 所示。

2）拔下 PEU 高低压插件（快慢充/电机/PTC/空调压缩机/动力电池高压插件、35 针低压插件、充电机低压插件），拆下冷却水管，如图 3-284所示。

3）拆下 PEU 总成安装螺栓，如图 3-285 所示。

4）安装以相反顺序进行，安装完毕后补充冷却液。

图 3-283　拆下低压蓄电池负极

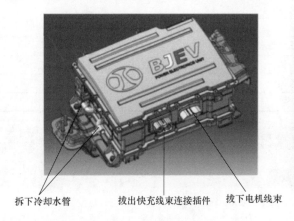

拆下冷却水管　　拔出快充线束连接插件　　拔下电机线束

图 3-284　拔下 PEU 高低压插件

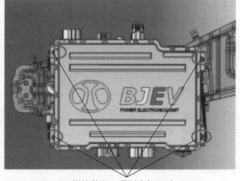

M10×25螺栓装配，紧固力矩(65±5)N·m

图 3-285　拆下 PEU 总成安装螺栓

127 北汽 EU260/300/400 动力电池高压线束拆装

（1）拆卸

1）拔下 PEU 端高压插件。

2）拆下高压线束固定卡扣，如图 3-286 所示。

3）动力电池插件拔出步骤如图 3-287 所示。

（2）安装

1）动力电池插件安装步骤如图 3-288 所示。

2）线束固定卡子安装。先将高压电缆及固定卡子安装到车身焊栓上面，然后拧紧安装螺母。

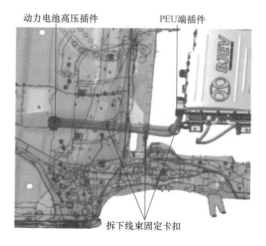

图 3-286　拆下高压线束固定卡扣

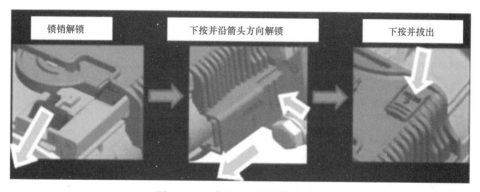

图 3-287　动力电池插件拔出步骤

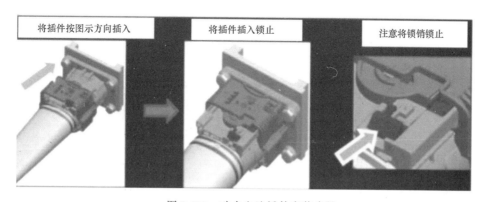

图 3-288　动力电池插件安装步骤

128　北汽 EU260/300/400 快充线束拆装

1）拔下 PEU 高压插件。

2）拔下快充低压插件。

3）拆下快充口 4 颗固定螺栓。

4）取下快充线束总成，如图 3-289 所示。

5）安装快充线束，以相反步骤进行。

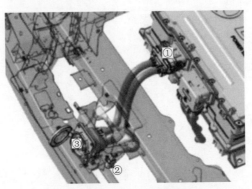

图 3-289　取下快充线束

1—与 PEU 总成相连插件　2—快充口　3—快充线束

129　北汽 EU260/300/400 慢充线束拆装

1）拆下动力电池包总成。

2）拔下 PEU 端高压插件。

3）拆除慢充线束 19 个固定卡扣，如图 3-290 所示。注：②③④固定卡扣区域。

4）拆下慢充口 4 颗螺栓。

5）安装慢充线束，以相反步骤进行。

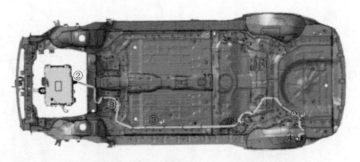

图 3-290　拆除慢充线束 19 个固定卡扣

130　北汽 EU260/300/400 电机控制器电路排查

1）检查电机控制器常电源：拔下 PEU 35 针插件，用万用表直流电压档测量 35 针插件 3 号、27 号端子与蓄电池负极之间的电压，应有 12V 蓄电池电压。如无电压则检查前舱熔丝盒 PFB22 熔丝是否烧坏，如熔丝正常则检查 FB22 熔丝与 35 针插件 3 号、27 号端子是否导通，如图 3-291 所示。

2）检查 PEU 负极电源：拔下 PEU 35 针插件，用万用表电阻档测量 35 针插件 4 号、5 号、16 号端子与车身搭铁之间是否导通；如不导通则排查车身搭铁点或前机舱线束，如图 3-292 所示。

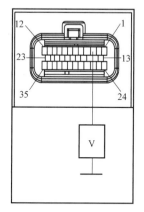

图 3-291 检查电机控制器常电源

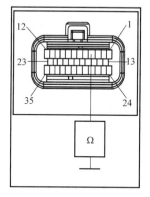

图 3-292 检查 PEU 负极电源

3）检查电机控制器 ON 电源：拔下 PEU 35 针插件，点火开关置于 ON 档，用万用表直流电压档测量 35 针插件 15 号端子与蓄电池负极之间的电压，应有 12V 蓄电池电压。如无电压则检查前机舱继电器盒主继电器是否正常，如继电器正常则检查 35 针插件 15 号端子与熔丝盒 J3 插件 A10 端子线路是否导通，如图 3-293 所示。

4）检查 CAN 线：拔下 PEU 35 针插件，用万用表电阻档测量 35 针插件 6 号端子与 VCU 插件 111 号端子、35 针插件 17 号端子与 VCU 插件 104 号端子之间是否导通，如图 3-294 所示。

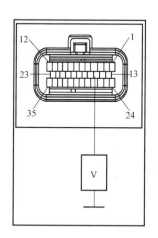

图 3-293 检查电机控制器 ON 电源

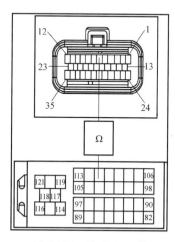

图 3-294 检查 CAN 线

131 北汽 EU260/300/400 DC-DC 控制电路排查

1）检查 DC-DC 电源：拔下 PEU 35 针插件，用万用表直流电压档测量 35 针插件 3 号、

27 号端子与蓄电池负极之间的电压，应有 12V 蓄电池电压。如无电压则检查前机舱熔丝盒 FB22 熔丝是否烧坏，如熔丝正常则检查 FB22 熔丝与 35 针插件 3 号、27 号端子线路是否导通，如图 3-295 所示。

2）检查 DC-DC 负极：拔下 PEU 35 针插件，用万用表电阻档测量 35 针 4 号、5 号、16 号端子与车身搭铁之间是否导通，如不导通则排查线束与针脚退位，如图 3-296 所示。

3）检查 DC-DC 使能信号：拔下 PEU 35 针插件，用万用表直流电压档测量 35 针插件 14 号端子与蓄电池负极之间的电压，应有 12V 电压。如无电压，则用万用表电阻档测量 35 针插件 14 号端子与 VCU 62 号端子之间是否导通，如图 3-297 所示。

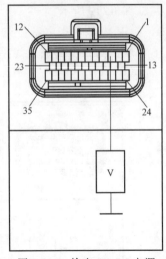

图 3-295　检查 DC-DC 电源

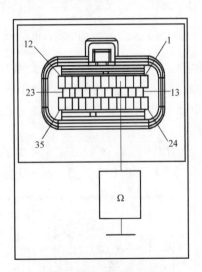

图 3-296　检查 DC-DC 负极

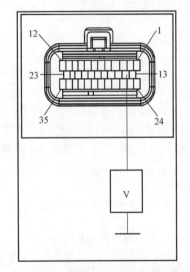

图 3-297　检查 DC-DC 使能信号

132　北汽 EU260/300/400 PTC 控制电路排查

1）检查 PTC 控制器电源：拔下 PEU 35 针插件，用万用表直流电压档测量 35 针插件 1 号端子与蓄电池负极之间的电压，应有 12V 蓄电池电压。如无电压，则检查前机舱熔丝盒 FB11 熔丝与 35 针插件 1 号端子线路是否导通，如图 3-298 所示。

2）拔下 PEU 35 针插件，用万用表电阻档测量 35 针插件 4 号、5 号、16 号端子与车身搭铁之间是否导通，如不导通则排查车身搭铁点或前机舱线束，如图 3-299 所示。

3）检查 PTC 温度传感器电路：拔下 PEU 35 针插件，用万用表电阻档测量 35 针插件 2 号端子与 13 号端子之间的电阻，温度在 5℃ 左右时应有 60kΩ 的电阻值，如电阻值为无穷大则检查温度传感器，如图 3-300 所示。

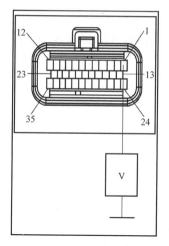

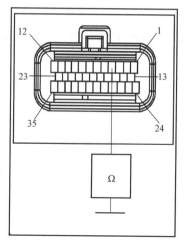

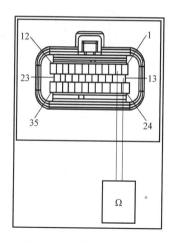

图 3-298　检查 PTC 控制器电源　　　图 3-299　拔下 PEU 35 针插件　　　图 3-300　检查 PTC 温度
　　　　　　　　　　　　　　　　　　　　用万用表电阻档测量　　　　　　　　传感器电路

133　北汽 EU260/300/400 快充继电器电路排查

1）检查快充继电器电源：拔下 PEU 35 针插件，用万用表直流电压档测量 35 针 3 号、27 号端子与蓄电池负极之间的电压，应有 12V 蓄电池电压。如无电压则检查前机舱熔丝盒 FB22 熔丝是否烧坏，如熔丝正常则检查 FB22 熔丝与 35 针插件 3 号、27 号线路是否导通，如图 3-301 所示。

2）检查快充正极继电器控制电路：拔下 PEU 35 针插件，用万用表电阻档测量 35 针插件 28 号端子与 VCU 118 号端子之间的导通性，应导通，如图 3-302 所示。

3）检查快充负极继电器控制电路：拔下 PEU 35 针插件，用万用表电阻档测量 35 针插件 29 号端子与 VCU 116 号端子之间的导通性，应导通，如图 3-303 所示。

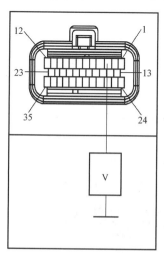

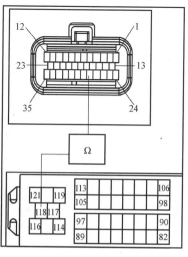

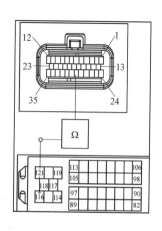

图 3-301　检查快充继电器电源　　　图 3-302　检查快充正极　　　　图 3-303　检查快充负极
　　　　　　　　　　　　　　　　　　　继电器控制电路　　　　　　　　继电器控制电路

134 北汽 EU260/300/400 驱动电机拆装

1）关闭点火开关及所有用电器，松开蓄电池负极电缆总成固定螺母，如图 3-304 中箭头所示，取下电缆组件。

2）断开驱动电机交流母线与 PEU 连接高压插件，并做好防护，如图 3-305 所示。

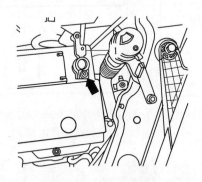

图 3-304 松开蓄电池负极
电缆总成固定螺母

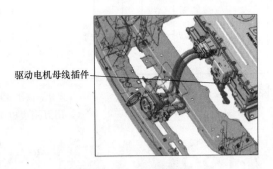

图 3-305 断开驱动电机交流
母线与 PEU 连接高压插件

3）断开驱动电机旋变插件，并进行简单固定，防止在电机拆卸过程中损坏插件，如图 3-306 所示。

4）将冷却系统的冷却液排出，并放入收集盘中，按相关标准进行处理。

5）松开驱动电机冷却水管卡箍，脱开水管，如图 3-307 所示。

6）断开空调压缩机的高压插件 1 和低压插件 2，如图 3-308 所示。

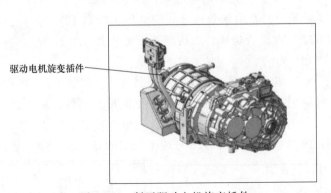

图 3-306 断开驱动电机旋变插件

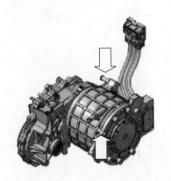

图 3-307 松开驱动电机冷却水管卡箍

图 3-308 断开空调压缩机的插件

7）使用空调制冷剂回收设备对空调系统内的制冷剂进行回收，完成后拆卸低压接口 3 和高压接口 4，并对接口进行封闭处理，如图 3-309 所示。

8）拆卸压缩机 4 个固定螺栓 5，取下压缩机（压缩机通过 4 个六角法兰面承面带齿螺栓 Q1800880 固定，拧紧力矩：22~30N·m），如图 3-310 所示。

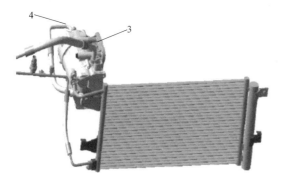
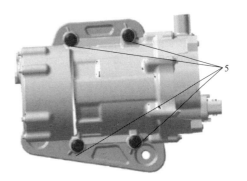

图 3-309　拆卸低压接口和高压接口　　　　图 3-310　拆卸压缩机 4 个固定螺栓

9）拆卸压缩机固定支架 3 个固定螺栓，取下支架，如图 3-311 所示。拧紧力矩：25~30N·m。

10）将收集盘放到右侧半轴油封下部，拆卸右侧半轴及过渡支架，如图 3-312 所示。右半轴-电机总成拧紧力矩：（25±2）N·m；前制动器-半轴拧紧力矩：（230±10）N·m。

11）用举升装置对电机进行托举，拆卸前悬置支架，如图 3-313 所示。拧紧力矩：（90±5）N·m。

12）拆卸电机上横梁连接支架，如图 3-314 所示。

13）拆卸驱动电机与减速器的固定螺栓，将驱动电机与减速器脱开，平稳放到指定区域，如图 3-315 所示。拧紧力矩：35~45N·m。

图 3-311　拆卸压缩机固定
支架 3 个固定螺栓

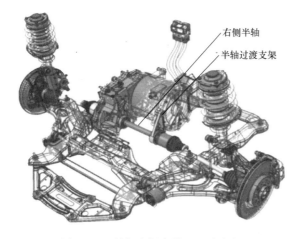

右侧半轴

半轴过渡支架

图 3-312　拆卸右侧半轴及过渡支架

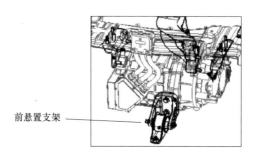

前悬置支架

图 3-313　拆卸前悬置支架

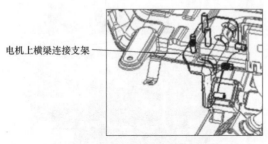

电机上横梁连接支架

图 3-314　拆卸电机上横梁连接支架

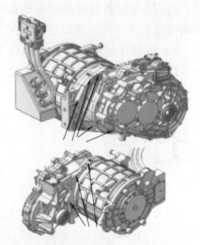

图 3-315　将驱动电机与减速器脱开

14）安装以相反顺序进行，驱动电机与减速器连接花键处加注润滑脂，如图 3-316 所示，加注量 20g。

图 3-316　驱动电机与减速器连接花键处加注润滑脂

135 北汽 EU260/300/400 电机旋变传感器及温度传感器电路排查

1）检查励磁绕组电源：拔下旋变传感器插件，用万用表交流电压档测量 19 针插件 A、B 间的电压，应该有 3~5V 交流电压。如无电压则检查旋变插件 A 端子与 PEU 插件 20 号端子、旋变插件 B 端子与 PEU 插件 8 号端子是否导通，如图 3-317 所示。

2）检查励磁绕组阻值：拔下 PEU 35 针插件，用万用表电阻档测量 35 针插件 20 号与 8 号端子之间是否有 9Ω 电阻。如无电阻或为无穷大，则排查线束及端子是否退针，如图 3-318 所示。

3）检查余弦绕组电阻：拔下 PEU 35 针插件，用万用表电阻档测量 35 针插件 22 号与 10 号端子之间是否有 13Ω 电阻。如无电阻或为无穷大，则排查线束及端子是否退针，如图 3-319 所示。

4）检查正弦绕组电阻：拔下 PEU 35 针插件，用万用表电阻档测量 35 针插件 21 号与 9 号端子之间是否有 13Ω 电阻。如无电阻或为无穷大，则排查线束及端子是否退针，如图 3-320所示。

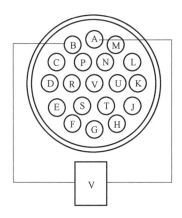

图 3-317　检查励磁绕组电源

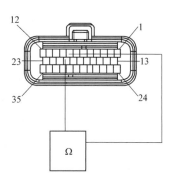

图 3-318　检查励磁绕组阻值

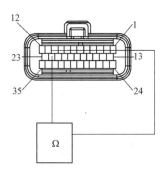

图 3-319　检查余弦绕组电阻

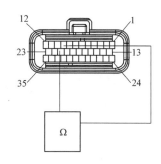

图 3-320　检查正弦绕组电阻

5）检查 W 相温度传感器电阻：拔下 PEU 35 针插件，用万用表电阻档测量 35 针插件 30 号与 31 号端子之间电阻参数范围（0℃电阻为 1000Ω，每上升 1℃电阻增加 3.85Ω），如无电阻或为无穷大，则排查线束及端子是否退针，如图 3-321 所示。

6）检查 V 相温度传感器电阻：拔下 PEU 35 针插件，用万用表电阻档测量 35 针插件 32 号与 33 号端子之间电阻参数范围（0℃电阻为 1000Ω，每上升 1℃电阻增加 3.85Ω），如无电阻或为无穷大，则排查线束及端子是否退针，如图 3-322 所示。

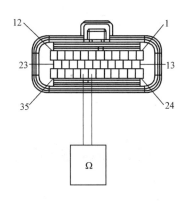

图 3-321　检查 W 相温度传感器电阻

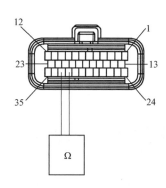

图 3-322　检查 V 相温度传感器电阻

7）检查 U 相温度传感器电阻：拔下 PEU 35 针插件，用万用表电阻档测量 35 针插件 34 号与 35 号端子之间电阻参数范围（0℃电阻 1000Ω，每上升 1℃电阻增加 3.85Ω），如无电阻或为无穷大，则排查线束及端子是否退针，如图 3-323 所示。

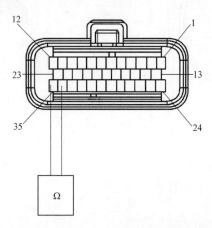

图 3-323　检查 U 相温度传感器电阻

136　北汽 EU260/300/400 减速器工作原理

减速器动力传动机械部分是依靠两级齿轮副来实现减速增矩。其按功用和位置分为五大组件：右箱体、左箱体、输入轴组件、中间轴组件、差速器组件。

动力传递路线为：驱动电机→输入轴→输入轴轴齿→中间轴齿轮→中间轴轴齿→差速器半轴齿轮→左右半轴→左右车轮，如图 3-324 所示。

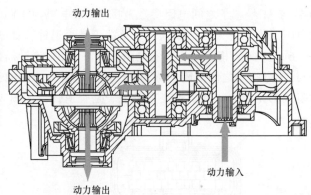

图 3-324　工作原理图

137　北汽 EU260/300/400 减速器与整车间的装配

（1）减速器与驱动电机的装配连接　减速器与驱动电机连接方式：减速器端匹配 5 个 φ9 通孔，3 个带钢丝螺套的 M8×1.25 螺纹孔，如图 3-325 所示。使用 8 个 M8×1.25×

3510.9 级六角法兰面螺栓连接，拧紧力矩为
（40±5）N·m。

变速器与驱动电机定位方式：为一面、内止口
和一定位销。

（2）减速器与悬置支架的装配连接 减速器采
用 3 个左悬置点，3 个后悬置点，悬置点螺纹孔规
格为 M10×1.25 和 M12×1.25。左悬置使用 3 个
M10×1.25×40 的 10.9 级六角法兰面螺栓，拧紧力
矩为（75±5）N·m。后悬置使用 2 个 M10×1.25×
25 的 10.9 级六角法兰面螺栓，拧紧力矩为

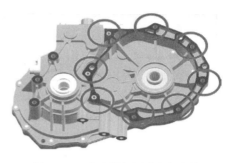

图 3-325 减速器与驱动电机连接

（75±5）N·m，1 个 M12×1.25×65 的 10.9 级六角法兰面螺栓，拧紧力矩为（95±5）N·m，
如图 3-326 所示。

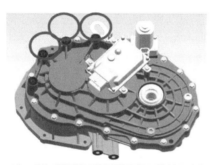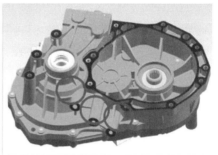

图 3-326 减速器与悬置支架的装配连接

（3）减速器与半轴的装配连接 整车装配半轴时，需保证半轴中心平行于减速器差速
器中心，防止半轴碰伤或损坏差速器油封，同时半轴上的卡圈应与减速器差速器半轴齿轮上
的卡圈槽连接定位，如图 3-327 所示。

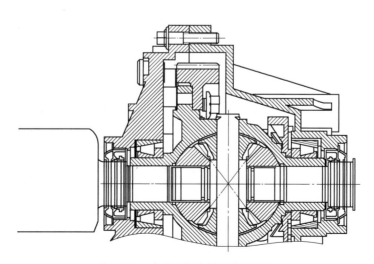

图 3-327 减速器与半轴的装配连接

138 北汽 EU260/300/400 减速器故障与处理

1）减速器动力传递。当整车无动力输出时，检查减速器是否损坏按下列操作执行：

第一步：检查整车驱动电机是否运转正常，若运转正常，则执行第二步检查，若提示驱动电机故障，则先检查驱动电机故障原因。

第二步：整车上电，将变速杆挂入 N 位，松开制动踏板，平地推车，检查车辆是否可以移动。或将整车放置到升降台上，转动车轮，检查是否能转动。若车辆可以移动或车轮可以转动，则执行第三步检查，若车辆不能移动或车轮不能转动，则执行第四步检查。

第三步：拆卸驱动电机与减速器连接，检查花键是否异常磨损，若减速器输入轴花键磨损，则需将减速器返厂维修。

第四步：若车辆不能移动或车轮不能转动，说明减速器内部轴系卡死，减速器需返厂维修。

2）减速器产生噪声主要原因如下：润滑油不足、轴承损坏或磨损、齿轮损坏或磨损、箱体磨损或破裂。这些问题的处理措施见表 3-32。

表 3-32　减速器产生异常噪声处理措施

故障分类	处理措施
润滑油不足	按规定型号和油量添加润滑油
轴承损坏或磨损	参考维修手册对减速器进行维修
齿轮损坏或磨损	参考维修手册对减速器进行维修

139 北汽 EU260/300/400 冷却系统结构

冷却系统结构如图 3-328 所示。

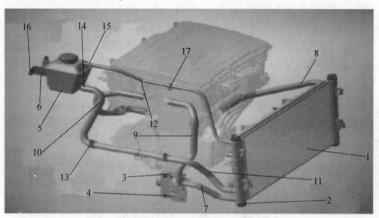

图 3-328　冷却系统结构图

1—散热器及电子风扇模块　2—散热器悬置软垫　3—水泵总成　4—水泵支架　5—副水箱　6—副水箱支架

7—散热器出水管　8—散热器入水管　9—水泵出水管　10—电机入水管

11—补水管　12—通气管　13—高压电缆固定卡子　14—钢带式弹性软管夹箍

15—钢带型性环箍　16—六角法兰面螺母　17—水管卡子

140 北汽 EU260/300/400 散热器带风扇总成拆装

1）关闭点火开关及所有用电器。

2）旋松散热器泄放塞，如图 3-329 所示，用收集盘来收集散热器冷却液。

3）断开电子风扇线束插头。

4）拧紧散热器泄放塞，拧紧力矩：4N·m。

5）松开散热器进水管、出水管、补水管、通气管和钢带式弹性软管，如图 3-330 箭头所示，脱开各水管。

6）脱出连接至副水箱的补气管。

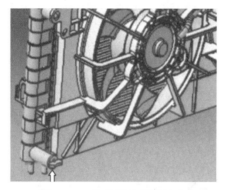

图 3-329　旋松散热器泄放塞

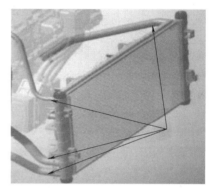

图 3-330　松开散热器各水管

7）旋出散热器 2 颗固定螺钉，如图 3-331 箭头所示。拧紧力矩：9~11N·m。

8）拆卸散热器上横梁。

9）小心取出散热器带风扇总成，如图 3-332 所示。

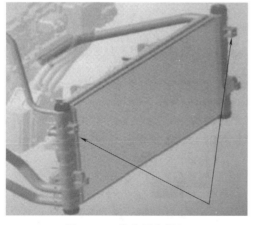

图 3-331　旋出固定螺钉

图 3-332　拆下散热器带风扇总成

10）安装以相反顺序进行，同时注意下列事项：

① 检查散热器表面各处是否出现裂痕、破损、锈蚀、泄漏，特别是弯折接缝处，必要时更换。

② 检查散热器表面叶片是否弯折、损坏，必要时更换。

③ 风扇接插件两端接线正确，风扇运转时，风速方向为从车头向车尾；怠速时，感受低速档风扇无异常噪声。

④ 冷却液加注：向散热器加注口加注符合新能源汽车使用标准的冷却液，至目测冷却液加注至冷却液加注口位置时，开启电动水泵，待水泵循环运行 2~3min 后，再向散热器补充冷却液至加注口。重复以上加注操作，直至达到冷却系统加注要求，然后向副水箱加注冷却液至下限位置。

⑤ 散热系统加注完成后，检查散热器总成左右侧水室密封处有无渗漏现象，管路连接处是否出现液体泄漏及渗出，如出现液体渗漏立即进行维修。

141 北汽 EU260/300/400 水泵拆装

1）关闭点火开关及所有用电器。

2）放出冷却液。

3）断开水泵电动机插头，如图 3-333 箭头所示。

4）松开水泵进水管、出水管、补水管的弹性软管夹箍，如图 3-334 箭头所示，脱开水管。

5）旋松水泵的夹箍螺栓，松开夹箍，取出水泵，如图 3-335 所示。

6）安装以相反顺序进行，同时注意：严禁在未加注冷却液前上电使水泵运转，这可能造成水泵损坏。

图 3-333　断开水泵电动机插头

图 3-334　松开水泵水管

图 3-335　旋松水泵的夹箍螺栓

7）用两根导线直接将蓄电池正负极与水泵正负极连接进行测试时（水泵插件 1 号脚为正极，2 号脚为负极），因为水泵有正负极性要求，在蓄电池端的两根导线要对调测试一次，以免误判，如图 3-336 所示。

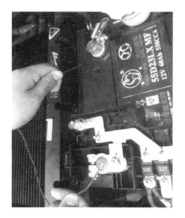

图 3-336　水泵测试

142 北汽 EU260/300/400 冷却系统常见故障排查

冷却系统常见故障见表 3-33。

表 3-33　冷却系统常见故障

故障现象	故障分析	处理措施
水泵工作有异响(嗡嗡声)	首先分析车辆是在行驶中还是静止状态出现的异响,若以上两种情况均有,检查散热器内冷却液是否充足,补充后再进行试车,如还是存在异响,考虑为水泵出现故障	补充冷却液;若补充后,水泵声音仍然很大,更换水泵
仪表报出驱动电机过热	1. 水泵不工作/运转不顺畅 2. 水道堵塞 3. 冷却系统缺液 4. 散热器外部过脏 5. 散热器散热效果不佳,如散热器翅片发生变形,通风量降低等 6. 电子风扇不转	1. 检查水泵电路部分,更换相应器件(熔丝、继电器、线束);更换水泵 2. 更换相关管路 3. 补充冷却液 4. 清理散热器表面脏污(如杨絮、蚊虫等杂物) 5. 更换散热器处理 6. 检查电子风扇供电电路

143 北汽 EU260/300/400 充电系统功能

根据 GB/T 18487.1—2015 的要求,当车辆搭载的车载充电机需求的最大供电电流为 16A 时,车辆需具备交流充电枪锁止功能,同时供电插座、车辆插座必须设置温度监控装置。电动汽车必须具备温度检测和过温保护功能。

整车控制系统根据当前的充电状态、门锁状态、故障状态来控制充电接口锁止装置将充电枪锁止或解锁,如图 3-337～图 3-339 所示。当自动解锁失效时用户可以通过应急解锁装置解锁充电枪,其功能见表 3-34。涉及的控制系统见表 3-35。

表 3-34　解锁功能表

序号	功能	子功能	功能描述
1	自动上/解锁	正常锁止	整车控制器负责控制命令判定,锁止装置负责执行
		正常解锁	
		安全事故解锁	
2	应急	应急解锁	应急锁止装置直接执行

表 3-35　涉及的控制系统

序号	系统名称	系统功能描述
1	整车控制器(VCU)	根据相关输入信号内容输出充电接口锁止命令
2	车身控制器(BCM)	为 VCU 提供车门解锁信号
3	车载充电机(OBC)	为 VCU 提供 OBC 与交流供电设备的连接确认状态信号及当前 OBC 工作状态信号
4	BCM/按钮或其他触发装置	根据用户的终止充电操作输出用户终止充电请求信号
5	充电插座控制单元(CMU)	根据 VCU 的控制命令控制充电接口锁止命令输出锁止解锁驱动信号
6	充电接口锁止装置	实施锁止解锁充电枪
7	应急解锁装置	根据用户的应急解锁操作输出应急解锁信号给车载充电机或直接驱动充电接口

- 指示灯

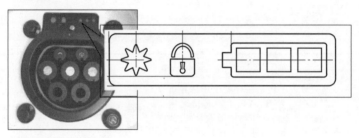

　：为照明灯,白色。

　：为锁状态指示,锁止时为红色,解锁时为绿色。

　：为电量指示,为绿色。

图 3-337　充电口指示灯功能

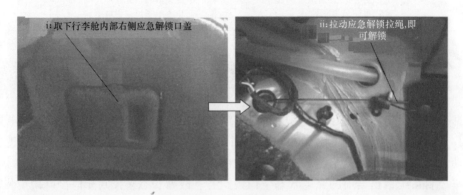

图 3-338　应急装置

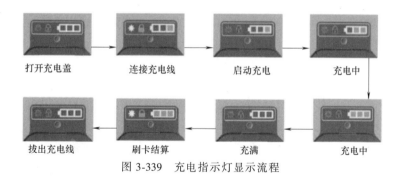

图 3-339　充电指示灯显示流程

打开充电盖　　连接充电线　　启动充电　　充电中

拔出充电线　　刷卡结算　　充满　　充电中

144　北汽 EU260/300/400 CMU 拆装

（1）拆卸

1）断开蓄电池负极电缆，如图 3-340 所示。

2）拔下 PEU 端慢充高压插件。如图 3-341 所示，将锁片 1 往外拉出一段距离，按住锁片 2 将插头向外拔出，直至插头从 PEU 上分离。

图 3-340　断开蓄电池负极电缆

图 3-341　拔下 PEU 端慢充高压插件

3）旋出固定螺栓，如图 3-342 箭头所示，拆下慢充插座。工具：8mm 六角套筒。

4）从车辆慢充口按图 3-343 所示的方法按住箭头所示的锁片，往外拔即可将 CMU 插头

图 3-342　旋出固定螺栓

图 3-343　拔出电子锁线束插头

分离。将箭头所指白色锁止销向上拔出并向下按压锁止销，拔出电子锁线束插头。

5）将慢充锁的紧急拉锁从 CMU 上拆除，如图 3-344 所示。

6）将慢充线束上的 19 个固定卡子从线束上松开，取下线束，如图 3-345 所示。

（2）安装 按照反向操作顺序进行。

图 3-344 将慢充锁的紧急拉锁从 CMU 上拆除

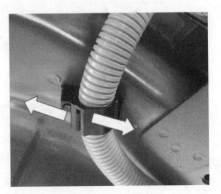

图 3-345 取下线束

145 北汽 EU260/300/400 CMU 及快充口低压电路检测

（1）CMU 针脚定义 CMU 针脚如图 3-346 所示。其针脚定义见表 3-36。

表 3-36 针脚定义

针脚编号	针脚定义
1	12V 正
2	CMU 唤醒
3	12V 负
4	电子锁反馈信号
5	新能源 CAN 高
6	新能源 CAN 低
7	电子锁负
8	电子锁正

图 3-346 CMU 针脚

（2）电子锁（线束端） 电子锁（线束端）如图 3-347 所示。针脚定义见表 3-37。

表 3-37 针脚定义

针脚编号	针脚定义
1	电子锁正
2	电子锁信号反馈
3	电子锁负

图 3-347 电子锁针脚

（3）快充口低压线束插头（母端） 快充口低压线束插头（母端）如图 3-348 所示。针脚定义见表 3-38。

表 3-38　针脚定义

针脚编号	针脚定义
1	快充口温度传感器信号 I-
2	S-
3	S+
4	CC2
5	A+
6	A-
10	温度传感器 2+
11	温度传感器 2-（7.24kΩ）
12	快充口温度传感器 1+（7.16kΩ）

图 3-348　快充口低压线束插头

146　北汽 EU260/300/400 CMU 电路检测

（1）CMU 电源电路检测

1）点火开关置于 LOCK 状态时，拔下慢充插座控制单元线束插件，测量 1 号与 3 号脚之间的电压，应有 12V 蓄电池电压。

2）如无电压则检查仪表板熔丝盒 RF21（10A）熔丝是否烧坏，如熔丝正常则检测线束插件 1 号针脚与仪表板熔丝盒 RF21 之间电路是否导通，如图 3-349 所示。

3）如正极电路正常则检查线束插件 3 号针脚与车身搭铁是否导通，不导通则检修负极电路。

（2）CMU 总线线路检测　点火开关置于 LOCK 状态时，拔下慢充插座 CMU 插件，测量 5 号端子与 VCU 111 端子、6 号端子与 VCU 104 端子之间的导通性，应导通，如不能导通则检查插件是否退针或线束故障，如图 3-350 所示。

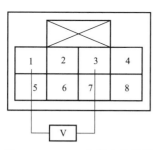

图 3-349　CMU 电源电路检测

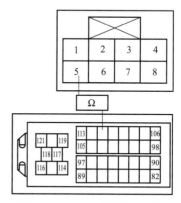

图 3-350　CMU 总线线路检测

（3）快充唤醒线路检测　点火开关置于 LOCK 状态时，断开蓄电池负极，测量快充口低压插件母线端 5 号端子（或者快充口的 A+脚）与 VCU 105 号脚是否导通，如不导通，则检查前机舱电器盒 FB27 熔丝是否烧坏，如熔丝正常，则检修线路处理，如图 3-351 所示。

（4）快充总线线路检测　点火开关置于 LOCK 状态时，断开蓄电池负极，测量快充口低压插件端 3 号、2 号端子分别与 VCU 107、100 号脚是否导通，如不导通，则检修线路处理，如图 3-352 所示。

（5）快充温度传感器检测　点火开关置于 LOCK 状态时，断开蓄电池负极，测量快充口低压插件端 1 号、12 号、10 号、11 号端子分别与 VCU 29 号、48 号、31 号、30 号脚是否导通，如不导通，则检修线路处理，如图 3-353 所示。

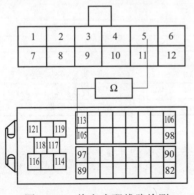

图 3-351　快充唤醒线路检测

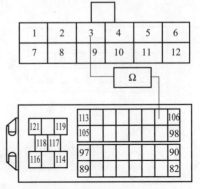

图 3-352　快充总线线路检测

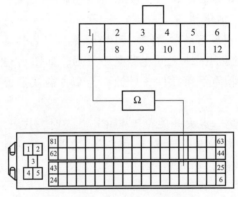

图 3-353　快充温度传感器检测

147　北汽 EU260/300/400 快充桩与车辆无法通信

1）首先确保充电设备已经与北汽新能源所有车辆进行过匹配调试并通过，工作状态正常，车辆能够正常行驶，如图 3-354 所示。

2）整车控制器（VCU）和动力电池管理系统（BMS）软件版本号为最新，快充测试时连接良好，如图 3-355 所示。

3）检测车辆快充接口各连接端子有无损坏

① 快充口连接端子导电圈脱落，如图 3-356 所示。

② 连接端子导电正常，如图 3-357 所示。

4）确定快充接口和快充枪全部良好，无烧蚀和锈蚀现象，测试充电仍显示通信故障，则对快充口进行测量，如图 3-358 所示。

5）测量快充口 8 号端子与车身负极的阻值，应小于 0.5Ω，如果不导通，则更换快充线束，如果阻值不符，可能是螺钉松动、接触面锈蚀、螺纹处油漆未处理干净导致（注：如果快充口 8 号端子与车身连接不良，会出现快充桩无法操作，无法与车辆通信。当打开点火开关后可以快充并通信正常）。

图 3-354　车辆进行过匹配调试并通过

图 3-355　快充测试时连接良好

图 3-356　导电圈脱落

图 3-357　正常状态充电口

6）测量 4 号端子和 7 号端子的电阻值是否为（1000±50）Ω，如果阻值与标准不符则更换快充线束，如图 3-359 所示。

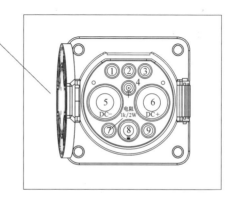

快充口HT9端子定义

1-S-：充电通信CAN-L
2-CC2：充电连接确认
3-S+：充电通信CAN-H
4-CC1：充电连接确认
5-DC-：直流电源负极
6-DC+：直流电源正极
7-A-：低压辅助电源负极
8-PE：车身地（搭铁）
9-A+：低压辅助电源正极

图 3-358　对快充口进行测量

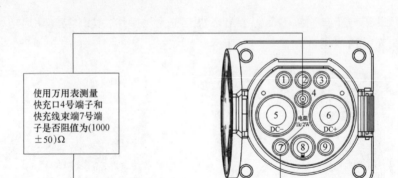

图 3-359　测量 4 号端子和 7 号端子的电阻

7）车辆与快充桩连接良好，起动充电，测试充电唤醒信号是否正常，看仪表是否唤醒。

① 未唤醒：测量前机舱低压电器盒内的 FB27 熔丝是否损坏，如损坏，检查线路后进行测试，如图 3-360 所示。

② 如果正常，则用万用表测量该熔丝是否有快充唤醒电压，无电压则断开充电枪，（点火开关处于关闭状态）检查低压电机线束端快充线束连接插件端子有无退针、锈蚀、端子接触不实等现象，有问题则进行修复，

图 3-360　低压电器盒内的 FB27 熔丝

没有则测量快充口 9 号端子和快充线束端 2 号端子是否导通，如不导通则更换快充线束，导通则继续测量，如图 3-361 所示。

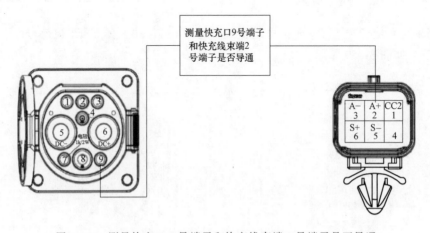

图 3-361　测量快充口 9 号端子和快充线束端 2 号端子是否导通

③ 测量低压电机线束端快充线束连接插件 2 号端子和前机舱低压电器盒 16 芯绿色插件第 A5 号端子是否导通，不导通则检查线束，如不能有效修复则更换低压电机线束，如导通且插件端子良好，而 FB27 熔丝没有唤醒电压，则更换前机舱低压电器盒，如图 3-362 所示。

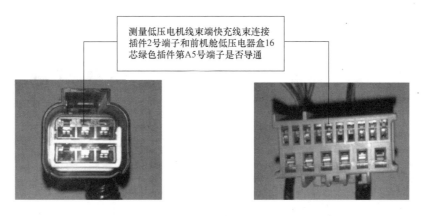

图 3-362　测量低压电机线束端快充线束连接插件

④ 测量前机舱低压电器盒 FB27 熔丝和背面的 J8/A7 是否导通，不导通则更换前机舱低压电器盒，导通则对低压电机线束继续检测，如图 3-363 所示。

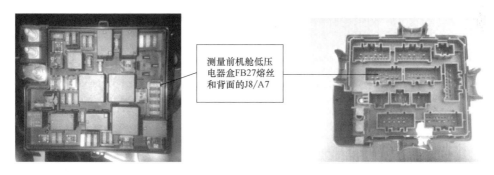

图 3-363　测量 FB27 熔丝和背面的 J8/A7 是否导通

⑤ 测量前机舱低压电器盒 FB27 熔丝和背面的 J11/A10 是否导通，不导通则更换前机舱低压电器盒，导通则对低压电机线束继续检测，如图 3-364 所示。

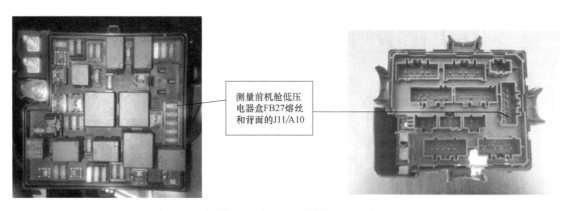

图 3-364　测量 FB27 熔丝和背面的 J11/A10 是否导通

⑥ 测量低压电机线束前机舱低压电器盒红色 16 芯插件 J8 的 A7 号端子（插件背面有标注）和 VBU 插件 T121/105 端子是否导通，不导通则检查线束，如对线束不能有效修复则更

换，如图 3-365 所示。

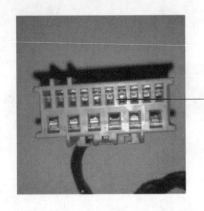

测量低压电机线束前机舱低压电器盒红色16芯插件J8的A7号端子与VBU插件T121/105端子是否导通

图 3-365　测量 A7 号端子和 VBU 插件 T121/105 端子是否导通

⑦ 以上一步为例对 VCU60 号端子与组合仪表 32 芯插件的 4 号端子测量导通性，不导通检查线束，导通检查仪表。

⑧ 快充时仪表已经唤醒，则从以上第 6 步直接对低压电机线束进行检查。

8）检查完快充唤醒信号及相关线束都正常，车辆仍旧不能通信连接，则对车辆端连接确认信号进行检测。

① 测量快充口 2 号端子（CC2）与快充线束低压 6 芯插件 1 号端子是否导通，不导通检查有无退针，必要时修复，无法修复则更换快充线束，导通则对低压电机线束继续检测，如图 3-366 所示。

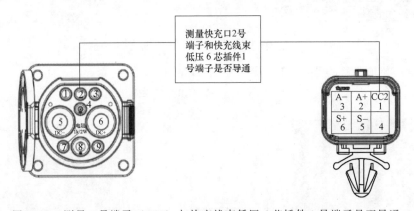

测量快充口2号端子和快充线束低压 6 芯插件1号端子是否导通

图 3-366　测量 2 号端子（CC2）与快充线束低压 6 芯插件 1 号端子是否导通

② 测量低压电机线束端快充连接插件的 1 号端子与整车控制器（VCU）插件的 17 号端子是否导通，阻值应小于 0.5Ω，如不符合标准值，对线束进行检查，不能有效修复则更换，如图 3-367 所示。

9）对车辆进行快充测试，不能通信连接继续检测，关闭点火开关，测量 1 号端子和 3 号端子的电阻值是否为（60±5）Ω，如阻值不符则根据电路图检查相关电路。

① 测量快充口 1 号端子和快充线束端 5 号端子是否导通，如果不导通则更换快充线束，如图 3-368 所示。

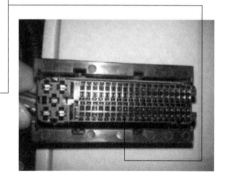

测量低压电机线束端快充连接插件的1号端子与整车控制器插件的17号端子是否导通

图 3-367　测量 1 号端子与整车控制器（VCU）插件的 17 号端子是否导通

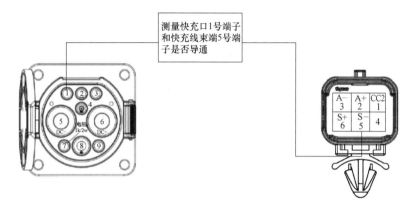

测量快充口1号端子和快充线束端5号端子是否导通

图 3-368　测量快充口 1 号端子和快充线束端 5 号端子

② 测量快充口 3 号端子和快充线束端 6 号端子是否导通，如果不导通则更换快充线束，如图 3-369 所示。

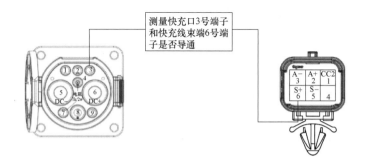

测量快充口3号端子和快充线束端6号端子是否导通

图 3-369　测量快充口 3 号端子和快充线束端 6 号端子

③ 测量低压线束端快充线束连接插件的 5 号端子与 6 号端子的电阻值是否为 (60±5)Ω，如图 3-370 所示，如果不符则根据电路图继续检测。

④ 测量低压线束端快充线束连接插件的 5 号端子与动力电池低压插件 T 号端子阻值，应小于 0.5Ω，如图 3-371 所示，并确认插件端子无锈蚀和虚接现象，如不符合标准，则对线束进行修复，无法修复则更换线束总成。

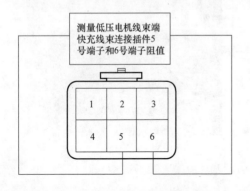

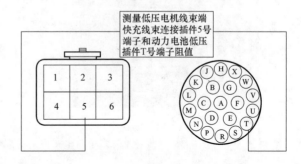

图 3-370　测量低压线束端快充线束连接插件　　　图 3-371　测量 5 号端子与动力电池低压插件 T 号端子阻值

⑤ 测量低压线束端快充线束连接插件的 5 号端子与数据采集终端插件 2 号端子阻值，应小于 0.5Ω，如图 3-372 所示，并确认插件端子无锈蚀和虚接现象，如不符合标准，则对线束进行修复，无法修复则更换线束总成。

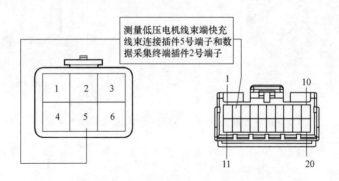

图 3-372　测量 5 号端子与数据采集终端插件 2 号端子阻值

⑥ 测量低压线束端快充线束连接插件的 6 号端子与动力电池低压插件 S 号端子阻值，应小于 0.5Ω，如图 3-373所示，并确认插件端子无锈蚀和虚接现象，如不符合标准，则对线束进行修复，无法修复则更换线束总成。

⑦ 测量低压电机线束端快充线束连接插件 6 号端子与数据采集终端插件 1 号端子阻值，应小于 0.5Ω，如图

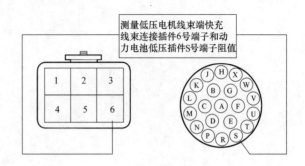

图 3-373　测量 6 号端子与动力电池低压插件 S 号端子阻值

3-374 所示，并确认插件端子无锈蚀和虚接现象，如不符合标准，则对线束进行修复，无法

修复则更换线束总成。

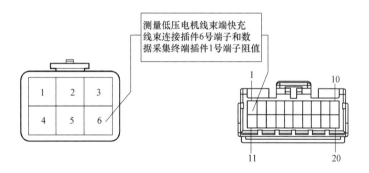

图 3-374　测量 6 号端子与数据采集终端插件 1 号端子阻值

⑧ 如测量结果不在（60±5）Ω 范围内，根据快充 CAN 总线所涉及的终端电阻和线束走向进行检查，如图 3-375 所示。快充 CAN 总线上的两终端电阻分别在数据采集终端和动力电池上安装，并联后的电阻值是 60Ω。根据原理图，断开数据终端和动力电池低压插件。

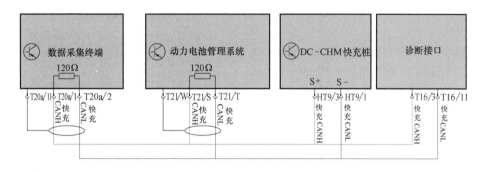

图 3-375　BMS 与数据采集终端

⑨ 测量低压线束端快充线束连接插件 5 号端子和 6 号端子阻值是否为无穷大，如图 3-376 所示，如果不符则检查线束插件是否进水、线束是否有磨损、外侧保护层是否开裂、内部线束是否有老化开裂现象，如不能有效修复则更换低压电机线束。

⑩ 如果断开数据采集终端和动力电池低压插件后，低压电机线束端快充线束连接插件 5 号端子和 6 号端子阻值是无穷大，则对数据采集终端的 20 芯插件 1 号端子和 2 号端子进行测量，电阻值应为（120±5）Ω，否则更换数据采集终端，如图 3-377 所示。

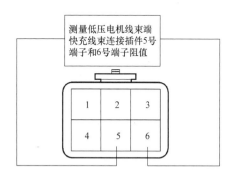

图 3-376　测量低压线束端快充
线束连接插件阻值

⑪ 如果断开数据采集终端和动力电池低压插件后，低压电机线束端快充线束连接插件 5 号端子和 6 号端子阻值是无穷大，则对数据采集终端的 20 芯插件 1 号端子和 2 号端子进行测量，电阻值应为（120±5）Ω，如果符合标准，则对动力电池的 S 号端子和 T 号端子进行

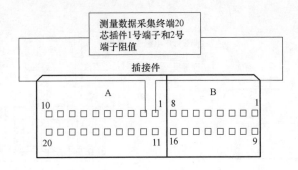

图 3-377　数据采集终端的 20 芯插件 1 号端子和 2 号端子阻值测量

测量，电阻值应为（120±5）Ω，如果不符合标准则联系动力电池厂家售后人员进行维修，如图 3-378 所示。

10）测量 7 号端子与车身负极的阻值，应小于 0.5Ω，如果 7 号端子与接地阻值不符，执行以下操作。

① 检查快充线束与低压电机线束连接的 6 针插件是否有退针、虚接现象，如图 3-379 所示，用新能源专用端子测试工具进行测试，看端子是否有母端连接过松现象。

② 检查低压线束的搭铁点有无松动、接触面锈蚀、螺纹处油漆未处理干净的现象。搭铁点在左侧纵梁前方上部，如图 3-380 箭头所示。

③ 测量低压线束端快充线束连接插件 3 号端子和搭铁点端子的阻值，应小于 0.5Ω，如图 3-381 所示，若测量值与标准不符，则检查线束，如不能有效修复则更换低压电机线束。

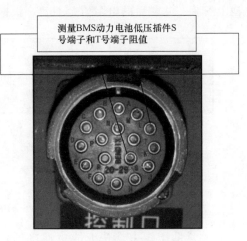

图 3-378　动力电池的 S 号端子和 T 号端子电阻值测量

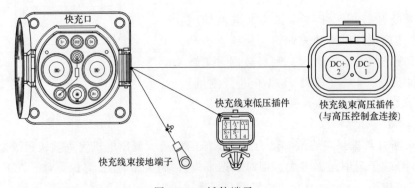

图 3-379　插件端子

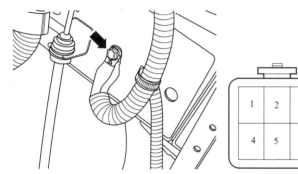

测量低压电机线束端快充线束连接插件3号端子和搭铁点阻值

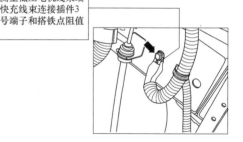

图 3-380　低压线束的搭铁点　　　　图 3-381　测量 3 号端子和搭铁点端子的阻值

11）如果车辆与快充桩还不能通信连接，则确认 VCU 及 BMS 软件版本是否为最新。

148　北汽 EU260/300/400 快充桩与车辆通信正常，无充电电流

1）快充桩显示连接正常，动力电池信息显示正常，无充电电流，如图 3-382 所示。

2）检查前机舱低压电器盒 FB22 熔丝是否损坏，如图 3-383 所示。如果损坏则对低压电机线束检测，未损坏则检查熔丝供电低压。

图 3-382　快充桩显示

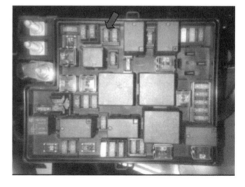

图 3-383　电器盒 FB22 熔丝

3）无电压则测量熔丝盒的供电端子与 FB22 熔丝，如不导通则更换低压电器盒，导通则检查低压主熔丝，如图 3-384 所示。

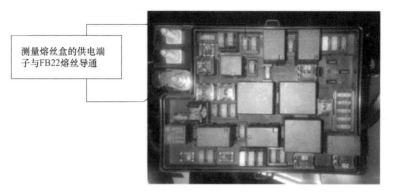

测量熔丝盒的供电端子与FB22熔丝导通

图 3-384　测量供电端子与 FB22 熔丝是否导通

4）检查 PEU 低压插件 3 针、27 针有无电压（有电压则直接由步骤 7 开始），如图 3-385 所示。

5）无电压则检查前机舱低压电器盒熔丝 FB22 与背面 J8 插件的 B1 端子，不导通则更换低压电器盒，如图 3-386 所示。

6）测量低压线束前机舱低压电器盒红色 16 芯插件 J8 的 B1 与 PEU 低压插件 3 针、27 针是否导通，如图 3-387 所示，不导通则对低压电机线束进行检查，不能有效修复则更换，如导通则检查高压控制盒快充继电器的负极控制信号。

7）检查快充负极继电器控制信号。快充启动后测量 PEU 低压插件 29 针是否有搭铁控制信号，如有搭铁信号则检查 PEU 低压插件 28 针是否有搭铁控制信号，如果也有搭铁信号，说明插件端子良好，则更换快充继电器，如图 3-388 所示。

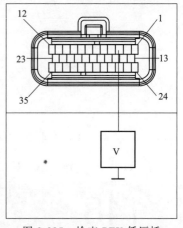

图 3-385　检查 PEU 低压插件 3 针、27 针有无电压

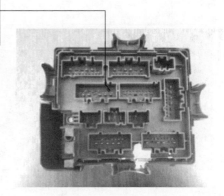

图 3-386　测量 FB22 与背面 J8 插件的 B1 端子

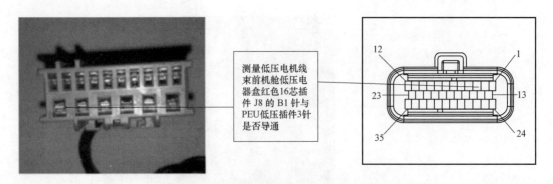

图 3-387　测量 J8 的 B1 与 PEU 低压插件导通性

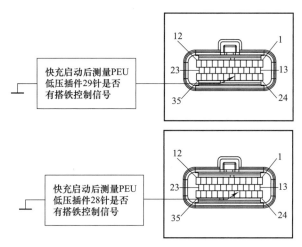

图 3-388　检查快充负极继电器控制信号

149 北汽 EU260/300/400 车载充电机与充电桩连接故障

1）首先确保充电桩状态良好，符合国家标准，与北汽新能源各种电动车进行过调试并通过。

2）确认充电桩提供工作电压范围在 187~253V。

3）确认充电枪和充电口的各连接端子无烧蚀和损坏现象。

4）连接好充电线后，查看仪表连接指示灯状态。

① 仪表充电连接指示灯不亮。

② 测量充电桩端充电枪的 N 脚和车辆端 N 脚是否导通，阻值应小于 0.5Ω，不符合则更换充电线总成，如图 3-389 所示。

图 3-389　测量充电枪的 N 脚和车辆端 N 脚是否导通

③ 测量充电桩端充电枪的 L 脚和车辆端 L 脚是否导通，阻值应小于 0.5Ω，不符合则更换充电线总成，如图 3-390 所示。

④ 测量充电桩端充电枪的 PE 脚和车辆端 PE 脚是否导通，阻值应小于 0.5Ω，不符合则更换充电线总成，如图 3-391 所示。

⑤ 测量充电桩端充电枪的 CP 脚和车辆端 CP 脚是否导通，阻值应小于 0.5Ω，不符合则更换充电线总成，如图 3-392 所示。

测量充电桩端充电枪的L脚和车辆端的L脚是否导通

充电桩端充电枪 　　　　　　　　　　　　　　车辆端充电枪

图 3-390　测量充电枪的 L 脚和车辆端 L 脚是否导通

测量充电桩端充电枪的PE脚和车辆端的PE脚是否导通

充电桩端充电枪 　　　　　　　　　　　　　　车辆端充电枪

图 3-391　测量充电枪的 PE 脚和车辆端 PE 脚是否导通

测量充电桩端充电枪的CP脚和车辆端的CP脚是否导通

充电桩端充电枪 　　　　　　　　　　　　　　车辆端充电枪

图 3-392　测量充电枪的 CP 脚和车辆端 CP 脚是否导通

⑥ 测量充电桩端充电枪的 CC 脚和 PE 脚是否导通，阻值应小于 0.5Ω，不符合则更换充电线总成，如图 3-393 所示。

⑦ 测量充电桩端充电枪的 CC 脚和 PE 脚的阻值，16A 充电线阻值应为 (680 ± 20.4) Ω，32A 充电线阻值应为 (220 ± 6.6) Ω，不符合则更换充电线总成。注：测量时充电枪的解锁锁止按键需要保持弹起状态。

⑧ 检查车辆充电枪解除锁止按钮是否卡滞，未能完全复位，如图 3-394 所示。

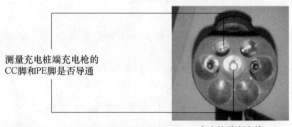

测量充电桩端充电枪的CC脚和PE脚是否导通

充电桩端充电枪

图 3-393　测量充电桩端充电枪的 CC 脚和 PE 脚是否导通

⑨ 充电线状态正常，启动充电后，充电机不工作。首先检查插件端子有无烧蚀、虚接故障，继续对充电线束进行检测。测量充电口 L 脚与充电线束充电机插件 1 脚的导通性，应导通，阻值应小于 0.5Ω，不符合标准则更换充电线束，如图 3-395 所示。

图 3-394 检查车辆充电枪解除锁止

⑩ 测量充电口 N 脚与充电线束充电机插件 1 脚的导通性，应导通，阻值应小于 0.5Ω，不符合标准则更换充电线束，如图 3-396 所示。

⑪ 测量充电口 PE 脚与充电线束充电机插件 3 脚的导通性，应导通，阻值应小于 0.5Ω，不符合标准则更换充电线束，如图 3-397 所示。

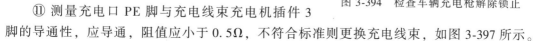

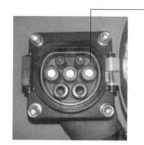

测量充电口L脚与充电线束充电机插件1脚导通性

图 3-395 测量充电口 L 脚与充电线束充电机插件 1 脚导通性

测量充电口N脚与充电线束充电机插件1脚导通性

图 3-396 测量充电口 N 脚与充电线束充电机插件 1 脚导通性

测量充电口PE脚与充电线束充电机插件3脚导通性

图 3-397 测量充电口 PE 脚与充电线束充电机插件 3 脚导通性

⑫ 测量充电口 CC 脚与充电线束充电机插件 5 脚的导通性，应导通，阻值应小于 0.5Ω，不符合标准则更换充电线束，如图 3-398 所示。

测量充电口CC脚与充电线束充电机插件5脚导通性

图 3-398　测量充电口 CC 脚与充电线束充电机插件 5 脚导通性

⑬ 测量充电口 CP 脚与充电线束充电机插件 6 脚的导通性，应导通，阻值应小于 0.5Ω，不符合标准则更换充电线束，如图 3-399 所示。

测量充电口CP脚与充电线束充电机插件6脚导通性

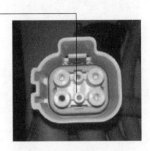

图 3-399　测量充电口 CP 脚与充电线束充电机插件 6 脚导通性

⑭ 充电线束检查完毕，恢复好进行充电测试，如果充电机的指示灯都不亮，则更换车载充电机。

⑮ 如果车载充电机工作正常，但无直流输出则检查 PEU 内的车载充电机熔断器是否损坏，如图 3-400 所示，如损坏则更换。

图 3-400　PEU 内的车载充电机熔断器

150 北汽 EU260/300/400 检查慢充充电唤醒信号

1）检查前机舱低压电器盒 FB22 熔丝是否损坏，如图 3-401 所示，如损坏则对低压电机线束进行检测，未损坏则检查熔丝低压供电。

2）无电压则测量熔丝盒的供电端子与 FB22 熔丝是否导通，如不导通则更换低压电器盒，导通则检测低压主熔丝，如图 3-402 所示。

3）有电压则测量 FB22 熔丝与熔丝盒背面 J6 插件的 A8 端子是否导通，如图 3-403 所示，如不导通则更换低压电器盒，导通则检查低压线束。

图 3-401　FB22 熔丝

测量熔丝盒的供电端子与FB22熔丝是否导通

图 3-402　检查供电端子与 FB22 熔丝导通性

检查前机舱低压电器盒FB22熔丝与背面J6插件的A8端子是否导通

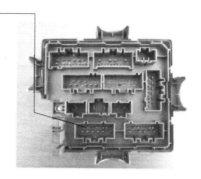

图 3-403　检查熔丝与熔丝盒背面 J6 插件的 A8 端子导通性

4）检测低压线束前机舱低压电器盒黑色插件 J6 的 A8 脚与车载充电机的低压插件 A 脚是否导通，如图 3-404 所示。不导通则检查线束，不能有效修复则更换，导通并且插件良好继续检测唤醒信号。

5）检测低压线束车载充电机的低压插件 C 脚与整车控制器（VCU）插件的 113 脚是否导通，如图 3-405 所示。不导通则检查线束，不能有效修复则更换，导通并且插件良好继续检测唤醒信号。

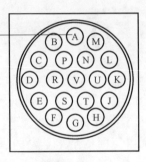

检测低压电机线束前机舱低压电器盒黑色插件J6的A8脚与车载充电机的低压插件A脚是否导通

图 3-404　检查 A8 脚与车载充电机的低压插件 A 脚导通性

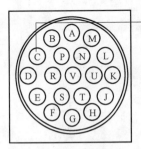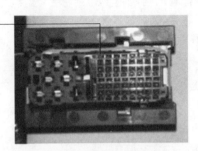

检测低压电机线束车载充电机的低压插件C脚与整车控制器(VCU)插件的113脚是否导通

图 3-405　检测低压线束车载充电机的低压插件

6）连接好低压电机线束，充电状态下测量 VCU 插件 113 脚有无电压，无电压则更换充电机，如图 3-406 所示。

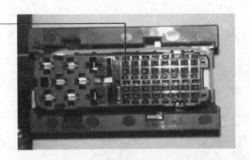

充电状态下测量VCU插件113脚有无电压

图 3-406　充电状态下测量 VCU 插件 113 脚有无电压

7）若 VCU 插件 113 脚有电压，线束恢复后，仪表无充电指示则检查充电连接确认信号，如图 3-407 所示。

8）连接好低压电机线束，充电状态下测量 VCU 插件 36 脚有无电压，电压应低于 0.5V，否则检查充电线束和车载充电机，如图 3-408 所示。

9）检查动力电池总负继电器控制信号。检测整车控制器插件 81 脚与动力电池低压插件 C 脚是否导通，不导通则检查线束，不能有效修复则更换，导通继续检查线束，如图 3-409 所示。

检测低压线束车载充电机的低压插件R脚与整车控制器(VCU)插件的36脚是否导通

图 3-407　检查充电连接确认信号

充电状态下测量VCU插件36脚有无电压

图 3-408　测量 VCU 插件 36 脚有无电压

检测整车控制器插件81脚与动力电池低压插件C脚是否导通

图 3-409　检测控制器插件 81 脚与动力电池低压插件 C 脚导通性

151 北汽 EU260/300/400 空调系统组成

空调系统主要由空调压缩机、冷凝器、蒸发器、膨胀阀、储液干燥器、管道、冷凝器风扇、鼓风机和控制单元组成，如图 3-410 所示。

图 3-410　空调系统组成
1—鼓风机　2—控制单元　3—空调压缩机　4—管道　5—冷凝器

152 北汽 EU260/300/400 电动压缩机针脚定义

电动压缩机针脚如图 3-411 所示。针脚定义见表 3-39。注：控制电源范围 DC 9~15V。

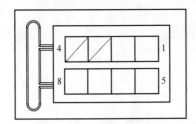

图 3-411　电动压缩机针脚

表 3-39　针脚定义

针脚编号	针脚定义
1	CAN1 地
2	CAN1 高
3	空位
4	空位
5	HVIL
6	HVIL
7	电源
8	接地

153 北汽 EU260/300/400 空调系统常见故障维修

（1）压缩机及控制器系统

1）空调压缩机检测方法见表 3-40。

表 3-40　空调压缩机检测方法

检查次序	作业内容	技术要求	备注
1	压缩机清洁度检查	目视确认压缩机外表无灰尘、水渍	若有则清理
2	压缩机碰伤检查	目视确认压缩机外观无碰伤或磨损痕迹	若有则需听压缩机运转声音是否有异常，有异常则修复或更换
3	接插件线束波纹管检查	目视确认接插件线束波纹管无破损	若有则修复或更换
4	高压接插件插拔检查	确认高压接插件接插牢固、无松脱	若未达到要求则修复或更换
5	安装螺栓力矩检测	确认空调压缩机支架所有安装螺栓的拧紧力矩满足 20N·m 以上	若有未达标的螺栓则需进一步拧紧到 20N·m 以上

2）压缩机控制器检测方法见表 3-41。

表 3-41　压缩机控制器检测方法

检查次序	作业内容	技术要求	备注
1	绝缘电阻检测	确认在 DC500V 下,控制器高压端子与外壳间的绝缘电阻大于 5MΩ	若未达到则修复或更换
2	高压接插件电阻值检测	在高低压断电及电容放电以后,拔下母端高压接插件,检测压缩机侧公端高压接插件正负极之间的电阻,正常值为 1.7~2MΩ	若未达到则修复或更换

（2）常见故障处理措施　常见故障处理措施见表 3-42。

表 3-42　常见故障处理措施

序号	故障描述	故障原因	解决措施
1	空调内部电压故障	内部电路故障,AD 采集电压小于 1.58V 或大于 1.71V 时	更换压缩机
2	空调内部功率管故障	部分或全部功率管出现短路,功率管故障时,控制器输出电流过大,会使硬件触发过电流保护,硬件自动封锁输出	更换压缩机
3	空调过电压故障	当软件检测到电源输入端电压大于 420V 时,输出该故障信号	可恢复
4	空调欠电压故障	当软件检测到电源输入端电压小于 220V 时,输出该故障信号	可恢复
			更换高压熔丝
			插好高压接插件
			更换高压线束
5	空调过电流保护	输出电流大于硬件设定值时,硬件封锁输出并拉低相应输出信号	产生过电流后立即停机保护,30s 后再次起动,连续 5 次过电流后,停机保护,重新上电后故障码清除,重新检测

154　北汽 EU260/300/400 制冷系统故障检测方法

1）空调系统压力过高故障见表 3-43。

表 3-43　空调系统压力过高故障

序号	检查步骤	检查结果		
0	初步检查	正常	有故障	操作方法
1	检查制冷剂是否过量	进行第 1 步	制冷剂过量	调整制冷剂量至标准值
	检查压力开关	正常	有故障	操作方法
2	检查压力开关是否损坏	进行第 2 步	压力开关损坏	更换压力开关
	检查制冷剂循环管路	正常	有故障	操作方法
3	检查制冷剂循环管路是否变形或折弯	进行第 3 步	制冷剂循环管路变形或弯折	维修或更换问题管路
	检查膨胀阀	正常	有故障	操作方法
4	检查膨胀阀是否堵塞或失效	进行第 4 步	膨胀阀堵塞或失效	更换膨胀阀
	检查压缩机	正常	有故障	操作方法
5	检查压缩机是否损坏	进行第 5 步	压缩机损坏	更换压缩机
	检查操作	正常	有故障	操作方法
	正确检修操作后,检查故障是否出现	诊断结束	故障未消失	从其他症状查找故障原因

2）空调系统压力过低故障见表 3-44。

表 3-44　空调系统压力过低故障

序号	检查步骤	检查结果		
0	初步检查	正常	有故障	操作方法
	检查空调管路是否有泄漏	进行第 1 步	空调管路有泄漏	维修或更换问题管路
1	检查制冷剂	正常	有故障	操作方法
	检查制冷剂是否不足	进行第 2 步	制冷剂不足	加注制冷剂量至标准值
2	检查压力开关	正常	有故障	操作方法
	检查压力开关是否损坏	进行第 3 步	压力开关损坏	更换压力开关
3	检查膨胀阀	正常	有故障	操作方法
	检查膨胀阀是否堵塞或失效	进行第 4 步	膨胀阀堵塞或失效	更换膨胀阀
4	检查压缩机	正常	有故障	操作方法
	检查压缩机是否损坏	进行第 5 步	压缩机损坏	更换压缩机
5	检查操作	正常	有故障	操作方法
	正确检修操作后，检查故障是否出现	诊断结束	故障未消失	从其他症状查找故障原因

3）空调不制冷故障见表 3-45。

表 3-45　空调不制冷故障

序号	检查步骤	检查结果		
0	初步检查	正常	有故障	操作方法
	检查空调控制路是否损坏	进行第 1 步	空调控制器损坏	更换空调控制器
1	检查熔丝	正常	有故障	操作方法
	检查熔丝是否熔断	进行第 2 步	熔丝是否熔断	更换熔丝
2	检查制冷系统压力	正常	有故障	操作方法
	检查制冷系统压力是否不足	进行第 3 步	制冷系统压力不足	检查管路泄漏，必要时补充制冷剂
3	检查膨胀阀	正常	有故障	操作方法
	检查膨胀阀是否堵塞或失效	进行第 4 步	膨胀阀堵塞或失效	更换膨胀阀
4	检查压缩机	正常	有故障	操作方法
	检查压缩机是否损坏	进行第 5 步	压缩机损坏	更换压缩机
5	检查鼓风机	正常	有故障	操作方法
	检查鼓风机运转是否正常	进行第 6 步	鼓风机不运转	维修或更换鼓风机
6	检查温度传感器	正常	有故障	操作方法
	检查室外温度传感器、蒸发温度传感器是否正常	进行第 7 步	传感器失效短路	更换故障传感器
7	检查操作	正常	有故障	操作方法
	正确检修操作后，检查故障是否出现	诊断结束	故障未消失	从其他症状查找故障原因

4）间断有冷气故障见表 3-46。

表 3-46　间断有冷气故障

序号	检查步骤	检查结果		
1	检查制冷剂	正常	有故障	操作方法
	检查制冷剂循环回路是否有水分	进行第 2 步	制冷剂循环回路有水分	空调系统抽真空，更换储液干燥罐
2	检查膨胀阀	正常	有故障	操作方法
	检查膨胀阀是否损坏	进行第 3 步	膨胀阀损坏	更换膨胀阀
3	检查空调系统电路故障	正常	有故障	操作方法
	检查空调系统电路是否接触不良	进行第 4 步	空调系统电路接触不良	维修检查问题电路
4	检查操作	正常	有故障	操作方法
	正确检修操作后，检查故障是否出现	诊断结束	故障未消失	从其他症状查找故障原因

5）制冷不足故障见表3-47。

表3-47 制冷不足故障

序号	检查步骤	检查结果		
0	初步检查	正常	有故障	操作方法
	检查空调压缩机传动带是否打滑	进行第1步	空调压缩机传动带打滑	调整传动带张紧力
1	检查空调系统电路故障	正常	有故障	操作方法
	检查空调系统电路是否接触不良	进行第2步	空调系统电路接触不良	维修检查问题电路
2	检查制冷剂油	正常	有故障	操作方法
	检查制冷剂油是否过多	进行第3步	制冷剂油过多	按比例更换制冷剂、制冷剂油
3	检查制冷剂	正常	有故障	操作方法
	检查制冷剂是否不足	进行第4步	制冷剂不足	加注制冷剂量至标准值
4	检查膨胀阀	正常	有故障	操作方法
	检查膨胀阀是否损坏	进行第5步	膨胀阀损坏	更换膨胀阀
5	检查操作	正常	有故障	操作方法
	正确检修操作后,检查故障是否出现	诊断结束	故障未消失	从其他症状查找故障原因

6）冷气输入速度低故障见表3-48。

表3-48 冷气输入速度低故障

序号	检查步骤	检查结果		
0	初步检查	正常	有故障	操作方法
	检查空调出风口是否有异物	进行第1步	出风口有异物	清洁或维修出风口
1	检查空调进风口	正常	有故障	操作方法
	检查空调进风口是否堵塞或空气滤芯脏	进行第2步	进风口堵塞;空气滤芯脏	清洁或维修进风口或更换空气滤芯
2	检查鼓风机	正常	有故障	操作方法
	检查鼓风机是否有故障	进行第3步	鼓风机有故障	更换鼓风机
3	检查空调系统漏气	正常	有故障	操作方法
	检查空调系统是否漏气	进行第4步	空调系统漏气	维修漏气故障
4	检查蒸发器	正常	有故障	操作方法
	检查蒸发器是否阻塞	进行第5步	阻塞	清洁或维修蒸发器
5	检查操作	正常	有故障	操作方法
	正确检修操作后,检查故障是否出现	诊断结束	故障未消失	从其他症状查找故障原因

7）仅高速时有冷气故障见表3-49。

表3-49 仅高速时有冷气故障

序号	检查步骤	检查结果		
0	初步检查	正常	有故障	操作方法
	检查制冷剂循环回路内是否有空气	进行第1步	制冷剂循环回路内有空气	空调系统抽真空
1	检查制冷剂	正常	有故障	操作方法
	检查制冷剂是否不足	进行第2步	制冷剂不足	加注制冷剂量至标准值
2	检查空调压缩机故障	正常	有故障	操作方法
	检查空调压缩机是否损坏	进行第3步	压缩机损坏	更换压缩机
3	检查冷凝器	正常	有故障	操作方法
	检查冷凝器是否阻塞	进行第4步	冷凝器阻塞	清洁或更换冷凝器
4	检查操作	正常	有故障	操作方法
	正确检修操作后,检查故障是否出现	诊断结束	故障未消失	从其他症状查找故障原因

155 北汽 EU260/300/400 PTC 常见故障处理措施

PTC 常见故障处理措施见表 3-50。

表 3-50 PTC 常见故障处理措施

故障	现象	原因及判断	检测及排除措施
PIC 不工作	启动功能设置后风仍为凉风	1. 冷暖模式设置不正确 2. PTC 本体断路 3. PTC 控制回路断路 4. 内部短路烧毁高压熔丝 5. PTC 控制器故障损坏	1. 检查冷暖设置是否选择较暖方向 2. 检查 PTC 本体阻值 3. 打开 PEU 观察指示灯情况及高压熔丝 4. 更换 PTC 或 PEU
PTC 过热	出风温度异常升高或从空调出风口有塑料焦烟气味	PTC 控制模块内部 IGBT 损坏（短路，不能断开）	断电更换相关部件

故障码定义见表 3-51。

表 3-51 故障码定义

序号	故障名称	故障码（DTC）
1	模式风门电动机开路	B132015
2	模式风门电动机对电源短路	B132111
3	蒸发温度传感器开路或对电源短路	B131515
4	蒸发温度传感器对地短路	B131611
5	环境温度传感器开路或对电源短路	B131715
6	环境温度传感器对地短路	B131811
7	电源电压过电压	U300317
8	电源电压欠电压	U300316
9	与 PTC 断开连接	U015500
10	与 EAS 断开连接	U012200

江淮纯电动汽车

156 江淮 iEV5/iEV6 整车结构

　　新款江淮纯电动汽车采用三元锂电池、电池热管理、整车控制器、能量回收、远程监控等技术，具有智能化特点，是集电池动力、智能互联、安全 e 控为一体的智能终端。整车外观与前舱布置如图 4-1、图 4-2 所示。乘员舱部件位置如图 4-3 所示，各部件名称及功能见表 4-1。

图 4-1　江淮纯电动汽车整车外观

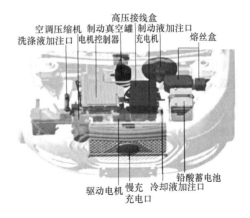

图 4-2　江淮纯电动汽车前舱布置

表 4-1　乘员舱部件名称及功能

编号	部件	功　　能
1	高压正极继电器	高压正极继电器集成在动力电池包内部。在动力电池充电或放电时，VCU 通过吸合或断开高压正极继电器，接通或断开高压回路正极到动力电池的电路
2	高压负极继电器	高压负极继电器集成在动力电池包内部。在动力电池充电或放电时，VCU 通过吸合或断开高压负极继电器，接通或断开高压回路负极到动力电池的电路
3	预充继电器	预充继电器集成在动力电池包内部。为了避免瞬间接通高压对高压部件的冲击，在吸合高压正极继电器之前需要 VCU 吸合预充继电器
4	电池控制器（LBC）	
5	整车控制器（VCU）	
6	ECO 按钮	采集驾驶人对驾驶模式的选择信号
7	仪表	显示车辆基本信息、故障灯、指示灯、语句提示等

（续）

编号	部件	功　　能
8	MP5	接收 VCU 发送的整车能量流、能量消耗、档位等信息并显示
9	空调面板控制器	采集驾驶人对温度，风量等操作信息，并控制风机，压缩机等
10	定时充电开关	用户操作此开关可激活远程充电，定时充电
11	低压配电控制器	低压配电控制器接收到钥匙"ON"档信号、远程唤醒信号、直流充电唤醒信号或交流充电唤醒信号后，为 VCU、VSP、A/C 继电器、M/C 继电器及充电指示灯供电，VCU 也可以通过低压配电控制器控制自身的下电时间
12	远程智能终端	实时监控车辆安全信息，用户可通过远程智能终端实现远程控制功能
13	换档操纵机构	采集驾驶人对换档操纵机构操作的信号
14	驻车制动器	
15	加速踏板位置传感器	加速踏板位置传感器集成在加速踏板中，将驾驶人踩下的踏板位置信号转换成电压信号，发送给 VCU
16	制动踏板位置传感器	制动踏板位置传感器集成在制动踏板中，将驾驶人踩下的踏板位置信号转换成电压信号，发送给 VCU
17	制动开关	制动开关集成在制动踏板中，将驾驶人踩下的踏板状态信号转换成电压信号，发送给 VCU

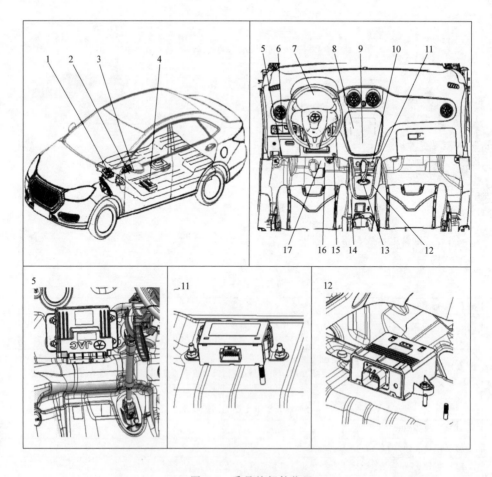

图 4-3　乘员舱部件位置

157 江淮 iEV5/iEV6 动力电池结构

动力电池总成包含三种模组，分别为左前电池模组总成、右前电池模组总成和后部电池模组总成。动力电池总成安装在车体下部。

动力电池总成包括左前模组总成、右前模组总成、后部模组总成、电池控制器（LBC）、电池切断单元（BDU）、维修开关和风扇总成等部件，如图4-4所示。

左前模组总成及右前模组总成均由4个32并5串模组和1个32并4串模组组成，后部模组总成由11个32并4串模组组成。

采用的三元锂电池是整车能量储存单元，以直流电形式直接提供到高压供电系统，同时通过DC-DC变换器转换为13~15V电压，为低压系统供电。动力电池结构如图4-5所示。

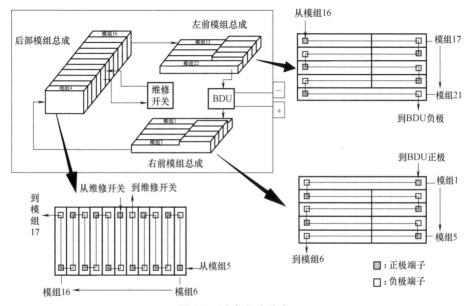

图 4-4　动力电池总成

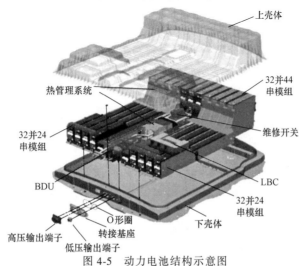

图 4-5　动力电池结构示意图

158 江淮 iEV5/iEV6 电池切断单元（BDU）

BDU 安装在动力电池总成前端中部，如图 4-6 所示。包括主接触器、预充接触器、加热接触器、加热熔丝、电流传感器和预充电阻等。主接触器控制动力电池总成到整车的高压电路通断，预充接触器防止高压回路在钥匙起动瞬间出现大电流，加热接触器控制风扇蒸发器总成加热器通断，电流传感器测量高压电路电流，由整车控制器（VCU）计算电池容量。

当系统发生故障，VCU 根据故障等级断开高压主接触器，保护整车电气安全。

BDU 安装在动力电池总成的正负极输出端，通过铜排与动力电池总成高压输出口连接。主接触器闭合，放电时，动力电池总成将电能供给整车各个高压部件；能量回收或者充电时，由外部单元提供电能给动力电池总成。

159 江淮 iEV5/iEV6 电池控制器（LBC）

LBC 安装于动力电池总成内部，是电池管理系统核心部件，如图 4-7 所示。LBC 监测电池单体电压、电流、温度及整车高压绝缘等信息并发送至 VCU，VCU 根据以上信息控制动力电池总成充放电，LBC 诊断信息见表 4-2。

电池控制器（LBC）主要功能：

1）监控动力电池总成状态，并传输给 VCU，避免过电压、过放电、过电流及温升过快等故障。

2）在充放电过程中，出现例如过电压、过放电、过电流等异常时，及时发现故障并要求 VCU 断开主回路接触器。

3）均衡功能使电池电压一致性始终处于最佳状态，避免压差过大对充放电容量的影响。

4）检测维修开关互锁回路状态，判断连接是否正常，并传输给 VCU，当高压互锁回路不通时，车辆无法正常上电。

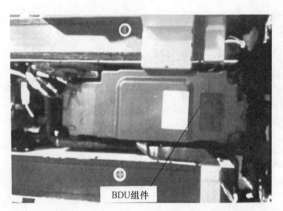

图 4-6 动力电池切断单元结构图

图 4-7 动力电池控制器（LBC）布置图

5）检测动力电池总成绝缘状态，并传输给 VCU，当绝缘状态不能满足要求时，车辆无法上电。

表 4-2　LBC 诊断系统-动力电池

检测项目	条件		参考值/状态
电流	READY	车辆静止	−10～10A
12V 低压系统	READY		11000～15000mV
绝缘低压脉冲	READY		0～5000mV
维修开关互锁	READY	连接维修开关	有高压
	READY	断开维修开关	无高压
单体电压	READY	SOC 5%	3000～3400mV
	READY	SOC 95%	4010～4100mV
动力电池总电压	READY	SOC 5%	276～313V
	READY	SOC 95%	369～377V
动力电池温度	READY	车辆静止	20℃

160　江淮 iEV5/iEV6 驱动电机结构

采用永磁同步电机。永磁铁被镶入转子中，电机旋转变压器被同轴安装在电机上，用来检测转子旋转的角度。当三相交流电被通入到定子线圈中，即产生了旋转的磁场，这个旋转的磁场牵引转子内部的永磁体，产生和旋转磁场同步的旋转转矩。使用旋转变压器检测转子的位置和电流传感器检测线圈的电流，从而控制驱动电机的转矩输出。结构示意如图 4-8 所示。驱动电机与外部的电器接口包括高压部分、低压部分和通信接口 3 部分。

1）高压部分。P—电机控制器直流正端；N—电机控制器直流负端；A（U）—电机 A相（U）；B（V）—电机 B 相（V）；C（W）—电机 C 相（W）。

2）低压部分。配置 2 个低压接插件，23 针和 14 针接插件。23 针完成电机控制器（PCU）、DC-DC 与整车之间的通信及控制，14 针完成 PCU 与电机之间的通信，并检测电机实时温度，防止电机在过温下工作。

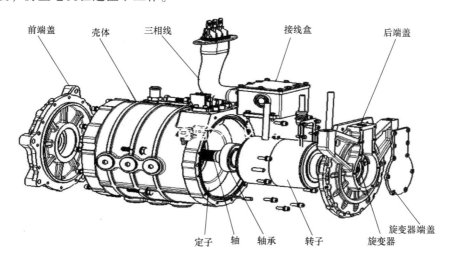

图 4-8　驱动电机结构

161 江淮 iEV5/iEV6 电机控制器

电机控制器（PCU）安装在前舱内，采用 CAN 通信控制，通过接收 VCU 发送来的转矩指令和采集的电机位置信号，控制驱动电机的运行，如图 4-9 所示。软件控制是电机控制器的核心，采用矢量控制算法控制 PWM 斩波信号输出，依据电机外特性曲线图实现转矩限制输出，依据电流及转子位置信号的采样并经滤波处理实现电机正反转和转矩控制，如图 4-10 所示。

图 4-9　电机控制器

PCU 将电池的直流电转换为交流电，并采集电机位置信号和三相电流检测信号，精确地驱动电机，同时将车轮旋转的动能转换为电能给动力电池充电，在减速阶段，电机作为发电机应用。

1）电机电动状态控制。电动状态下，为了产生驱动力，VCU根据目标转矩信号要求电机控制器传送交流电给电机，以驱动车辆运行，如图 4-11 所示。

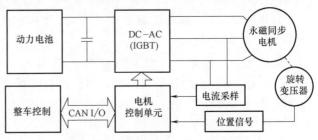

图 4-10　PCU 控制策略图

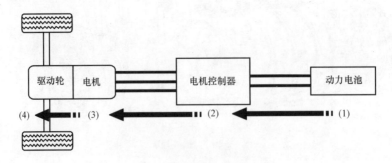

图 4-11　电机电动状态控制

当电机控制器接收到 VCU 通过整车 CAN 发送的目标转矩信号时，电机电动能量流见表 4-3。

表 4-3 电机电动能量流

(4)		(3)		(2)		(1)
来自电机的转矩被作为动力输出	⇨	为了产生驱动转矩，来自电机控制器的交流电被转换为磁能和磁场	⇨	电机控制器依靠功率器件 IGBT 将电池的直流电转换为交流电	⇨	电池直流电输入到电机控制器

2）电机发电状态控制。在制动能量回收阶段，根据 VCU 通过整车 CAN 发送的再生转矩请求，电机控制器控制电机作为发电机的功能，将车轮旋转产生的动能转换为电能，此电能为电池充电。电机产生的再生转矩被作为制动力，能够减少制动钳的压力，如图 4-12 所示。

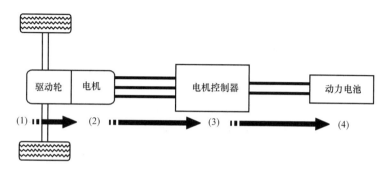

图 4-12 电机发电状态

当电机控制器接收到 VCU 通过整车 CAN 发送的再生转矩请求信号时，电机发电状态能量流见表 4-4。

表 4-4 电机发电状态能量流

(1)		(2)		(3)		(4)
将车轮旋转的动能变换成电机作为发电机产生的电能	⇨	电机的旋转产生交流电	⇨	电机控制器依靠功率器件 IGBT 将电机的交流电转换为直流电	⇨	由电机控制器产生的直流电被充给电池

162 江淮 iEV5/iEV6 整车控制器（VCU）

VCU 负责接收各部件信息，综合判断整车状态，实现多系统的协调控制，VCU 通过 CAN 通信将控制信号传输给电子仪表，如图 4-13 所示。

1）当点火钥匙置于 ON 档，唤醒 VCU，VCU 控制 M/C 继电器给电机控制器和电池控制器供电，VCU 通过 CAN 通信发送相关控制命令完成整车系统起动。

2）整车控制器接收到上电开关、直流充电桩、车载充电机或远程智能终端的唤醒信号后，直接控制高压继电器吸合或断开，完成高压系统接通或断开。

3）VCU 基于加速踏板位置信号、档位信号和车速信号，计算车辆的目标转矩，并通过 CAN 通信发送转矩需求指令给 PCU。

4）车辆在滑行或制动时，VCU 根据 ABS 状态、动力电池状态和制动踏板位置信号，计算能量回收转矩并发送指令给电机控制器，起动能量回收。

5）车辆行驶状态下，VCU 根据电机温度、PCU 温度、IGBT 温度、冷却液温度和车速信号，发送 PWM 信号控制电子冷却水泵转速。在车辆交流充电状态下，VCU 根据冷却液温度和车载充电机温度，发送 PWM 信号控制电子冷却水泵转速。在车辆直流充电状态下，VCU 根据冷却液温度，发送 PWM 信号控制电子冷却水泵转速。

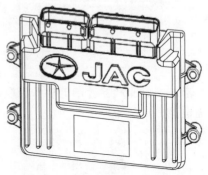

图 4-13　整车控制器（VCU）

6）车辆发生碰撞或严重故障（绝缘故障、动力电池过温/过电压、驱动电机过电流/过温等）时，VCU 切断高压回路上的继电器，确保人员安全。

163　江淮 iEV5/iEV6 仪表

车辆仪表显示用户最关心的车辆信息，如图 4-14 所示。涉及驾驶与维修提示的仪表故障灯指示含义举例如下。

1）READY 指示灯 READY。当钥匙旋转至 START 档且整车或部件没有故障时，该指示灯点亮，表示整车高压已接通，车辆处于可行驶状态。

2）限功率指示灯🐢。当动力电池电量低或车辆处于限功率模式时，该指示灯点亮。VCU 通过 CAN 通信将控制信号传输给电子仪表。

3）高压切断指示灯。当车辆发生碰撞或动力电池出现安全故障时，VCU 切断高压，高压切断指示灯点亮。此时车辆不能行驶。

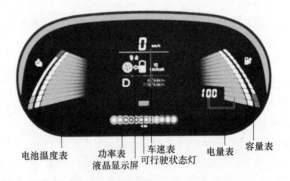

图 4-14　新款江淮纯电动汽车仪表信息指示

4）动力电池故障警告灯。动力电池发生故障时，动力电池故障警告灯点亮。VCU 接收 LBC 上报故障时通过 CAN 通信向仪表发送控制信号。

5）电机故障警告灯。当钥匙置于 ON 档，电机发生故障时，电机故障警告灯点亮，表明车辆电控系统产生故障，VCU 接收到 PCU 发送的故障信息后通过 CAN 通信向仪表发送控制信号。

164 江淮 iEV5/iEV6 行驶操作方法

上电开关与钥匙档位接线如图 4-15 所示。上电开关位于转向盘下方转向柱的右侧，钥匙插入上电开关后，可转动 4 个档位，分别是 LOCK、ACC、ON、START。起动车辆时，钥匙打到 ON 档，仪表背景灯全亮，低压接通；接着钥匙打到 START 档，听见"嘀"的响声，电池组高压接通，仪表板上显示绿色的"READY"灯，车辆进入可行驶状态；放下驻车制动，变速杆置于 D 位，缓慢踩下加速踏板，车辆即可行驶。

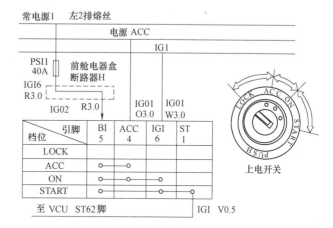

图 4-15　iEV 纯电动汽车钥匙档位

165 江淮 iEV5/iEV6 充电操作方法

车辆停稳后，关闭车辆驱动系统，将 3 极电源标准插头（250V、16A）插入充电桩相应的标准插座内，再将移动充电插头插入待充车辆充电口的充电插座内，移动插头的机械锁止卡钩进入插座相应的卡槽中。充电完成后，先按住移动充电插头上的红色按钮，将机械锁止卡钩脱离插座相应的卡槽，慢慢拔出，再将 3 极电源标准插头从充电桩电源设备的插座中拔出，最后合上充电口盖板。

车辆行驶过程中，若电量低，限功率指示灯报警点亮（又称"乌龟"灯，当动力电池电量低或车辆处于限功率模式时，该指示灯点亮），表明动力电池组电量已经不足，需要尽快充电。iEV 仪表显示如图 4-16 所示，前舱零部件布置如图 4-17 所示。

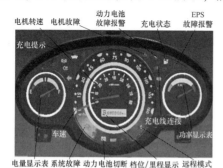

图 4-16　iEV 组合仪表指示

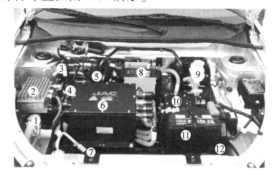

图 4-17　iEV 前舱布置
1—前风窗玻璃洗涤液储液罐　2—电动空调压缩机控制器
3—电动真空泵控制器　4—电动真空泵　5—真空罐
6—电机控制器　7—电动空调压缩机　8—DC-DC
变换器　9—制动液储液罐　10—高压接线盒
11—铅酸蓄电池　12—充电器

166 江淮 iEV5/iEV6 直流变换器

直流变换器是一种将某一电压等级的直流电转换为目标电压等级直流电的一种装置。升级型 X1022 的直流变换器采用 TDC-320-12HG 型车载直流变换器，安装于发动机舱后侧中部，如图 4-18 所示。

注：新款江淮电动汽车直流变换器集成在电机控制器内部，原理如图 4-19 所示。

图 4-18　直流变换器在车上的位置

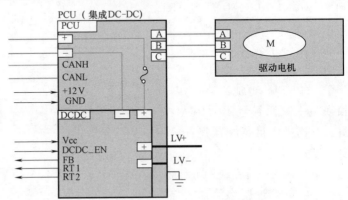

图 4-19　电机控制器内部原理图

167 江淮 iEV5/iEV6 电池系统结构

电池系统结构如图 4-20 所示，电池组性能参数见表 4-5。电池组为 304V/62.5A·h 电池组，由国轩高科单体容量为 12.5A·h 的磷酸铁锂电池经过 5 并联 95 串联组合而成，其中每个 62.5A·h 电池由 5 个 12.5A·h 的单体并联组成。

电源管理系统设计成分布式串联结构，共有 2 个从板 BMU，1 个 BMS，其中 2 个 BMU 控制 55 个串联电池单体和 40 个串联电池单体。2 个 BMU 通过 CAN 总线进行级联，主机同样通过 CAN 总线实现对 2 个从机的通信及控制。BMS 可以通过对 BDU 内高压直流接触器的控制，实现对电池的充放电控制。

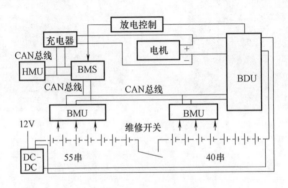

图 4-20　电池系统结构

表 4-5　电池组参数

项目	参数	项目	参数	
供应商	国轩高科	最大充放电电流要求 (25℃,SOC 窗口范围)	充电	≥60A 持续 (≥120A 持续 20s)
电池类型	磷酸铁锂电池(LFP)		放电	≥60A 持续 (≥180A 持续 20s)
电压范围	200~304~350V			
总能量(1/3C 放电,25℃)	19kW·h	功率范围(25℃, SOC 窗口范围)	充电	≥17kW 持续 (≥32kW 持续 20s)
容量	62.5A·h		放电	≥17kW 持续 (≥38kW 持续 20s)
串并联方式	95 串 5 并(单体 12.5A·h)			
环境温度范围	-20~45℃			
环境相对湿度	0~95%	荷电保持能力(常温下搁 置 28 天,25℃,SOC≥85%)	≥95%	
SOC 窗口范围	≥0.8	绝缘电阻出厂测试值	≥10MΩ	
循环寿命(DOD 80%) 总容量≥初始容量的 80%	1/3 总容量-充电总 容量-放电≥2000 次	质量(不含冷却液)	≤200kg	
		冷却方式	风冷	

168 江淮 iEV5/iEV6 高压系统原理与结构

高压系统原理如图 4-21 所示。高压系统包括高压接线盒总成、高压接线盒配电电缆总成、高压接线盒主电缆总成。其中高压接线盒为全密封防水防尘结构,并且经过耐高温和抗振动试验,高压电缆上使用的所有插接件均能达到 IP67 的防水等级。

高压接线盒如图 4-22 所示,功能名称见表 4-6。高压接线盒壳体分为箱体、顶盖、后盖 3 部分,顶盖和后盖均可单独打开。接线盒有 5 个电缆接口,加工好的电缆组件通过这 5 个接口与内部电路连接。PCU+和 PCU-电缆端子由相应的接口进入高压接线盒内部,用螺钉拧在铜排的相应位置,在接口的堵头处用簧片将电缆的屏蔽层挤住以实现电磁屏蔽。高压主电缆总成 BDU+和 BDU-的正负极通过相应接口接入高压接线盒的内部,并用螺钉拧在铜排的相应位置,在接口的堵头处用簧片将电缆的屏蔽层挤住以实现电磁屏蔽。高压线束均为橘黄色波纹管包裹。高压线束在底盘下的布置,除用橘黄色波纹管包裹外,还另加一层高压护套管包裹。

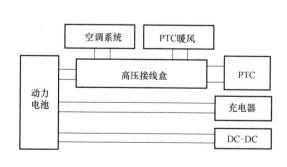

图 4-21　高压系统原理

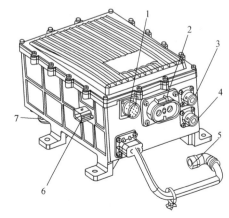

图 4-22　高压接线盒

表 4-6　高压接线盒部件名称、功能

序号	零部件	功　能
1	空调系统接插件	连接至高压配电电缆,给空调系统输送电能
2	主电缆接插件	连接至高压主电缆
3	电机控制器接插件(+)	连接至电机控制器正极
4	电机控制器接插件(-)	连接至电机控制器负极
5	车载充电机接插件 1	连接至车载充电机
6	低压接插件	实现高压互锁及高压接线盒内部继电器控制
7	直流充电接插件	连接至直流充电插座总成

169　江淮 iEV5/iEV6 高压接线盒拆卸与安装

高压接线盒的外观结构如图 4-23 所示。

（1）拆卸

危险：⚡不佩戴相应的防护设备而触摸高压部件，会产生触电危险。

警告：在检查或者维修高压系统之前，应遵循"高压断开"流程。

1）退出接插件卡锁，并按下锁止卡扣，沿水平方向拔出与主电缆连接的接插件，如图 4-24 所示。

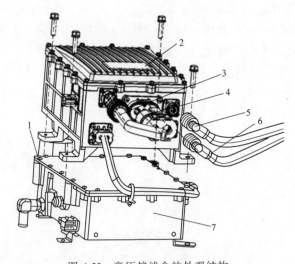

图 4-23　高压接线盒的外观结构

1—直流充电电缆　2—高压接线盒　3—高压配电缆
4—高压主电缆　5—PCU+　6—PCU-　7—车载充电机

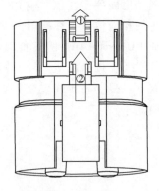

图 4-24　退出接插件卡锁

2）逆时针旋转高压系统接插件连帽，拔出空调系统接插件，如图 4-25 所示。

3）拔出电机控制器接插件。

4）逆时针旋转交流充电接插件连帽，拔出交流充电接插件（方法与空调系统接插件一致）。

5）拔出直流充电接插件（方法与拔出主电缆接插件一致）。

6）逆时针旋转一体式空调压缩机接插件连帽，拔出一体式空调压缩机接插件（方法与空调系统接插件一致）。

7）拆下高压接线盒 4 个固定螺栓 1（Q1840825），如图 4-26 所示。

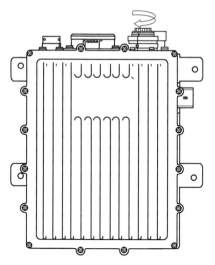

图 4-25 拔出空调系统接插件

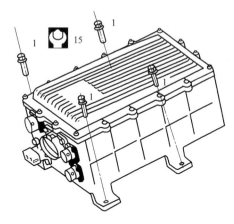

图 4-26 拆下高压接线盒 4 个固定螺栓

8）拆下高压接线盒。

（2）安装 按拆卸相反顺序安装。

170 江淮 iEV5/iEV6 高压接线盒拆解与组装

（1）拆解

1）拆下高压接线盒上盖的 16 个螺栓，拆下高压接线盒上盖，如图 4-27 所示。

2）拆下空调熔丝上的固定螺栓和螺母，如图 4-28 所示。

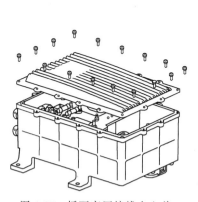

图 4-27 拆下高压接线盒上盖

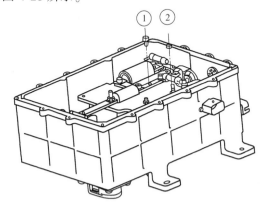

图 4-28 拆下空调熔丝上的固定螺栓和螺母
1—螺栓 2—螺母

3）拆下 PCU 熔丝、空调熔丝、直流充电熔丝、交流充电熔丝，如图 4-29 所示，方法参考第 2 步。

4）拆下上层绝缘板。

5）拆下直流充电继电器和电加热器继电器，如图 4-30 所示。

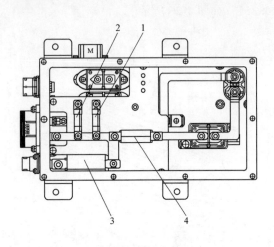

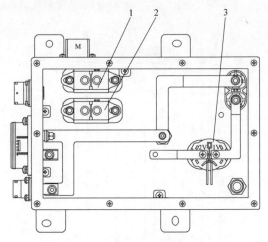

图 4-29　拆下熔丝

1—空调熔丝　2—直流充电熔丝　3—PCU 熔丝　4—交流充电熔丝

图 4-30　拆下继电器

1—PTC1 继电器　2—PTC2 继电器　3—直流充电继电器

（2）组装　按拆解相反顺序组装。

注：

电机控制器回路熔丝规格：150A/450V。

空调回路熔丝规格：30A/450V。

交流充电回路熔丝规格：30A/450V。

直流充电回路熔丝规格：80A/450V。

电加热器回路继电器规格：40A/450V。

直流充电回路继电器规格：100A/450V。

171 江淮 iEV5/iEV6 动力电池线束布置及端子含义

江淮 iEV5/iEV6 动力电池线束布置如图 4-31 所示。端子含义如图 4-32~图 4-35 所示。

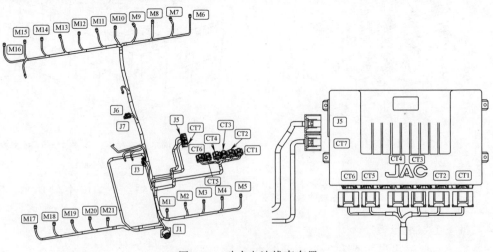

图 4-31　动力电池线束布置

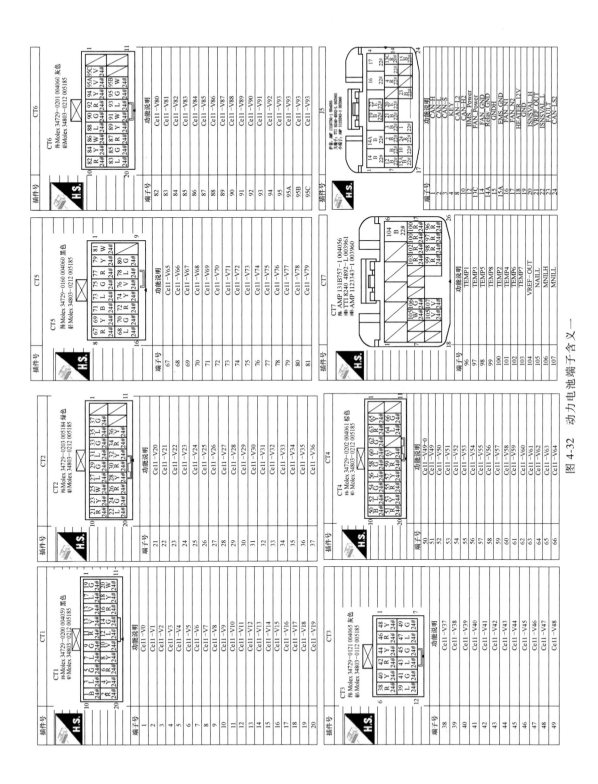

图 4-32 动力电池端子含义一

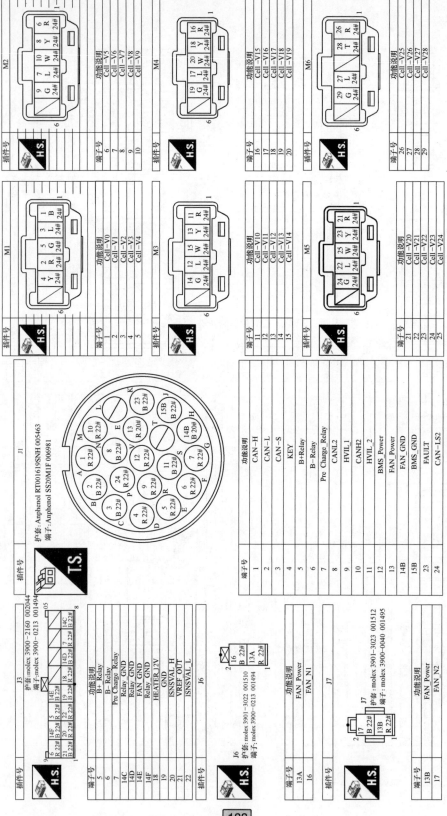

图 4-33 动力电池端子含义二

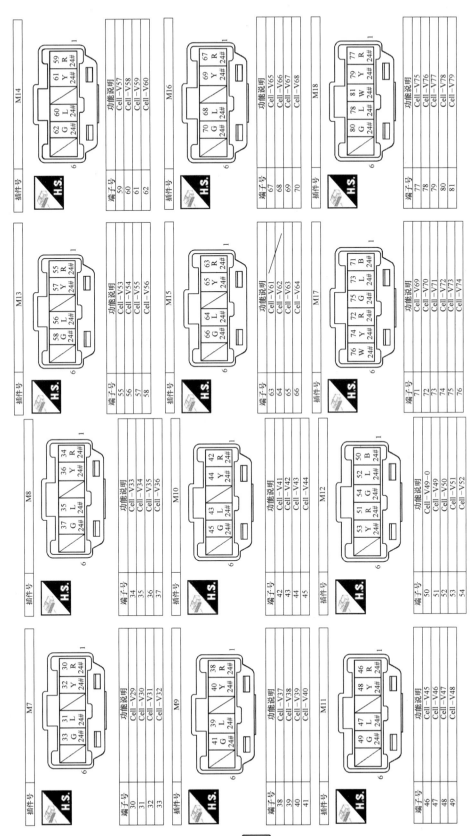

图 4-34 动力电池端子含义三

端子号	功能说明
59	Cell-V57
60	Cell-V58
61	Cell-V59
62	Cell-V60

端子号	功能说明
67	Cell-V65
68	Cell-V66
69	Cell-V67
70	Cell-V68

端子号	功能说明
77	Cell-V75
78	Cell-V76
79	Cell-V77
80	Cell-V78
81	Cell-V79

端子号	功能说明
55	Cell-V53
56	Cell-V54
57	Cell-V55
58	Cell-V56

端子号	功能说明
63	Cell-V61
64	Cell-V62
65	Cell-V63
66	Cell-V64

端子号	功能说明
71	Cell-V69
72	Cell-V70
73	Cell-V71
74	Cell-V72
75	Cell-V73
76	Cell-V74

端子号	功能说明
34	Cell-V33
35	Cell-V34
36	Cell-V35
37	Cell-V36

端子号	功能说明
42	Cell-V41
43	Cell-V42
44	Cell-V43
45	Cell-V44

端子号	功能说明
50	Cell-V49-0
51	Cell-V49
52	Cell-V50
53	Cell-V51
54	Cell-V52

端子号	功能说明
30	Cell-V29
31	Cell-V30
32	Cell-V31
33	Cell-V32

端子号	功能说明
38	Cell-V37
39	Cell-V38
40	Cell-V39
41	Cell-V40

端子号	功能说明
46	Cell-V45
47	Cell-V46
48	Cell-V47
49	Cell-V48

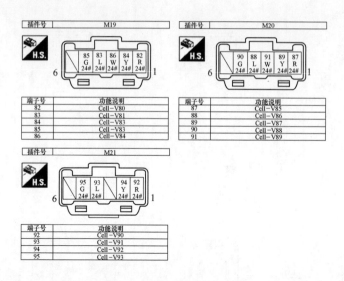

图 4-35　动力电池端子含义四

172 江淮 iEV5/iEV6 动力电池 P3129 电流传感器故障

DTC 诊断逻辑见表 4-7。

表 4-7　DTC 诊断逻辑

DTC 编号	故障名称	DTC 诊断条件	可能导致故障的原因
P3129	电流传感器故障	电流传感器电压异常，相比正常值偏低	线束或接插件 电流传感器 LBC

DTC 确诊步骤：

1）执行 DTC 确认步骤。

① 将钥匙置于 ON 档，等待 2s 以上。

② 检查诊断结果。

③ 是否检测到 DTC？

是则进行下一步。

否则检查结束。

警告：由于电动汽车包含一个高压电池，如果对高压组件和车辆的处理方式不正确，有发生触电、休克、漏电或类似事故的风险，一定要按照正确的程序检查和维护。

断开维修开关前，必须将钥匙置于 LOCK 档或拔下。

检查或维护高压系统之前断开维修开关，且在检查和维护过程中禁止任何人闭合维修开关。开始进行高压系统操作之前，一定要穿绝缘防护设备，包括手套、鞋子和眼镜。

维修人员在操作高压系统时，确保其他人不会碰车。在不进行维修保养工作时，对高压部分进行绝缘防护，以防止其他人员触摸到。

断开维修开关后，禁止钥匙置于 ON 档或转至 START 档。

2）拆卸动力电池总成。

① 将钥匙置于 LOCK 档或拔出。

② 拆卸动力电池总成。

③ 检测连接状态。

④ 检测 LBC 与 BDU（电流传感器）之间线束或接插件连接状态是否正常。

⑤ 检测结果是否正常？

是则转至步骤 3）检测线束导通状态。

否则恢复连接状态。

3）检测线束导通状态。

① 检测电流传感器是否导通，见表4-8。

表4-8　检测电流传感器是否导通

万用表表笔正极		万用表表笔负极		连接性
BDU（电流传感器）		LBC		
接插件	端口号	接插件	端口号	
15326815	A	1318756-1（J5）	12	导通
	B		11	
	C		3	
	D		4	

② 检测结果是否正常？

是则转至步骤 4）更换 LBC。

否则修复线束或接插件。

4）更换 LBC。

5）使用新能源汽车诊断工具查询 LBC 诊断服务信息。

① 将钥匙置于 ON 档，等待时间大于或等于 10s。

② 读取 LBC 温度信息。

故障是否还存在？

是则更换 BDU 总成。

否则检查结束。

173 江淮 iEV5/iEV6 充电系统组成部件位置

江淮 iEV5/iEV6 充电系统组成部件位置如图4-36所示。

1）充电口。交流充电口（A）安装在车辆标牌处，直流充电口（B）安装在车身左后侧，如图4-37所示。充电时，根据选择的充电类型，连接交流充电插头或者直流充电插头到相应的充电插座，连接正确后开始充电。充电口连接后形成检测回路，当出现连接故障时，VCU 可以检测该故障。

2）车载充电机。将外部交流电转换成直流电给动力电池充电。充电时，车载充电机根据 VCU 的指令确定充电模式。车载充电机内部有滤波装置，可以抑制交流电网波动对车载充电机的干扰，如图4-38所示。

3）定时充电开关。定时充电开关用于设置定时充电，设置定时充电前必须按下此开

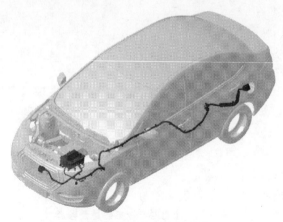

图 4-36 充电系统组成部件位置

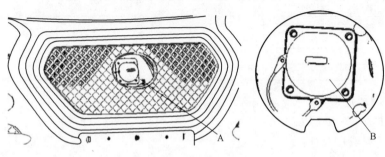

图 4-37 充电口位置

关，如图 4-39 所示。

4）充电指示灯。充电指示灯位于仪表台正中央，前风窗玻璃下方，用于指示不同的充电状态，如图 4-40 所示。充电指示灯状态、功能见表 4-9。

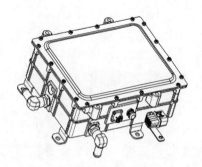  

图 4-38 车载充电机　　　　　图 4-39 定时充电开关　　　　　图 4-40 充电指示灯

表 4-9 充电指示灯状态、功能

序号	功能	指示灯状态
1	准备充电	黄灯亮
2	正在充电	绿灯持续点亮
3	电量充满	绿灯闪烁，持续时间约 1min
4	结束充电或未充电	熄灭
5	定时充电或远程充电	黄灯闪烁，持续时间约 1min

5）交流充电插头总成。交流充电插头是连接外部供电电源的装置，包括充电桩专用充电插头总成（A）与普通充电插头总成（B），放置于行李舱内，如图4-41所示。

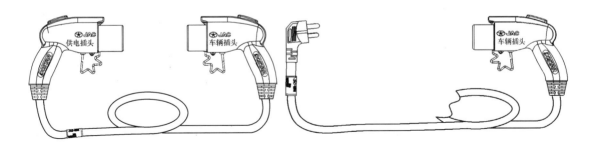

图 4-41　交流充电插头总成

174　江淮 iEV5/iEV6 车载充电机电路控制原理

1）车载充电机应用 Inrush 电流限制电路以及 EMI 滤波电路，防止交流电网波动对设备的冲击以及抑制交流电网中的高频干扰对设备的影响。

2）整流电路将交流电转化为直流电。

3）PFC（功率因数校正电路）是一个功率因数提高电路，用于提高交流电转换为直流电的效率。直流电通过全桥转换隔离电路转换后输出给动力电池，如图4-42所示。

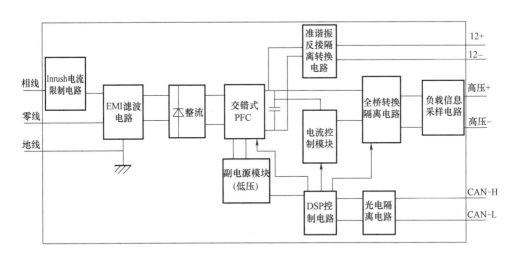

图 4-42　车载充电机电路原理图

175　江淮 iEV5/iEV6 充电系统插件端子及含义

江淮 iEV5/iEV6 充电系统插件端子如图4-43所示。充电系统插件端子含义见表4-10。

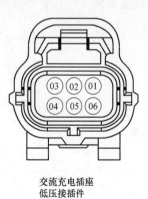
交流充电插座
低压接插件

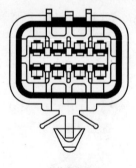
车载充电机
低压接插件

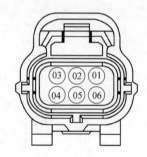
直流充电插座
低压接插件

图 4-43　充电系统插件端子

表 4-10　充电系统插件端子含义

插件名称	端子号	功能描述		条件	数值
		信号名称	输入/输出		
交流充电插座低压接插件	3	CC	输出	车辆与充电插头连接,正常充电过程中	充电桩 1.8~2.2V 家用充电 2.8~3.2V
	4	CP	输出	车辆与充电插头连接,正常充电	—
	5	12+	输入	车门上锁	12V
	6	12−	输入	车门上锁	12V−
车载充电机低压接插件	5	GD	输出	充电机工作时	12V−
	6	12+	输出	充电机工作时	12V+
	7	CAN-L	输入/输出	充电机工作时	—
	8	CAN-H	输入/输出	充电机工作时	—
直流充电插座低压接插件	1	S+	输入/输出	直流充电时	—
	2	S−	输入/输出	直流充电过程中	—
	3	NC		—	—
	4	CC2	输入	车辆充电连接检测	2.3~2.7V
	5	A+	输出	直流充电过程中	12V+
	6	A−	输出	直流充电过程中	12V−

176 江淮 iEV5/iEV6 充电系统架构

江淮 iEV5/iEV6 充电系统架构如图 4-44 所示。充电系统充电插座端子含义如图 4-45~图 4-48 所示。

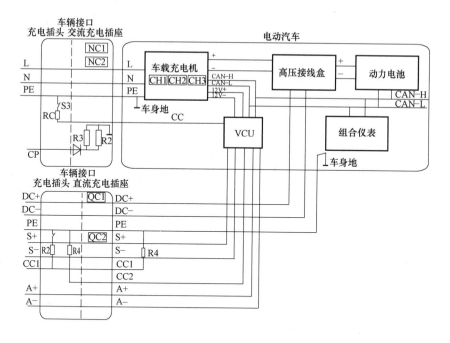

图 4-44　充电系统架构

插件编号	NC1
插件名称	交流充电插座高压接插件
插件型号	DY3t1203PNF

端子编号	线色	线径	信号名称
A	R	2.5	L(交流电源)
B	Y	2.5	N(中线)
C	B	2.5	PE(保护接地线)

插件编号	NC2
插件名称	交流充电插座低压接插件
插件型号	AMP174262-2

端子编号	线色	线径	信号名称
1		0.5	NC1(备用触头1)
2		0.5	NC2(备用触头2)
3		0.5	CC(充电连接确认)
4		0.5	CP(充电控制确认)
5		0.5	12V+
6		0.5	12V-

图 4-45　充电系统充电插座端子含义一

插件编号	CH1
插件名称	车载充电机高压输入接插件
插件型号	DY3F1002SNF

端子编号	线色	线径	信号名称
A	红	2.5	L(交流电源)
B	黄	2.5	N(中线)
C	黑	2.5	PE(保护接地)

插件编号	CH2
插件名称	车载充电机高压输出接插件
插件型号	DY3F1203SNF

端子编号	线色	线径	信号名称
A	红	2.5	正
B	黑	2.5	负

图 4-46　充电系统充电插座端子含义二

195

插件编号	CH3
插件名称	车载充电机低压接插件
插件型号	PP0447701

端子编号	线色	线径	信号名称
1		0.5	NC1(备用触头1)
2		0.5	NC2(备用触头2)
3		0.5	NC3(备用触头3)
4		0.5	NC4(备用触头4)
5		0.5	GND
6		0.5	12V+
7		0.5	CAN-L
8		0.5	CAN-H

插件编号	QC1
插件名称	直流充电插座高压输入接插件
插件型号	GYHB-2-150E

端子编号	线色	线径	信号名称
1	红	6	DC+
2	黑	6	DC-

图 4-47　充电系统充电插座端子含义三

插件编号	QC2
插件名称	直流充电插座低压接插件
插件型号	AMP174262-2

端子编号	线色	线径	信号名称
1		0.5	S+
2		0.5	S-
3		0.5	NC
4		0.5	CC2
5		0.5	A+
6		0.5	A-

图 4-48　充电系统充电插座端子含义四

177　江淮 iEV5/iEV6 充电口检查方法

（1）目视检查下列项目

1）充电插座有无裂纹。

2）充电插座是否有灰尘和异物。

3）充电插座是否有损坏。

4）充电插座内密封圈是否正常。

提示：

1）必须执行该项检查，确认充电插座密封圈无断裂。

2）密封圈位于充电插座端口内部。

（2）测量充电插座绝缘电阻

1）断开高压连接。

2）测量交流充电插座，L、N 分别对 PE 的绝缘阻值，要求绝缘阻值大于 20MΩ，如图 4-49a 所示。

3）测量直流充电插座，DC−、DC+ 分别对 PE 的绝缘阻值，要求绝缘阻值大于 20MΩ，如图 4-49b 所示。

警告：测量绝缘阻值，应选用 500V 及以上量程绝缘电阻表测量。

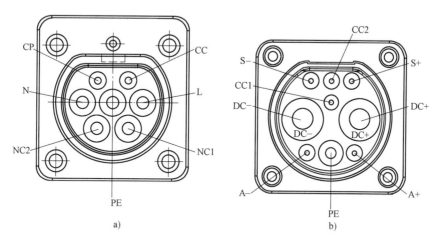

图 4-49 测量交流、直流充电插座

178 江淮 iEV5/iEV6 车载充电机绝缘检查

警告：

1）由于电动汽车包含一个高压电池，如果对高压组件和车辆的处理方式不正确，有发生触电、休克、漏电或类似事故的风险，一定要按照正确的程序检查和维护。

2）断开维修开关前，必须将钥匙置于 LOCK 档或拔下。

3）检查或维护高压系统之前断开维修开关，且在检查和维护过程中禁止任何人闭合维修开关。开始进行高压系统操作之前，一定要穿绝缘防护设备，包括手套、鞋子和眼镜。

维修人员在操作高压系统时，确保其他人不会碰车。在不进行维修保养工作时，对高压部分进行绝缘防护，以防止其他人员触摸到。

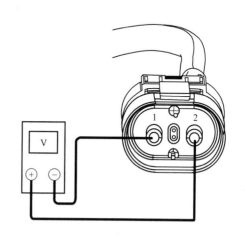

图 4-50 车载充电机绝缘检查

4）测量车载充电机的绝缘电阻。

① 断开车载充电机高压连接。

② 测量车载充电机输入端以及输出端对充电机壳体的绝缘电阻，要求绝缘阻值大于 20MΩ，如图 4-50 所示。

179 江淮 iEV5/iEV6 充电连接和接地电路诊断步骤

（1）检查熔丝 检查以下熔丝是否熔断（高压接线盒：交流充电熔丝、直流充电熔丝）。

（2）熔丝是否熔断

是则更换熔丝。

否则检查车载充电机是否接地。

（3）检查车载充电机是否接地

1）钥匙置于 LOCK 档。

2）断开车载充电机接插件。

3）检查车载充电机接插件与地之间是否导通，见表 4-11。

表 4-11　检查车载充电机接插件与地之间是否导通

+		−	导通
车载充电机			
插接器	针脚		
CH1	C	地	是

4）检查是否导通？

是则测量车载充电机绝缘阻值。

否则维修或者更换有故障的接插件。

（4）测量车载充电机绝缘阻值

1）测量车载充电机绝缘阻值，见表 4-12。

表 4-12　测量车载充电机绝缘阻值

+		−	>20MΩ（500V 测量）
车载充电机			
插接器	针脚		
CH1	A 或 B	地	是
CH2	1 或 2		是

2）测量结果是否正常？

是则检查交流充电插座是否导通。

否则维修或者更换有故障的车载充电机。

（5）检查交流充电插座是否导通

1）检查交流充电插座线束是否导通，见表 4-13。

表 4-13　检查交流充电插座线束是否导通

+		插座端	是否导通
交流充电插座			
插接器	针脚		
NC1	L	L	
	N	N	
	PE	PE	是
NC2	CC	CC	
	CP	CP	

2）检查是否导通？

是则测量车载充电机唤醒信号。

否则维修或者更换有故障的交流充电插座。

（6）测量车载充电机唤醒信号

1）连接车载充电机高压接插件，断开车载充电机低压接插件。

2）连接交流充电插头。

3）测量车载充电机唤醒信号针脚与地之间的电压，见表4-14。

表4-14　测量车载充电机唤醒信号针脚与地之间的电压

+		−	电压
车载充电机			
插接器	针脚		
CH3	6	地	12V

4）测量结果是否正常？

是则测量车载充电机CAN通信信号。

否则维修或者更换有故障的车载充电机。

（7）测量车载充电机CAN通信信号

1）连接车载充电机高压接插件，断开车载充电机低压接插件。

2）连接交流充电插头。

3）测量车载充电机CAN-H与CAN-L之间的电压，见表4-15。

表4-15　测量车载充电机CAN-H与CAN-L之间的电压

+		−		电压
车载充电机		车载充电机		
插接器	针脚	插接器	针脚	
CH3	8	CH3	7	0.3V左右

4）测量结果是否正常？

是则检查结束。

否则维修或者更换有故障的车载充电机。

180 江淮 iEV5/iEV6 车载充电机故障症状

车载充电机故障症状见表4-16～表4-20。

表4-16　立即充电无法执行

症状	检查项目	解决方案
立即充电无法执行	外部充电电源无输出	确认外部电源是否有输出。如果外部电源带有定时装置，在定时范围内外部电源才会有输出
	充电插头连接不正确	确认充电插头连接正确
	充电接插件连接不到位	确认充电接插件连接到位
	车辆处于上电状态	充电前,确认车辆钥匙处于LOCK状态

（续）

症状	检查项目	解决方案
立即充电无法执行	交流充电与直流充电均连接	连接交流充电与直流充电中一种即可 注：交流充电与直流充电不能同时进行
	定时开关被设置	按下定时开关
	动力电池满电	无动作 注：如果动力电池已经满电，充电不会进行。 如果动力电池已经充满，充电自动停止
	电池温度过高	确认电池温度低于65℃
	12V铅酸蓄电池馈电	给12V铅酸蓄电池充电
	电动汽车故障	检查VCU故障码

表4-17　远程充电无法执行

症状	检查项目	解决方案
远程充电无法执行	外部充电电源无输出	确认外部电源是否有输出。如果外部电源带有定时装置，在定时范围内外部电源才会有输出
	充电插头连接不正确	确认充电插头连接正确
	充电接插件连接不到位	确认充电接插件连接到位
	车辆处于上电状态	充电前，确认车辆钥匙处于LOCK状态
	动力电池满电	无动作 注：如果动力电池已经满电，充电不会进行。 如果动力电池已经充满，充电自动停止
	动力电池温度过高	确认电池温度低于65℃
	12V铅酸蓄电池馈电	给12V铅酸蓄电池充电
	电动汽车故障	检查VCU故障码
	电动汽车接收不到充电信号	确认你所在的位置有信号。 确认电动汽车所在的位置有信号

表4-18　充电中断/直流充电无法执行

症状	检查项目	解决方案
充电中断	外部电源无输出	确认外部电源是否有输出。确认断路器是闭合的。如果外部电源带有定时装置，在定时范围内外部电源才会有输出
	达到定时充电结束时间	执行普通充电 注：当定时充电被设置，达到定时充电结束时间，即使电池没有充满充电也将结束
	动力电池温度过高	确认电池温度低于65℃
	电动汽车故障	检查VCU故障码
直流充电无法执行	充电接插件连接不到位	确认充电接插件连接到位
	车辆处于上电状态	充电前，确认车辆钥匙处于LOCK状态
	动力电池温度过高	确认电池温度低于65℃
	动力电池满电	无动作 注：如果动力电池已经满电，充电不会进行。 如果动力电池已经充满，充电自动停止
	12V铅酸蓄电池馈电	给12V铅酸蓄电池充电
	电动汽车故障	检查VCU故障码

表4-19 定时充电无法执行

症状	检查项目	解决方案
定时充电无法执行	外部充电电源无输出	确认外部电源是否有输出。如果外部电源带有定时装置,在定时范围内外部电源才会有输出
	充电插头连接不正确	确认充电插头连接正确
	充电接插件连接不到位	确认充电接插件连接到位
	车辆处于上电状态	充电前,确认车辆钥匙处于 LOCK 状态
	交流充电与直流充电均连接	连接交流充电与直流充电中一种即可 注:交流充电与直流充电不能同时进行
	动力电池满电	无动作 注:如果动力电池已经满电,充电不会进行。如果动力电池已经充满,充电自动停止
	电池温度过高	确认电池温度低于 65℃
	12V 铅酸蓄电池馈电	给 12V 铅酸蓄电池充电
	电动汽车故障	检查 VCU 故障码
	设置的充电开始时间在充电结束时间之后	设置正确的充电开始与结束时间
	设置的充电开始时间在当前时间之前	设置充电开始时间在当前时间之后
	设置的充电结束时间在当前时间之前	设置充电结束时间在当前时间之后
	计时器上的日期和时间错误	确认计时器上的日期和时间正确
	没有设置定时充电	按计划设置定时充电

表4-20 直流充电中断

症状	检查项目	解决方案
直流充电中断	交流充电与直流充电均连接	连接交流充电与直流充电中一种即可 注:交流充电与直流充电不能同时进行
	动力电池温度过高	确认电池温度低于 65℃
	电动汽车故障	检查 VCU 故障码

181 江淮 iEV5/iEV6 车载充电机拆装

（1）拆卸

1）将车辆举升后，拆除动力电池总成。

2）拔出高压接插件 1，如图 4-51 所示。按照图 4-52 步骤拔出高压线缆接插件。

3）拆卸直流充电插座总成搭铁螺栓 A，然拆卸固定扎带 B、C，如图 4-53 所示。

4）先拆卸直流充电插座总成其余固定扎带 A，然后拆卸卡箍 B，最后拆卸螺栓 C，如图 4-54 所示。

5）拆卸直流充电插座总成固定螺栓 1，将直流充电线缆拉出，如图 4-55 所示。

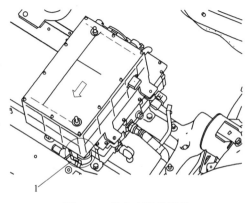

图 4-51 拔出高压接插件

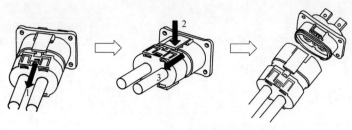

图 4-52 拔出高压线缆接插件

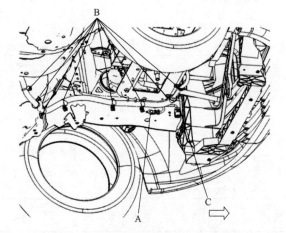

图 4-53 拆卸直流充电插座总成搭铁螺栓

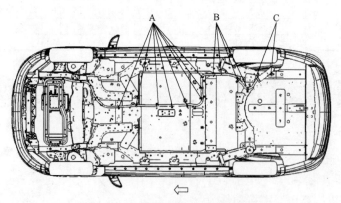

图 4-54 先拆卸直流充电插座总成

（2）安装

1）直流充电插座总成安装过程与拆卸过程相反。直流充电插座总成安装完成后，检查是否可以正常直流充电。

2）机械解锁装置。交流充电插座机械锁若损坏，将导致充电插头锁死。打开前舱盖，用螺钉旋具将交流充电插座尾部的机械锁扣向外拨动至听到"咔嚓"声后，拔出充电插头，如图 4-56 所示。

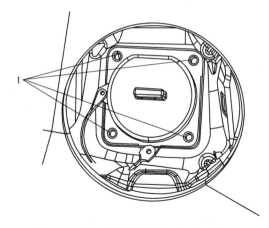

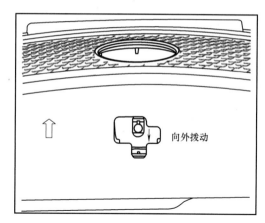

图 4-55　拆卸直流充电插座总成固定螺栓　　　　图 4-56　机械解锁装置

182 江淮 iEV5/iEV6 系统起动控制

VCU 采集传感器的信号控制整车控制系统的起动和停止。VCU 也可以通过低压配电控制器控制自身的下电时间。

1）整车起动（KEY ON）。当钥匙置于 ON 档，唤醒 VCU，VCU 控制 M/C 继电器给电机控制器和电池控制器供电，VCU 通过 CAN 通信发送相关控制命令完成整车系统起动，如图 4-57 所示。

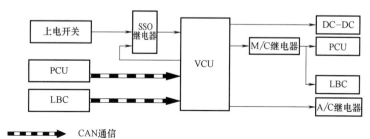

图 4-57　整车起动（KEY ON）

2）READY 模式钥匙旋至 START 档，VCU 通过 CAN 通信向 LBC 和 PCU 发送相关控制命令，车辆处于可行驶状态，如图 4-58 所示。

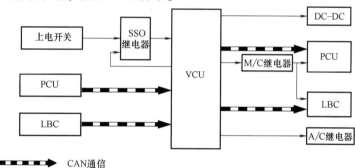

图 4-58　READY 模式

注意：VCU 在以下情况下禁止整车进入 READY 模式

1）充电连接线缆处于连接状态。

2）动力电池存在电量过低等严重故障。

3）整车控制系统存在 12V 严重欠电压等严重故障。

183 江淮 iEV5/iEV6 12V 蓄电池自动充电控制

系统原理如图 4-59 所示。

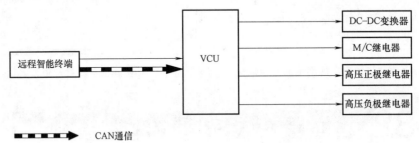

图 4-59 12V 蓄电池自动充电控制原理图

12V 蓄电池自动充电控制功能可防止 12V 蓄电池因长时间静置，导致电压过低影响车辆起动。远程智能终端每隔 60h 自动唤醒整车控制器，整车控制器接收到远程智能终端的 12V 充电指令之后，控制高压上电，动力电池通过 DC-DC 给 12V 蓄电池充电。

提示：

1）当 12V 蓄电池自动充电时，充电指示灯闪烁。

2）当系统在 12V 蓄电池自动充电时，上电开关的起动以及充电都会导致 12V 自动充电功能退出。

3）车辆静置时间超过 60h，VCU 控制 DC-DC 给 12V 蓄电池充电 15min。

以下任意一个条件满足，退出 12V 自动充电功能，且远程智能终端计时将清零：

1）钥匙置于 ON 档或旋至 START 档。

2）开始直流或交流充电。

3）开始远程空调或远程充电。

184 江淮 iEV5/iEV6 VCU 线束插头端口及参考值

VCU 线束插头端口布置图如图 4-60 所示。VCU 端子参考值见表 4-21。

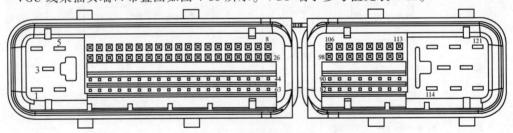

图 4-60 VCU 线束插头端口

4	5	24	23	22	21	20	19	18	17	16	15	14	13	12	11	10	9	8	7	6
		43	42	41	40	39	38	37	36	35	34	33	32	31	30	29	28	27	26	25
	3																			
1	2	62	61	60	59	58	57	56	55	54	53	52	51	50	49	48	47	46	45	44
		81	80	79	78	77	76	75	74	73	72	71	70	69	68	67	66	65	64	63

106	107	108	109	110	111	112	113	119	120	121
98	99	100	101	102	103	104	105			
								117	118	
90	91	92	93	94	95	96	97	114	115	116
82	83	84	85	86	87	88	89			

图 4-60　VCU 线束插头端口（续）

表 4-21　VCU 端口和参考值

端子编号		描述		条件	测量值(近似值)
+	−	信号名称	输入/输出		
1	—	VCU 地	—	—	
8	GND	M/C 继电器低边驱动	输出	钥匙置于 LOCK 档或拔出	12V 蓄电池电压(13~14V)
				钥匙置于 ON 档	0V(近似值)
9	—	VCU 地	—	—	
10	GND	蓄电池电源供给	输入	钥匙置于 ON 档	12V 蓄电池电压(13~14V)
12	GND	充电功率检查	输入	车辆进行慢充充电	PWM 信号 幅值:+12V,频率:1kHz 占空比:1%~100%
13	GND	充电连接状态	输入	车辆通过充电插头连接至慢充充电桩	1.953~2.096V
				车辆通过充电插头连接至家用电源	2.928~3.072V
				整车通过充电插头连接至直流充电充电桩	2.425~2.575V
14	GND	档位电压信号 1	输入	钥匙置于 ON 档 变速杆挂至 D 位	1.3~1.9V
				钥匙置于 ON 档 变速杆挂至 R 位	2.9~3.4V
				钥匙置于 ON 档 变速杆挂至 N 位	2.9~3.4V
15	72	加速踏板开度 2	输入	• 钥匙置于 ON 档 • 未踩踏加速踏板	0.375V(近似值)
				• 钥匙置于 ON 档 • 完全踩下加速踏板	2.225V(近似值)
17	75	制动踏板开度 2	输入	• 钥匙置于 ON 档 • 未踩踏制动踏板	0.375V(近似值)
				• 钥匙置于 ON 档 • 完全踩下制动踏板	1.92V(近似值)
21	GND	远程唤醒	输入	TBOX 发出远程唤醒请求	12V 蓄电池电压(13~14V)
				TBOX 不发远程唤醒请求	0V
22	GND	立即充电取消请求	输入	立即充电取消开关按下	0V
				立即充电取消开关释放	5.16V(近似值)
23	GND	制动灯开启	输入	钥匙置于 ON 档驾驶人未踩踏制动踏板	0V
				钥匙置于 ON 档驾驶人踩踏制动踏板	12V 蓄电池电压(13~14V)
24	GND	慢充唤醒	输入	车辆通过充电插头连接至慢充充电桩或家用电源	12V 蓄电池电压(13~14V)
				车辆未连接至慢充充电桩或家用电源	0V

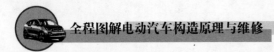
（续）

端子编号		描述		条件	测量值（近似值）
+	−	信号名称	输入/输出		
27	GND	倒车灯继电器驱动	输出	钥匙置于 ON 档 变速杆挂至 R 位	0V
				钥匙置于 ON 档 变速杆没有挂至 R 位	12V 蓄电池电压（13～14V）
29	GND	蓄电池电源供给	输入	钥匙置于 ON 档	12V 蓄电池电压（13～14V）
33	GND	档位电压信号 2	输入	钥匙置于 ON 档 变速杆挂至 D 位	2.9～3.4V
				钥匙置于 ON 档 变速杆挂至 R 位	2.9～3.4V
				钥匙置于 ON 档 变速杆挂至 N 位	1.3～1.9V
34	72	加速踏板开度 1	输入	钥匙置于 ON 档 未踩踏加速踏板	0.75V（近似值）
				钥匙置于 ON 档 完全踩下加速踏板	4.45V（近似值）
36	75	制动踏板开度 1	输入	钥匙置于 ON 档 未踩下制动踏板	0.75V（近似值）
				钥匙置于 ON 档 完全踩下制动踏板	3.84V（近似值）
39	GND	高压互锁	输入	钥匙置于 ON 档 高压线束连接正常	12V 蓄电池电压（13～14V）
				钥匙置于 ON 档 高压线束连接不正常	0V
40	GND	ECO 模式开关	输入	钥匙置于 ON 档 ECO 模式开关按下	12V 蓄电池电压（13～14V）
				钥匙置于 ON 档 ECO 模式开关释放	0V
41	GND	LBC 故障	输入	钥匙置于 ON 档 LBC 发生故障	0V
				钥匙置于 ON 档 LBC 未发生故障	3.18V（近似值）
43	GND	钥匙置于 ON 档	输入	钥匙置于 ON 档	12V 蓄电池电压（13～14V）
47	—	VCU 地	—	—	—
48	GND	蓄电池电源供给	输入	钥匙置于 ON 档	12V 蓄电池电压（13～14V）
52	GND	档位电压信号 3	输入	钥匙置于 ON 档 变速杆挂至 D 位	1.3～1.9V
				钥匙置于 ON 档 变速杆挂至 R 位	1.3～1.9V
				钥匙置于 ON 档 变速杆挂至 N 位	1.3～1.9V
53	—	加速踏板开度 2 回路	—		—
54	73	冷却液温度传感器	输入	钥匙置于 ON 档	0.455～5V
62	GND	钥匙置于 START 档	输入	钥匙旋至 START 档	12V 蓄电池电压（13～14V）

（续）

端子编号		描述		条件	测量值（近似值）
+	−	信号名称	输入/输出		
64	GND	冷却风扇控制	输出	车辆处于行驶状态	占空比：55%～100%
				车辆处于充电状态 空调开启	占空比：65%～100%
65	GND	行人警示	输入	—	—
66	—	VCU 地	—	—	—
67	GND	蓄电池电源供给	输入	钥匙置于 ON 档	12V 蓄电池电压（13～14V）
71	GND	档位电压信号 4	输入	钥匙置于 ON 档 变速杆挂至 D 位	2.9～3.4V
				钥匙置于 ON 档 变速杆挂至 R 位	1.3～1.9V
				钥匙置于 ON 档 变速杆挂至 N 位	2.9～3.4V
72	—	加速踏板开度 1 回路	—	—	—
73	—	冷却液温度传感器 信号回路	—	—	—
75	—	制动踏板开度 1 回路	—	—	—
76	GND	安全气囊	输入	钥匙置于 ON 档 碰撞输出信号有效	0V
				钥匙置于 ON 档 碰撞输出信号无效	6.8（近似值）
77	GND	制动开关	输入	钥匙置于 ON 档 驾驶人未踩踏制动踏板	12V 蓄电池电压（13～14V）
				钥匙置于 ON 档 驾驶人踩踏制动踏板	0V
79	GND	驻车制动	输入	钥匙置于 ON 档 驻车制动拉起	0V
				钥匙置于 ON 档 驻车制动未拉起	1.83V（近似值）
81	GND	直流充电唤醒	输入	车辆通过充电插头连接至直流充电充电桩	12V 蓄电池电压（13～14V）
				车辆未连接至直流充电充电桩	0V
83	GND	自保持 SSO 控制信号	输出	钥匙置于 ON 档	0V
				钥匙置于 LOCK 档或拔出后的 1s（近似值）时间内	12V 蓄电池电压（13～14V）
85	—	制动踏板开度 2 回路	—	—	—
86	GND	充电指示灯 1（黄色）	输出	车辆通过充电插头连接至快/慢充充电桩或家用电源	4.8V（近似值，持续）
				立即充电取消开关按下	4.8V（近似值，跳变）
				其他工况	0V

（续）

端子编号		描述		条件	测量值（近似值）
+	−	信号名称	输入/输出		
91	GND	直流充电继电器控制	输出	• 钥匙置于 LOCK 档或拔出 • 车辆通过充电插头连接至直流充电充电桩,刷卡确认车辆进入直流充电过程	12V 蓄电池电压(13~14V)
				其他工况	0V
92	GND	DC-DC 使能	输出	钥匙置于 ON 档	12V 蓄电池电压(13~14V)
96	—	制动踏板传感器 1 供电	输出	钥匙置于 ON 档	5V±0.1V
98	—	制动踏板传感器 2 供电	输出	钥匙置于 ON 档	5V±0.1V
99	GND	总负继电器控制(12V)	输出	钥匙置于 ON 档	12V 蓄电池电压(13~14V)
100	GND	预充继电器控制(12V)	输出	钥匙置于 ON 档	12V 蓄电池电压(13~14V)
101	GND	AC 继电器控制	输出	空调开启请求有效	0V
				空调开启请求无效	12V 蓄电池电压(13~14V)
104	—	加速踏板传感器 2 供电	输出	钥匙置于 ON 档	5V±0.1V
106	GND	充电指示灯 2(绿色)	输出	直流充电或慢充过程中	4.8V(近似值,持续)
				直流充电或慢充完成	4.8V(近似值,跳变)
				其他工况	0V
107	GND	总正继电器控制(12V)	输出	钥匙置于 ON 档	12V 蓄电池电压(13~14V)
109	GND	冷却水泵控制信号	输出	车辆处于行驶状态	 占空比:30%~98%
				车辆处于交流充电状态	占空比:20%~98%
				车辆处于直流充电状态	占空比:10%~98%
112	—	加速踏板传感器 1 供电	输出	钥匙置于 ON 档	5V±0.1V
115	—	直流充电 CAN-2H	输入/输出	VCU 上电	查看是否有 CAN 报文
116	—	直流充电 CAN-2L			
120	—	整车 CAN-1H			
121	—	整车 CAN-1L			

185 江淮 iEV5/iEV6 VCU 插件端子及含义

VCU 插件端子如图 4-61 和图 4-62 所示。端子含义见表 4-22 和表 4-23。

表 4-22　VCU 插件端子 1 含义

端子编号	线色	信号名称
1	B	VC01　电源地
8	B	VC08
9	B	VC09　电源地
10	R	VC10　电源正
12	W	CP01　充电功率检查

（续）

端子编号	线色	信号名称
13	W	FT04 充电连接状态信号
14	WO	VC14 电子换档开关信号 1
15	W	VC15 信号输出 2
17	G	VC17 制动信号输出 2
21	R	CZ14a 远程唤醒信号
22	YR	VC22 定时充电请求信号
23	G	VC23 制动灯开启信号
24	W	CH03 慢充唤醒信号
27	BrW	VC27 倒车灯继电器控制信号
29	R	VC29 电源正
33	BW	VC33 电子换档开关信号 2
34	GW	VC34 信号输出 1
36	W	VC36 制动信号输出 1
39	WB	VC39 高压互锁信号 2
40	W	VC40 ECO 模式开关信号
41	WY	HFT01 BMS 故障信号
43	L	ZB03d IG1
47	B	VC47 电源地
48	R	VC48 电源正
52	GY	VC52 电子换档开关信号 3
53	B	VC53 加速踏板电源负
54	PB	VC54 冷却液温度传感器
62	WO	ST02 KEY START 信号
64	LR	VC64 冷却风扇控制信号
65	Y	VC65 VCU 硬线数据输入
66	B	VC66 电源地
67	R	VC67 电源正
71	Y	VC71 电子换档开关信号 4
72	B	VC72 加速踏板电源负
73	LY	VC73 冷却液温度传感器信号
75	B	VC75 制动踏板电源负
76	YL	AI05 安全气囊开启信号（0V）
77	L	VC77 制动开关状态信号
79	BW	BR05g 驻车制动信号
81	R	FT06 快充唤醒信号

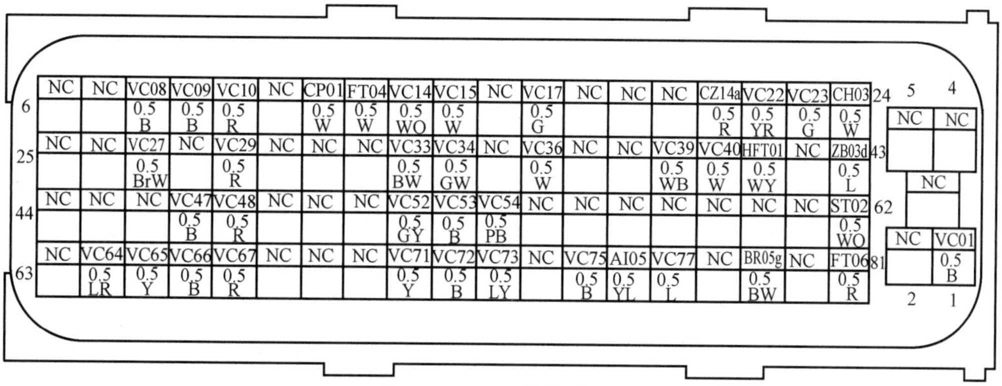

图 4-61 VCU 插件端子 1

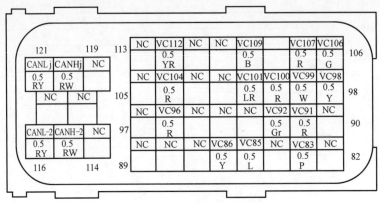

图 4-62　VCU 插件端子 2

表 4-23　VCU 插件端子 2 含义

端子编号	线色	信号名称
83	P	VC83　自保持 SSO 控制信号
85	L	VC85　制动踏板传感器 2 地
86	Y	VC86　充电指示灯 1(黄色)
91	R	VC91　快充继电器控制信号
92	GrO	VC92　DC-DC 使能
96	R	VC96　制动踏板传感器 1 供电
98	Y	VC98　制动踏板传感器 2 供电
99	W	VC99　总负继电器控制(12V)
100	R	VC100　预充继电器控制(12V)
101	LR	VC101　AC 继电器控制(0V)
104	R	VC104　加速踏板传感器 2 供电
106	G	VC106　充电指示灯 2(绿色)
107	R	VC107　总正继电器控制(12V)
109	B	VC109　冷却水泵控制信号
112	RY	VC112　加速踏板传感器 1 供电
115	RW	CANH-2
116	RY	CANL-2
120	RW	CAMHj
121	RY	CAMLj

186　江淮 iEV5/iEV6 点火开关插件及端子含义

点火开关插件端子如图 4-63 所示。端子含义见表 4-24。

ST　　IG2　　B2

IG03	IG02	IG05x
2.0 G	2.0 P	2.0 L
IG06	IG01x	IG04
2.0 L	2.0 YO	2.0 Y

ACC　　B1　　IG1

图 4-63　点火开关插件端子

表 4-24　点火开关端子含义

端子编号	线色	信号名称
1	L	IG05x　常电
2	P	IG02　IG2
3	G	IG03　ST
4	Y	IG04　IG1
5	YO	IG01x　常电
6	L	IG06　ACC

187 江淮 iEV5/iEV6 低压配电控制器插件端子及含义

低压配电控制器插件端子如图 4-64 所示。端子含义见表 4-25。

F17

ZB08	NC	CZ14	FT06a	VC83	ZB03b	ZB02	CH03a
0.5		0.5	0.5	0.5	0.5	0.5	0.5
YR		R	R	PW	L	B	W
NC	NC	NC	NC	NC	NC	ZB10	NC
						0.5	
						R	

图 4-64　低压配电控制器插件端子

表 4-25　低压配电控制器插件端子含义

端子编号	线色	信号名称	端子编号	线色	信号名称
1	W	CH03a　慢充唤醒	5	R	FT06a　直流充电唤醒
2	B	ZB02　电源负	6	R	CZ14　远程唤醒信号
3	L	ZB03b　IG1	8	VR	ZB08　电源正
4	PW	VC83　SSO 信号	10	R	ZB10　自保持输出

188 江淮 iEV5/iEV6 定时充电开关接插件端子及含义

定时充电开关接插件端子如图 4-65 所示。端子含义见表 4-26。

TI03v	TI01d	VC22	FC03
0.5	0.5	0.5	0.5
LgL	PG	YR	B

图 4-65　定时充电开关接插件端子

表 4-26　定时充电开关接插件端子含义

端子编号	线色	信号名称
1	B	AC21a　接地
2	YR	AC20aVCU　输入
3	PG	PT01　背光正
4	LgL	AC02　背光负

189 江淮 iEV5/iEV6 ECO 模式开关接插件端子及含义

ECO 模式开关接插件端子如图 4-66 所示。端子含义见表 4-27。

表 4-27　ECO 模式开关接插件端子含义

端子编号	线色	信号名称	端子编号	线色	信号名称
2	PG	TI01a　背光电源	4	R	EC01　电源
3	W	VC40　高电平输入	5	LgL	TI03t　背光地

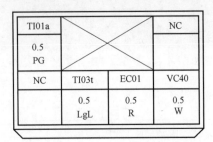

图 4-66　ECO 模式开关接插件端子

190　江淮 iEV5/iEV6 换档操纵机构接插件端子及含义

换档操纵机构接插件端子如图 4-67 所示。端子含义见表 4-28。

F19

VC52	NC	VC33	HD03	VC14	ZB03a
0.5 GY		0.5 BW	0.5 B	0.5 WO	0.5 L
NC	HD03a	NC	NC	VC71	NC
	0.5 B			0.5 Y	

图 4-67　换档操纵机构接插件端子

表 4-28　换档操纵机构接插件端子含义

端子编号	线色	信号名称
1	L	ZB03a　IG1
2	WO	VC14　开关信号 1
3	B	HD03　电子换档电源负
4	BW	VC33　开关信号 2
6	GY	VC52　开关信号 3
8	Y	VC71　开关信号 4
11	B	HD03a　电子换档电源负

191　江淮 iEV5/iEV6 DC-DC 接插件端子及含义

DC-DC 接插件端子如图 4-68 所示。端子含义见表 4-29。

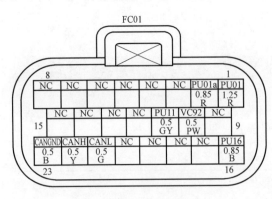

图 4-68　DC-DC 接插件端子

表 4-29　DC-DC 接插件端子含义

端子编号	线色	信号名称
1	R	PU01　电机控制器 12V 电源正
2	R	PU01a　电机控制器 12V 电源正
10	PW	VC92　DC-DC 使能
11	GY	PU11　DC-DC 故障反馈
16	B	PU16　电机控制器 12V 电源负
21	G	CANL　CAN-L 信号交互
22	Y	CANH　CAN-H 信号交互
23	B	CANGND　CAN 屏蔽地

192 江淮 iEV5/iEV6 高压接线盒接插件端子及含义

高压接线盒接插件端子如图 4-69 所示。端子含义见表 4-30。

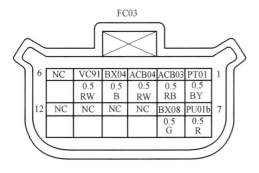

FC03

图 4-69 高压接线盒接插件端子

表 4-30 高压接线盒接插件端子含义

端子编号	线色	信号名称
1	BY	PT01 PTC 继电器 12V 电源正
2	RB	ACB03 PTC 继电器 1 控制
3	RW	ACB04 PTC 继电器 2 控制
4	B	BX04 直流充电继电器接地
5	RW	VC91 直流充电继电器控制
7	R	PU01b 12V 电源正输入
8	G	BX08 接线盒高压互锁 12V 输出

193 江淮 iEV5/iEV6 直流充电接口接插件端子及含义

直流充电接口接插件端子如图 4-70 所示。端子含义见表 4-31。

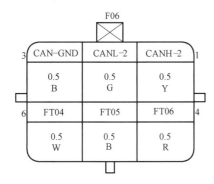

F06

图 4-70 直流充电接口接插件端子

表 4-31 直流充电接口接插件端子含义

端子编号	线色	信号名称
1	Y	CANH-2 CAN 通信高
2	G	CANL-2 CAN 通信低
3	B	CAN-GND CAN 屏蔽地
4	R	FT06 直流充电唤醒信号（12V 正）
5	B	FT05 直流充电电源负
6	W	FT04 充电连接状态信号

194 江淮 iEV5/iEV6 车载充电机插件端子及含义

车载充电机插件端子如图 4-71 所示。端子含义见表 4-32。

表 4-32 车载充电机插件端子含义

端子编号	线色	信号名称	端子编号	线色	信号名称
3	BW	SC01 12V 输出信号（激活充电机）	7	W	CH03 输出 12V 唤醒信号
5	Y	CANHb CAN-H 信号交互	8	B	CS08 12V 电源负
6	G	CANLb CAN-L 信号交互			

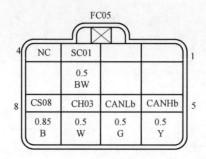

图 4-71　车载充电机插件端子

195　江淮 iEV5/iEV6 交流充电接口接插件端子及含义

交流充电接口接插件端子如图 4-72 所示。端子含义见表 4-33。

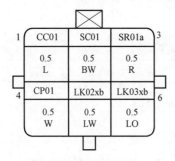

图 4-72　交流充电接口接插件端子

表 4-33　交流充电接口接插件端子含义

端子编号	线色	信号名称
3	R	SR01a　12V 输入信号（激活充电机）
2	BW	SC01　12V 输出信号（激活充电机）
1	L	CC01　充电连接状态确认
6	LO	LK03xb　充电锁信号 2（闭锁电源负）
5	LW	LK02xb　充电锁信号 1（闭锁 12V）
4	W	CP01　充电功率确认

196　江淮 iEV5/iEV6 LBC 接插件端子及含义

LBC 接插件端子如图 4-73 所示。端子含义见表 4-34。

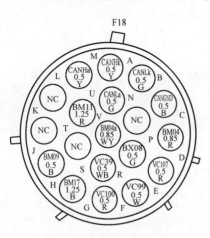

图 4-73　LBC 接插件端子

表 4-34　LBC 接插件端子含义

端子编号	线色	信号名称
A	Y	CANHk　CAN-H 信号交互
B	G	CANLk　CAN-L 信号交互
C	B	CANGND　CAN 屏蔽接地
D	R	BM04　高电平有效
E	R	VC107　高压正极继电器控制
F	W	VC99　高压负极继电器控制
G	R	VC100　预充继电器控制
H	B	BM17　风扇电源地
J	B	BM09　LBC 电源地
M	Y	CANHa　内部 CAN 高
N	G	CANLa　内部 CAN 低
R	G	BX08　高压互锁信号 1
S	WB	VC39　高压互锁信号 2
U	R	BM11　LBC 风扇电源
V	WY	BM04a　LBC 电源

197 江淮 iEV5/iEV6 VCU 供电与接地电路检查

（1）检查熔丝　检查以下熔丝是否被熔断（供电：自保持熔丝-室外熔丝盒；ON 档信号 IG1 熔丝-室外熔丝盒）。

（2）熔丝是否熔断

是则更换熔丝。

否则转至检测 VCU 接地电路。

（3）检测 VCU 接地电路

1）将钥匙置于 LOCK 档或拔出。

2）断开 VCU 接插件。

3）检测 VCU 接插件与车身地的导通性，见表 4-35。

表 4-35　检测 VCU 接插件与车身地的导通性

万用表表笔正极		万用表表笔负极	连接性
DC-DC			
接插件	端口号		
C17	1	车身地	导通
	9		
	47		
	66		

4）检测结果是否正常？

是则转至检测 VCU 供电。

否则维修或更换故障件。

（4）检测 VCU 供电

1）检测 VCU 接插件与车身地之间的电压差值，见表 4-36。

表 4-36　检测 VCU 接插件与车身地之间的电压差值

万用表表笔正极		万用表表笔负极	电压值(大约)
VCU			
接插件	端口号		
C17	10	车身地	应与 12V 蓄电池电压相同
	29		
	48		
	67		

2）检测结果是否正常？

是则转至检查钥匙信号的供电。

否则转至检测 VCU 供电电路。

（5）检测 VCU 供电电路

1）检测 VCU 接插件和低压配电控制器接插件的导通性，见表 4-37。

2）也要检查接插件是否被地短路。

3）检测结果是否正常？

是则检测蓄电池电压。

否则维修或更换故障件。

（6）检查钥匙信号的供电

1）将钥匙置于 ON 档。

2）检测 VCU 接插件与车身地之间的电压差值，见表 4-38。

表 4-37　检测 VCU 接插件和低压配电控制器接插件的导通性

万用表表笔正极		万用表表笔负极		连接性
VCU		低压配电控制器		
接插件	端口号	接插件	端口号	
C17	10	C14	10	导通
	29			
	48			
	67			

表 4-38　检测 VCU 接插件与车身地之间的电压差值

万用表表笔正极		万用表表笔负极	电压值（大约）
VCU			
接插件	端口号		
C17	43	车身地	11~14V

3）检查结果是否正常？

是则检查结束。

否则转至检测钥匙信号的供电电路。

（7）检测钥匙信号的供电电路

1）将钥匙置于 LOCK 档或拔出。

2）检测 VCU 接插件与熔丝的导通性，见表 4-39。

表 4-39　检测 VCU 接插件与熔丝的导通性

万用表表笔正极		万用表表笔负极	连接性
VCU			
接插件	端口号		
C17	43	IG1 熔丝（室外熔丝盒）	导通

3）也要检测接插件是否被地短路。

4）检查结果是否正常？

是则检查蓄电池供电电路。

否则维修或更换故障件。

198 江淮 iEV5/iEV6 故障码及含义

江淮 iEV5/iEV6 故障码及含义见表 4-40。

表 4-40　江淮 iEV5/iEV6 故障码及含义

DTC	故障名称	故障灯
P0642	VCU 芯片供电故障	系统故障灯
P0643	VCU 芯片供电故障	系统故障灯
P0A02	冷却液温度传感器故障	—

（续）

DTC	故障名称	故障灯
P0A03	冷却液温度传感器故障	—
P0A8D	VCU供电故障	蓄电池故障灯
P0A8E	VCU供电故障	蓄电池故障灯
P0A94	DC-DC故障	蓄电池故障灯
P0AA1	高压正极继电器故障	—
P0AA4	高压负极继电器故障	系统故障灯
P0AA0	高压预充继电器故障	系统故障灯
P2122	加速踏板第一路传感器故障	系统故障灯
P2123	加速踏板第一路传感器故障	系统故障灯
P2127	加速踏板第二路传感器故障	系统故障灯
P2128	加速踏板第二路传感器故障	系统故障灯
P2138	加速踏板比例故障	系统故障灯
P3012	电机控制器故障	电机故障灯
P3013	电池控制器故障	电池故障灯
P3015	高压回路故障	系统故障灯
P3016	高压回路故障	系统故障灯
P3017	高压回路故障	系统故障灯
P3010	车辆碰撞故障	系统故障灯
P3006	换档操纵机构故障	档位故障灯
P3007	换档操纵机构故障	档位故障灯
P3008	换档操纵机构故障	档位故障灯
P3009	换档操纵机构故障	档位故障灯
P300C	电池控制器报文丢失故障	电池故障灯
P300D	电池控制器报文丢失故障	电池故障灯
P300E	电池控制器报文丢失故障	电池故障灯
P300F	电机控制器报文丢失故障	电机故障灯
P301F	车载充电机控制器报文丢失故障	—
P3020	充电桩报文丢失故障	—
P3014	M/C继电器故障	系统故障灯
P3011	高压互锁故障	系统故障灯
P301A	电机高压回路故障	系统故障灯
P301B	空调压缩机高压回路故障	系统故障灯

199 江淮 iEV5/iEV6 P0AA1 高压正极继电器故障

DTC诊断逻辑见表4-41。

表4-41　DTC诊断逻辑

DTC编号	故障名称	DTC诊断条件	可能导致故障的原因
P0AA1	高压正极继电器故障	当只有高压正极继电器断开时,电机控制器反馈电压没有下降	线束或接插件 高压正极继电器(电池包内)

DTC确诊步骤:

1) 将钥匙置于LOCK档或拔出, 等待至少100s。

2) 将钥匙置于ON档。

3) 检查DTC。

4）是否检查到 DTC？

是则执行"诊断步骤"。

否则检查结束。

诊断步骤：

1）将钥匙置于 LOCK 档或拔出。

2）断开 VCU 线束接插件。

3）检测 VCU 线束接插件和车身地的电压，见表 4-42。

表 4-42 检测 VCU 线束接插件和车身地的电压

万用表表笔正极		万用表表笔负极	电压值（大约）
VCU 线束接插件			
接插件	端口号		
F22	107	车身地	0V

4）检测结果是否正常？

是则检查高压正极继电器是否粘合。

否则维修或更换 VCU 线束。。

200 江淮 iEV5/iEV6 P0AA4 高压负极继电器故障

DTC 诊断逻辑见表 4-43。

表 4-43 DTC 诊断逻辑

DTC 编号	故障名称	DTC 诊断条件	可能导致故障的原因
P0AA4	高压负极继电器故障	当只有预充继电器吸合时，电机控制器反馈电压高于一定的值	线束或接插件 高压负极继电器（电池包内）

DTC 确诊步骤：

1）将钥匙置于 LOCK 档或拔出，等待至少 100s。

2）将钥匙置于 ON 档。

3）检查 DTC。

4）是否检查到 DTC？

是则执行"诊断步骤"。

否则检查结束。

诊断步骤：

1）将钥匙置于 LOCK 档或拔出。

2）断开 VCU 线束接插件。

3）检测 VCU 线束接插件和车身地的电压，见表 4-44。

表 4-44 检测 VCU 线束接插件和车身地的电压

万用表表笔正极		万用表表笔负极	电压值（大约）
VCU 线束接插件			
接插件	端口号		
F22	99	车身地	0V

4）检测结果是否正常？

是则检查高压负极继电器是否黏合。

否则维修或更换 VCU 线束

201 江淮 iEV5/iEV6 P0AA0 高压预充继电器故障

DTC 诊断逻辑见表 4-45。

表 4-45　DTC 诊断逻辑

DTC 编号	故障名称	DTC 诊断条件	可能导致故障的原因
P0AA0	预充继电器故障	当只有高压负极继电器吸合时，电机控制器反馈电压高于一定的值	线束或接插件 高压负极继电器（电池包内）

DTC 确诊步骤：

1）将钥匙置于 LOCK 档或拔出，等待至少 100s。

2）将钥匙置于 ON 档。

3）检查 DTC。

4）是否检查到 DTC？

是则执行"诊断步骤"。

否则检查结束。

诊断步骤：

1）将钥匙置于 LOCK 档或拔出。

2）断开 VCU 线束接插件。

3）检测 VCU 线束接插件和车身地的电压，见表 4-46。

表 4-46　检测 VCU 线束接插件和车身地的电压

万用表表笔正极		万用表表笔负极	电压值（大约）
VCU 线束接插件			
接插件	端口号		
F22	100	车身地	0V

4）检测结果是否正常？

是则检查预充继电器是否黏合。

否则维修或更换 VCU 线束。

202 江淮 iEV5/iEV6 P2122、P2123 加速踏板第一路传感器故障

DTC 诊断逻辑见表 4-47。

表 4-47　DTC 诊断逻辑

DTC 编号	故障名称	DTC 诊断条件	可能导致故障的原因
P2122	加速踏板第一路传感器对地短路	VCU 诊断到加速踏板第一路传感器信号电压过低	线束或接插件（加速踏板第一路传感器开路或短路） 加速踏板第一路传感器
P2123	加速踏板第一路传感器对电源短路	VCU 诊断到加速踏板第一路传感器信号电压过高	

DTC 确诊步骤：

1）将钥匙置于 ON 档。

2）检查诊断结果。

3）是否检查到 DTC？

是则执行"诊断步骤"。

否则检测结束。

诊断步骤：

（1）检测加速踏板第一路传感器供电 1

1）将钥匙置于 LOCK 档或拔出。

2）检测诊断结果。

3）将钥匙置于 ON 档。

4）检测加速踏板第一路传感器供电电压差值，见表 4-48。

表 4-48　检测加速踏板第一路传感器供电电压差值

加速踏板第一路传感器			电压值（大约）
接插件	万用表表笔正极	万用表表笔负极	
	端口号		
F15	2	3	5V

5）检测是否正常？

是则转至检测加速踏板第一路传感器输出线束。

否则转至检测加速踏板第一路传感器正极供电 2。

（2）检测加速踏板第一路传感器正极供电 2

1）检测加速踏板第一路传感器正极供电，见表 4-49。

表 4-49　检测加速踏板第一路传感器正极供电

万用表表笔正极		万用表表笔负极	电压值（大约）
加速踏板第一路传感器			
接插件	端口号		
F15	2	地	5V

2）检测是否正常？

是则转至检测加速踏板第一路传感器负极供电线束。

否则转至检测加速踏板第一路传感器正极供电线束。

（3）检测加速踏板第一路传感器正极供电线束

1）钥匙置于 LOCK 档或拔出。

2）断开 VCU 线束接插件。

3）检测加速踏板第一路传感器正极供电线束，见表 4-50。

表 4-50　检测加速踏板第一路传感器正极供电线束

万用表表笔正极		万用表表笔负极		连接性
加速踏板第一路传感器		VCU		
接插件	端口号	接插件	端口号	
F15	2	F23	112	导通

4）也要检测线束是否被电源或地短路。

5）检测是否正常？

是则检测低压配电控制器供电。

否则维修或更换加速踏板。

（4）检测加速踏板第一路传感器负极供电线束

1）钥匙置于 LOCK 档或拔出。

2）断开 VCU 线束接插件。

3）检测加速踏板第一路传感器负极供电线束，见表 4-51。

表 4-51　检测加速踏板第一路传感器负极供电线束

万用表表笔正极		万用表表笔负极		连接性
加速踏板第一路传感器		VCU		
接插件	端口号	接插件	端口号	
F15	3	F22	72	导通

4）也要检测线束是否被电源短路。

5）检测是否正常？

是则转至检测 VCU 负极供电电路。

否则维修或更换加速踏板。

（5）检测 VCU 负极供电电路

1）检测 VCU 负极供电电路，见表 4-52 所示。

表 4-52　检测 VCU 负极供电电路

万用表表笔正极		万用表表笔负极	连接性
VCU			
接插件	端口号		
F22	1	地	导通
	9		
	47		
	66		

2）检测是否正常？

是则执行"故障模拟测试"。

否则执行"VCU 检查步骤"。

（6）检测加速踏板第一路传感器输出线束

1）钥匙置于 LOCK 档或拔出。

2）断开 VCU 线束接插件。

3）检测加速踏板第一路传感器输出线束，见表 4-53。

表 4-53　检测加速踏板第一路传感器输出线束

万用表表笔正极		万用表表笔负极		连接性
加速踏板第一路传感器		VCU		
接插件	端口号	接插件	端口号	
F15	4	F22	34	导通

4）也要检测线束是否被电源或地短路。

5) 检测是否正常？

是则转至检测加速踏板第一路传感器。

否则维修或更换加速踏板。

（7）检测加速踏板第一路传感器

1) 检测加速踏板第一路传感器。

2) 检测是否正常？

是则执行"故障模拟测试"。

否则维修或更换加速踏板。

（8）零部件检测（加速踏板第一路传感器） 检测加速踏板第一路传感器

1) 钥匙置于 LOCK 档或拔出。

2) 重新连接所有断开的线束接插件。

3) 钥匙置于 ON 档。

4) 在以下条件下检测 VCU 接插件的电压，见表 4-54。

表 4-54 检测 VCU 接插件的电压

接插件	VCU		条件		电压值/V
	万用表表笔正极	万用表表笔负极			
	端口号	端口号			
F22	34	地	加速踏板	完全释放	0.75±0.1
				完全压下	4.45±0.2
	15			完全释放	0.375±0.1
				完全压下	2.225±0.2

5) 检测结果是否正常？

是则检测结束。

否则更换加速踏板。

203 江淮 iEV5/iEV6 P2127、P2128 加速踏板第二路传感器故障

DTC 诊断逻辑见表 4-55。

表 4-55 DTC 诊断逻辑

DTC 编号	故障名称	DTC 诊断条件	可能导致故障的原因
P2127	加速踏板第二路传感器对地短路	VCU 诊断到加速踏板第二路传感器信号电压过低	线束或接插件（加速踏板第二路传感器电路开路或短路）
P2128	加速踏板第二路传感器对电源短路	VCU 诊断到加速踏板第二路传感器信号电压过高	加速踏板第二路传感器

DTC 确诊步骤：

1) 将钥匙置于 ON 档。

2) 检测诊断结果。

3) 是否检测到 DTC？

是则执行"诊断步骤"。

否则检测结束。

诊断步骤：

（1）检测加速踏板第二路传感器供电1

1）将钥匙置于LOCK档或拔出。

2）检测诊断结果。

3）钥匙置于ON档。

4）检测加速踏板第二路传感器供电电压差值，见表4-56。

表4-56　检测加速踏板第二路传感器供电电压差值

加速踏板第二路传感器			电压值（大约）
接插件	万用表表笔正极	万用表表笔负极	
	端口号		
F15	1	5	5V

5）检测是否正常？

是则转至检测加速踏板第二路传感器输出线束。

否则转至检测加速踏板第二路传感器正极供电2。

（2）检测加速踏板第二路传感器正极供电2

1）检测加速踏板第二路传感器正极供电，见表4-57。

表4-57　检测加速踏板第二路传感器正极供电

万用表表笔正极		万用表表笔负极	电压值（大约）
加速踏板第二路传感器			
接插件	端口号		
F15	1	地	5V

2）检测是否正常？

是则转至检测加速踏板第二路传感器负极供电线束。

否则转至检测加速踏板第二路传感器正极供电线束。

（3）检测加速踏板第二路传感器正极供电线束

1）钥匙置于LOCK档或拔出。

2）断开VCU线束接插件。

3）检测加速踏板第二路传感器正极供电线束，见表4-58。

表4-58　检测加速踏板第二路传感器正极供电线束

万用表表笔正极		万用表表笔负极		连接性
加速踏板第二路传感器		VCU		
接插件	端口号	接插件	端口号	
F15	1	F23	104	导通

4）也要检测线束是否被电源或地短路。

5）检测是否正常？

是则检测自保持继电器供电。

否则维修或更换线束。

（4）检测加速踏板第二路传感器负极供电线束

1）钥匙置于LOCK档或拔出。

2）断开 VCU 线束接插件。

3）检测加速踏板第二路传感器负极供电线束，见表 4-59。

表 4-59　检测加速踏板第二路传感器负极供电线束

万用表表笔正极		万用表表笔负极		连接性
加速踏板第二路传感器		VCU		
接插件	端口号	接插件	端口号	
F15	5	F22	53	导通

4）也要检测线束是否被电源短路。

5）检测是否正常？

是则转至检测 VCU 负极供电电路。

否则维修或更换线束。

（5）检测 VCU 负极供电电路

1）检测 VCU 负极供电电路，见表 4-60。

表 4-60　检测 VCU 负极供电电路

万用表表笔正极		万用表表笔负极	连接性
VCU			
接插件	端口号		
F22	1	地	导通
	9		
	47		
	66		

2）检测是否正常？

是则执行"故障模拟测试"。

否则执行"VCU 检查步骤"。

（6）检测加速踏板第二路传感器输出线束

1）钥匙置于 LOCK 档或拔出。

2）断开 VCU 线束接插件。

3）检测加速踏板第二路传感器输出线束，见表 4-61。

表 4-61　检测加速踏板第二路传感器输出线束

万用表表笔正极		万用表表笔负极		连接性
加速踏板第二路传感器		VCU		
接插件	端口号	接插件	端口号	
F15	6	F22	15	导通

4）也要检测线束是否被电源或地短路。

5）检测是否正常？

是则转至检测加速踏板第二路传感器。

否则维修或更换线束。

（7）检测加速踏板第二路传感器

1）检测加速踏板第二路传感器。

2）检测是否正常？

是则执行"故障模拟测试"。

否则维修或更换加速踏板。

（8）零部件检测（加速踏板第二路传感器）　检测加速踏板第二路传感器：

1）钥匙置于 LOCK 档或拔出。

2）重新连接所有断开的线束接插件。

3）钥匙置于 ON 档。

4）在以下条件下检测 VCU 接插件的电压，见表 4-62。

表 4-62　检测 VCU 接插件的电压

接插件	VCU		条　件		电压值/V
	万用表表笔正极	万用表表笔负极			
	端口号	端口号			
F22	34	1	加速踏板	完全释放	0.75±0.1
				完全压下	4.45±0.2
	15			完全释放	0.375±0.1
				完全压下	2.225±0.2

5）检测结果是否正常？

是则检测结束。

否则更换加速踏板。

204　江淮 iEV5/iEV6 加速踏板位置传感器接插件端子及含义

江淮 iEV5/iEV6 加速踏板位置传感器接插件端子如图 4-74 所示。端子含义见表 4-63。

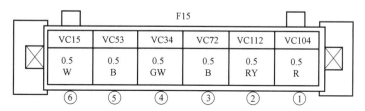

图 4-74　加速踏板位置传感器接插件端子

表 4-63　加速踏板位置传感器接插件端子含义

端子编号	线色	信号名称		端子编号	线色	信号名称	
1	R	VC104	加速踏板电源正	4	GW	VC34	信号输出 1
2	RY	VC112	加速踏板电源正	5	B	VC53	加速踏板电源负
3	B	VC72	加速踏板电源负	6	W	VC15	信号输出 2

205　江淮 iEV5/iEV6 整车系统症状检查

江淮 iEV5/iEV6 整车控制系统症状检查见表 4-64 所示。

提示：使用症状检查列表之前先使用诊断服务工具对 VCU 进行自检。如果有 DTC 被检测到，执行相应的诊断步骤。

表 4-64　整车控制系统症状检查

症状		可能原因
无法进入车辆可行驶状态，"Ready"灯未点亮		钥匙"start"信号异常
		档位不在 N 位
		充电线束连接
		动力电池电量过低
无法行驶	电机无法正常输出功率	档位不在 N 位
		未踩加速踏板
		踩下制动踏板
		ABS 异常
		电机自行限功率
		电池可放电功率减小
	电机可以输出功率（可查看电子仪表"功率表"）	驻车制动拉紧
		踩下制动踏板
能耗过大	行驶阻力过大	胎压过低
		轮胎尺寸不正确
		驻车制动未完全释放
	空调能耗过大	设定温度过高
		设定温度过低
	附件能耗过大	客户自己安装额外电子设备
无法下电		低压配电控制器黏合
		有充电唤醒信号
		有远程唤醒信号
制动能量回收功能关闭	—	整车车速过高或过低
	—	加速踏板被踩下
	—	紧急制动过程中
	—	VCU 接收到了 ABS 发出的关闭制动能量回收功能的信息
	VCU 检测到相关电池信息	可充电功率过低
		动力电池单体电压过高
		动力电池单体温度过高或过低
		动力电池温度传感器故障
		动力电池总电压过高
		动力电池 SOC 过高
交流充电失效	—	钥匙置于 ON 档
	—	定时充电已被设置
	—	直流充电插头插入
	—	车载充电机故障
	电池状态不适合充电	动力电池温度过高或过低
		动力电池已充满
		动力电池可用容量较低
动力电池未充满	—	动力电池温度过高或过低
	—	充电过程中能耗过大
远程充电功能失效定时充电功能失效	—	钥匙置于 ON 档
	—	VCU 没有收到 T-BOX 的唤醒信号
	—	车辆在通信服务区域外
	—	手机与远程服务器通信失效
	—	直流充电线束连接直流充电桩
	电池状态不适合充电	动力电池温度过高或过低
		动力电池已充满

（续）

症　状		可能原因
直流/交流充电失效	—	钥匙置于 ON 档
	—	直流和交流充电连接线都插上
	电池状态不适合充电	动力电池温度过高或过低
		动力电池已充满
远程空调功能失效	—	车辆在通信服务区域外
	—	手机与远程服务器通信失效
	—	钥匙置于 ON 档
	—	电池电量过低
	—	空调系统故障

206　江淮 iEV5/iEV6 无法行驶故障排除

（1）故障现象　一辆江淮纯电动汽车，行驶里程 5000km，组合仪表故障灯常亮，动力中断，车辆无法进入可行驶状态。

（2）故障排除　插接整车诊断口，将控制器上电，读取上位机监测数据，存在 DTC178，指示 CAN 通信故障。检查 PCU 低压控制接插件内 CAN-H、CAN-L 两针脚，确定整车 CAN 终端电阻的阻值为 60Ω，但无法确定 PCU 内部 CAN 终端电阻有无故障。所以，根据电动汽车维修规程，首先断开电池维修开关，维修开关位于动力电池总成中间表面位置，打开中央通道末端地毯盖板下方的维修开关盖板，操作维修开关，如图 4-75 所示。切断整车高压，再拔掉正负母线接头，拆下电机控制器（PCU）的接线盒盖，然后拆下三相线，拔掉低压插接件，移除 DC-DC 搭铁，再用水管卡钳拆下进出水管，最后拆卸 PCU 的 4 个固定螺栓，这样完全拆卸 PCU 后进行车下检查。步骤如图 4-76~图 4-78 所示。

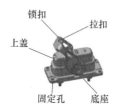

图 4-75　维修开关

图 4-76　拆卸电机控制器接线盒

图 4-77　卸下 PCU 低压接线

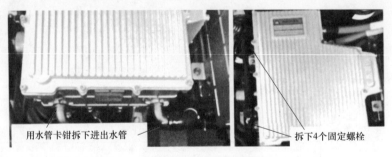

用水管卡钳拆下进出水管　　　　拆下4个固定螺栓

图 4-78　检查电机控制器

对 PCU 内部进行进一步检查，发现 DC-DC 损坏，如图 4-79 所示。更换 PCU 后重新装车试车，故障排除。

（3）故障总结　江淮纯电动汽车整车采用 CAN 通信，CAN 通信拓展如图 4-80 所示。PCU 内部集成 DC-DC 模块，其功能是将电池的高压电转换成低压电，为整车低压系统供电。

图 4-79　PCU 总成内部元件损坏

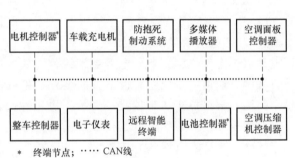

电机控制器*	车载充电机	防抱死制动系统	多媒体播放器	空调面板控制器
整车控制器	电子仪表	远程智能终端	电池控制器*	空调压缩机控制器

* 终端节点；······ CAN线

图 4-80　整车 CAN 通信拓展

207　江淮 iEV5/iEV6 无法提速故障排除

（1）故障现象　一辆江淮纯电动汽车，行驶里程约 20000km，反映组合仪表上存在提示语"限功率模式"，车辆最高车速限制在 40～50km/h，无法正常提速。

（2）故障诊断　根据故障现象，判断该车进入了跛行模式。查阅维修手册，得知电机故障灯点亮、提示"限功率模式"时，可能故障点为 IGBT 过温、电池单体温度过高。

利用上位机监控检测诊断软件发现车辆 IGBT 温度高于 85℃，显示故障码为 P301E。首先检查前舱的散热器内冷却液液位，正常。再进一步检查 PCU 内部水道有无堵塞不畅，拔出 PCU 上的冷却液进水管和出水管，利用风枪对着吹风，观察另一端的出风情况，也正常。最后检查水泵，发现水泵不工作，导致冷却系统不循环，无法给控制器降温，导致 PCU 过温，车辆限功率。水泵工作需要的条件有 2 个：①VCU 给予的转速信号；②12V 低压供电，M/C 继电器由 VCU 控制，为 PCU、LBC、冷却风扇、电子冷却水泵及电池风扇供电。所以重点检查水泵继电器和 M/C 继电器，在钥匙置于 ON 状态下，测量到水泵低压接插件没有

12V 供电。因为水泵继电器和日间行车灯继电器可以通用，把前舱继电器盒中的日间行车灯继电器与水泵继电器对调，确认故障点为继电器烧毁失效。

（3）故障排除　更换新的继电器，试车，故障排除。水泵继电器检查与更换，如图 4-81 所示。注：新款江淮纯电动汽车驱动电机控制器采用水冷模式，PCU 通过冷却液循环降温，VCU 转速信号根据冷却液的温度来自动调节水泵转速，转速信号从上位机监控检测诊断软件确认。一旦检测到 PCU 内的 IGBT 温度超过 85℃，车辆就会进入限功率模式。正常情况下钥匙打到 ON 档水泵就会处于工作状态，如果水泵不工作，可以通过测量水泵低压插件确认 12V 供电是否正常，如果有 12V 输入，但水泵仍然不工作，一般处理方法为更换水泵总成。

图 4-81　水泵继电器检查与更换

208 江淮 iEV5/iEV6 12V 蓄电池亏电引起的车辆无法充电

（1）故障现象　一辆江淮 EV，行驶里程 3000km，客户节假日出行回来后发现停放的电动汽车存在无法充电现象，不能满足上班行驶要求。

（2）故障排除　检查车辆随车充电线，正常，连接充电桩，车辆仪表中的充电指示灯不亮，钥匙打到 READY 位置，仪表指示均不亮，确实存在无法充电现象。进一步检查发现该车 12V 蓄电池亏电严重，检测仅为 5.6V，而同悦 iEV 需要随车的 12V 蓄电池来唤醒充电器工作，如果蓄电池无电就无法唤醒充电器工作，电池组就不能正常充电，进而影响车辆使用。其充电控制策略如图 4-82 所示。

首先对 12V 蓄电池进行快充，然后再对电池组充电，1h 后车辆仪表充电指示灯开始点亮，限功率灯也点亮，表示车辆已进入正常充电状态。继续

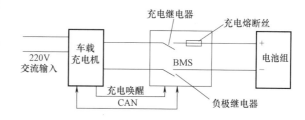

图 4-82　iEV 充电控制策略

进行电池组充电后，可以点亮 READY 灯，车辆使用功能恢复正常。

（3）故障总结　该车由于长时间放置停用，引起 12V 铅酸蓄电池亏电。

同悦纯电动汽车具有两种电池：一种是磷酸铁锂动力电池，用于向驱动电机供电，电机驱动车辆行驶；另外一种是 12V 铅酸蓄电池（即传统燃油车的铅酸蓄电池），布置在前舱，用于车上的前照灯、音响、喇叭等低压电器系统供电。在车辆运行过程中，通过 DC-DC 从动力电池组给铅酸蓄电池充电，保障低压用电设备工作。所以，长时间停用的纯电动汽车需要定期充电或干脆拆掉 12V 铅酸蓄电池的负极桩头。原车 12V 蓄电池会影响高压电池组充电。同悦 iEV 车载充电系统的工作过程是在停车状态下 BMS 才允许充电，充电机连接 220V

电源后开始工作。充电机工作后会往广播地址发送报文，仪表检测到充电机的报文后会把充电连接指示灯点亮，给出一个充电唤醒信号，BMS 收到唤醒信号后开始进入充电模式。充电回路接通后充电机开始给电池充电，电流不断增大，同时充电机会不断地往广播地址报告输出电流，仪表收到报文后，当电流大于 1A 时仪表点亮充电标志信号灯。

209 江淮 iEV5/iEV6 充电桩不能充电故障

（1）故障现象　一辆江淮 EV，行驶里程 10000km，车辆无法充电。

（2）故障排除　安装了简易充电桩，采用民用 220V 供电为 iEV 电动汽车充电。现场取出随车配置的普通型充电线缆，将电源插头插入简易充电桩插座内，再打开车辆充电插头的防护盖，将充电插头插入车辆充电口。充电线缆连接完成后，观察车辆仪表板上的指示灯，充电线连接指示灯和电池组充电灯均未亮起，表明车辆未进入充电状态。

仔细检查客户自备的简易充电桩，检测到充电桩标准插座上端的两个信号端子之间电压为直流 12V，如图 4-83 所示。再进一步检测有无交流 220V 电压，此车自备的充电桩插座无220V 指示，判断充电桩功能失效。打开简易充电桩后盖，检查发现内部继电器已经烧毁，更换新的继电器后如图 4-84 所示，充电功能恢复正常。

图 4-83　简易充电桩功能性检查

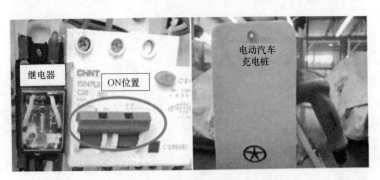

图 4-84　充电桩继电器更换与检查

（3）故障总结　电动汽车充电桩安装及故障检查方法因为涉及强电检查操作，不具备电工知识的客户往往很为难。接通充电桩外部总电源后，此时如果将电动汽车充电线缆插头插入充电桩，充电桩上的指示灯亮，就表明充电桩功能正常，可以使用。如果充电桩上的指示灯不亮，则需要检查充电桩内部继电器或保护开关是否失效。交流充电桩的控制原理如图4-85所示。注：如果标准插头的信号端子没有 12V 电压，则先断开简易充电桩外部总电源，打开简易充电桩后盒盖，检查漏电保护开关是否在 ON 位置，或检查充电桩继电器是否损坏，来判断充电桩的供电接口与供电设备是否存在故障。

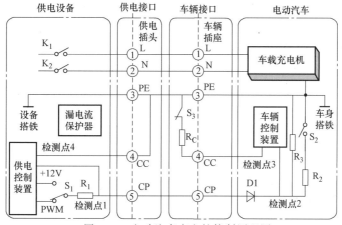

图 4-85 电动汽车充电桩控制原理图

210 江淮 iEV5/iEV6 无法充电故障

（1）故障现象 一辆江淮 iEV，行驶里程约为 20000km，因车辆无法充电而报修。

（2）故障诊断 接车后试车验证故障现象，确认充电线路连接可靠后，观察仪表板上的指示灯，发现充电线连接指示灯和电池组充电指示灯均不亮。

根据相关资料可知，电池管理系统（BMS）在停车状态下才允许充电系统工作。待车辆停稳，并连接充电电源后，车载充电器准备开始工作，此时会通过 CAN 通信模块经 CAN 网络发送工作请求，仪表控制模块在得到车载充电器的请求后会控制充电连接指示灯点亮，同时给出一个充电唤醒信号，BMS 在收到唤醒信号后即开始进入充电模式，充电回路接通，车载充电器开始给高压电池组充电，电流不断增大，充电器不断地向 CAN 网络发送信号汇报充电电流数据，当仪表控制模块收到充电电流大于 1A 的信号后，控制电池组充电指示灯点亮。

根据上述资料结合故障现象进行分析，怀疑车载充电器存在故障。用万用表测量车载充电器后部的四针插接器上 CAN-H 和 CAN-L 间的电压，为 0V，判断车载充电器的 CAN 通信模块存在故障。

（3）故障排除 更换车载充电器后，再次给车辆进行充电操作，故障排除，如图 4-86 所示。

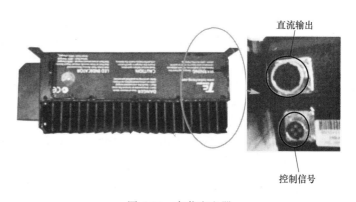

图 4-86 车载充电器

211 江淮 iEV5/iEV6 无法起动故障

（1）故障现象　一辆江淮 EV，行驶里程约为 30000km，车辆无法起动。

（2）故障诊断和排除　试车发现车辆确实无法起动，仪表板上电池警告灯点亮。根据上述故障现象，怀疑高压部分存在故障，电池管理系统（BMS）切断了高压，驱动电机无法供电，导致车辆无法行驶。分析可知，造成电池警告灯点亮的原因有很多，如电池单体自放电压差大、电池管理系统故障、绝缘故障和高压互锁故障等。

用监测程序进入 BMS 查看，发现总电压对应的 SOC（动力电池荷电状态）存在差异。按下行李舱电池组的维修开关，断开高压主线束与动力电池的连接，故障现象依然存在，说明问题出现在电池组内部。根据先电池单体、后电池整体的原则进行检查，发现该车电池组单体存在欠压故障，更换电池组总成后试车，故障排除。

（3）故障总结　对于电池警告灯点亮的故障，排查时应用监测程序进入 BMS，查看总电压对应的 SOC（动力电池荷电状态）是否存在差异，如果有差异，说明故障确实存在，可以通过切断高压主线束与动力电池连接的方法判断具体故障部位。如果切断高压主线束与动力电池的连接后故障消失，说明问题出在高压电池组外部，可根据从后往前查的原则（用绝缘电阻表从动力电池组总正端与总负端向前舱方向排查高压系统的绝缘情况）进行排查。若切断高压主线束与动力电池的连接后故障依然存在，则说明问题出现在电池内部，则根据先电池单体后电池整体的原则进一步检查，且只能通过更换电池组单体模块或电池组总成解决。

212 江淮 iEV5/iEV6 充电系统维修

充电系统主要由车载充电器、普通充电插头总成、充电桩专用充电插头总成及充电插座总成构成。

（1）正常状态　在整车仪表中设置了两个指示灯，分别是充电线连接指示灯 ▨ 和电池组充电指示灯 ▨。电动汽车正常充电时，仪表的充电线连接指示灯和电池组充电指示灯都会点亮，如图 4-87 所示。

（2）故障状态

状态 1：充电时如果只有充电线连接指示灯点亮，如图 4-88 所示。

表明充电系统中的 220V 交流电源输入线路正常，充电器已经发出 CAN 报文，按照以下顺序进行检查。

1）断开供电电源，检查与充电器相连接的接插件是否插接完好、到位。

2）充电系统上电，需要用电池管理系统专用软件监控电池管理系统工作状态：判断电池管理系统有无充电唤醒，如果电池管理系统没有被唤醒，需要检测充电器的唤醒信号输出是否正常。如果充电器唤醒信号输出正常，应检测充电器与 BMS 之间的充电唤醒信号线是否正常。如果充电唤醒信号线正常，应检测 BMS 状态。如果电池管理系统已被充电唤醒，应检测BMS 监测的电池组信息是否正常，以及 BDU 充电状态下相应的继电器是否工作正常。

3）以上都正常的情况下，检测 BMS 与充电器之间的 CAN 通信线是否正常。

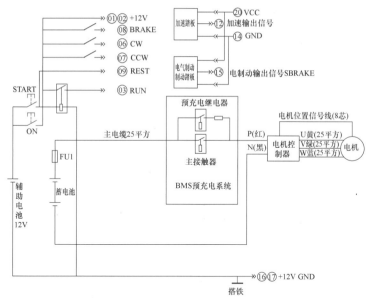

图 4-87　充电连接电路图

4) 以上不能解决故障时, 需要用专用软件监控充电器与 BMS 之间的 CAN 通信报文。报文的 ID 地址分别为 0x1806E5F4、0x18FF50E5。其中 0x1806E5F4 为 BMS 发送给充电器的指令, 0x18FF50E5 为充电器发送到总线的充电器信息。信息依据充电器与 BMS 之间的 CAN 通信协议进行分析, 查找故障原因。

状态 2: 充电时如果充电线连接指示灯和电池组充电指示灯都不点亮, 如图 4-89 所示。

1) 断开供电电源, 检查与充电器相连接的接插件是否插接完好、到位。

2) 检查供电电源及其设备是否正常。

3) 检查普通充电插头总成或者充电桩专用充电插头总成功能是否正常。

4) 检查充电插座线缆总成是否正常。

5) 用状态良好的充电器在线替换。

6) 查找故障原因。

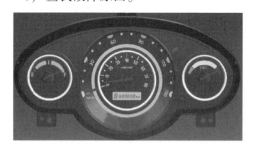

图 4-88　连接指示灯点亮

图 4-89　充电指示灯都不点亮

213 江淮 iEV5/iEV6 车载充电器拆卸

当车载充电器出现故障不能正常工作时, 禁止使用。需要将充电器从车身上拆下来, 进行专项维修。拆卸时，先将与车载充电器相连接的所有连接件拔离，从车载充电器安装支架上将车载充电器拆卸下来，拆卸充电器时需要在充电器下方托住，防止充电器掉落，以免对工作人员造成伤害。充电器拆卸下来后，需要放到干燥、防水、防雨雪的地方。车载充电器不可以私自拆解，应由专业技术人员对车载充电器进行检查和维修。充电器的布置位置在整车前舱，具体如图 4-90 所示。

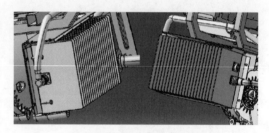

图 4-90　充电器的布置位置

214　江淮 iEV5/iEV6 简易充电桩维修

1）简易桩不能充电时，打开充电口舱门，用万用表直流电压档测试充电插座上面的 CC 和 CP 端有没有 12V 电压，如图 4-91 所示。

2）如果有 12V 直流电压，用万用表电阻档测试充电插头对应的 CC 和 CP 端子是否导通，如果不导通，测试线缆另一个充电插头，如果导通，将此插头插入简易桩的插座中，重新连接整车试充电，如果正常，则故障排除。

3）在执行第一步检测时没有 12V 电压，则打开简易桩上壳体的后盖，看漏电保护开关状态，正常状态下为 ON 档，如果为 OFF 档，将开关推至 ON 档，重新连接整车试充电，如正常则故障排除，如图 4-92 所示。

4）如果以上的检修不能排除故障，联系厂家维修，不允许用户擅自维修内部器件。

图 4-91　用万用表直流电压档测试充电插座

图 4-92　漏电保护开关状态

215　江淮 iEV5/iEV6 高压系统维护

各高压线缆总成件表面应清洁，保证波纹管无破损，若出现破碎现象，必须检查高压线束绝缘情况，并用绝缘胶带包裹破碎区域，并查明破碎原因。

更换高压接线盒步骤：

① 拔掉与高压接线盒相连接的接插件，如图 4-93 所示。

② 卸掉高压接线盒的 4 个固定螺栓，如图 4-94 所示。

③ 更换高压接线盒。

④ 装配高压接线盒的 4 个螺栓。

⑤ 连接与高压接线盒相连接的接插件。

图 4-93　拔掉与高压接线盒相连接的接插件

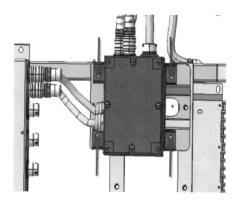

图 4-94　卸掉高压接线盒的 4 个固定螺栓

216　江淮 iEV5/iEV6 更换高压熔丝的步骤

高压接线盒内部分两层，上层为熔丝，底层为继电器，若需更换熔丝，只需打开顶盖即可进行操作，若需更换继电器，则需将顶盖和熔丝板一起拆下才能进行操作。

1）更换步骤：

① 松开高压接线盒顶盖的 8 个螺栓，如图 4-95 所示。

② 拆下顶盖。

③ 可更换 PCU 熔丝（150A）、PTC 熔丝（30A）、空调熔丝（30A）。

④ 若不需要维修继电器，直接将顶盖固定，如图 4-96 所示。

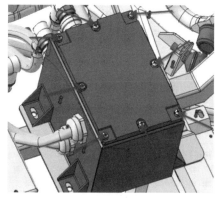

图 4-95　松开高压接线盒顶盖的 8 个螺栓

图 4-96　固定顶盖

2）更换高压继电器的步骤：

① 松开高压接线盒顶盖的 8 个螺栓。

② 拆下顶盖。

③ 拆下熔丝板。

④ 更换 PTC 高压继电器。

⑤ 还原高压接线盒。

217 江淮 iEV5/iEV6 DC-DC 总成的安装及检修

DC-DC 主要功能为向车辆附属电器设备（车灯、仪表等）提供电能，并对辅助电源充电，其作用与传统汽车的交流发电机类似。车载电源提供 DC 320V 作为 DC-DC 的输入。DC-DC 输出 DC 13.8V 为车辆附属设备提供电能及向辅助电源充电。

DC-DC 布置图如图 4-97 所示。注：DC-DC 变换器位于发动机舱后侧中部。

图 4-97　DC-DC 布置图

218 江淮 iEV5/iEV6 DC-DC 外观检查

1）检查外观是否整洁。

2）检查配线是否正确。

3）外观要求：螺钉紧固、光滑平整、无明显划伤、标签正确，如图 4-98 所示。

4）检查电源变换器标签。

5）检查电源变换器条码是否规范。

图 4-98　标签检查

219 江淮 iEV5/iEV6 DC-DC 电气检查

1）电源变换器输入端接 DC 320V，输出端接 12V 负载，可以是灯泡、大功率电阻等，要能保证电流大于 40A，但小于 70A。以下以 0.3Ω/800W 的电阻为例来说明，电流为 46A。

2）万用表拨到直流电压档，测得输出端电压为 13.8V。钳形电流表拨到直流电流档，测量输出端红线的输出电流，为 46A 左右。再并联一只 12V/25A 以上的电阻负载，测量 DC-DC 的输出电压，应该下降，电流为恒定的 70A。

3）输入端指示灯标签如图 4-99 所示，正常工作时"Work"灯为常亮，电源指示灯 ▮ 为常亮，故障指示灯不亮。否则，首先将 DC-DC 高压输入端插件拔下，用万用表测量线束端电压，若小于 200V，则可能为 DC-DC 欠电压保护，检查电池电压是否正常。若测得电压大于 200V，判定 DC-DC 故障，更换新的 DC-DC。15 针插件针脚名称见表 4-65。

图 4-99　输入端指示灯标签

表 4-65　15 针插件针脚名称

序号	插接器	名称
1	23P/16	12V 电源地
2	23P/22	CAN-H 高位信号
3	14P/1	余弦输出
4	14P/2	电机温度传感器地
5	14P/3	正弦输出
6	14P/5	正弦输出
7	14P/7	余弦输出
8	14P/14	电机激励信号
9	VP01	电动真空泵
10	VP02	电动真空泵
11	VP03	真空罐压力开关
12	VP04	真空罐压力开关
13	VP05	12V 电源地
14	VP06	12V 电源正极

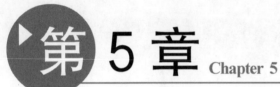

第**5**章 Chapter 5

比亚迪纯电动汽车

220 比亚迪 e6 高压系统分布

比亚迪 e6 高压系统分布如图 5-1 所示。

高压系统包括存储电能的电力电池包、管理存储电能的电池管理器、电能转化设备双向逆变交流充放电控制器、对低压系统进行供电的 DC-DC 控制器和对高压系统通断管理的配电箱。

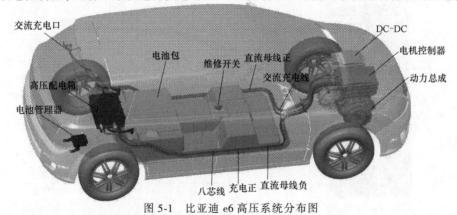

图 5-1　比亚迪 e6 高压系统分布图

221 比亚迪 e6 电池包位置及结构

比亚迪 e6 电池包位置及结构如图 5-2 和图 5-3 所示。

图 5-2　比亚迪 e6 电池包位置

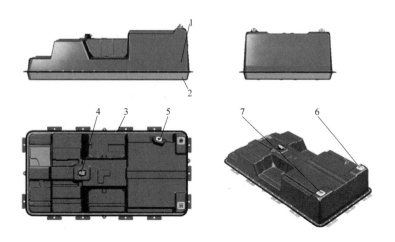

图 5-3　比亚迪 e6 电池包外观

1—密封盖　2—托盘　3—密封压条　4—维修开关　5—信号接口　6—负极引出　7—正极引出

222　比亚迪 e6 电池包拆装

（1）人员防护用具　人员防护用具如图 5-4 所示。

图片	名称	要求	用途
	手套	帆布手套	拆卸螺钉等以及搬运物品过程中的手部防护
	绝缘鞋	耐电压1000V以上	拆卸或解除高压部件时的脚部防护
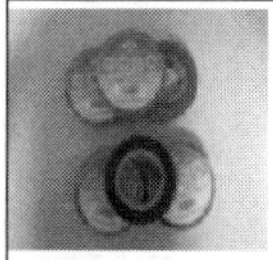	绝缘胶布	普通电工绝缘胶布	动力电池引出、维修开关、信号线接口处的防护
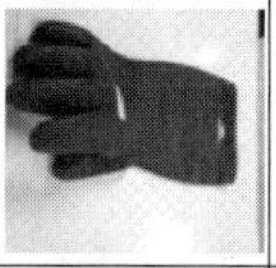	绝缘手套	耐电压1000V以上	操作高压部件时手、臂部的防护
	防护面罩	耐酸碱液腐蚀	拆卸泄漏动力电池时的面部防护

图 5-4　人员防护用具

（2）操作工具　操作工具如图 5-5 所示。

图片	名称	要求	用途
	高压绝缘工具组件	耐电压 1000V 以上	拆卸螺钉等
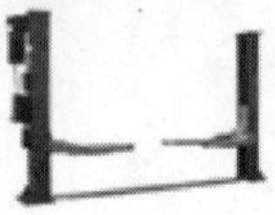	举升机	汽修举升机	抬高车辆
	简易支架车	高度 1.2~1.4m, 承重 1000kg	拖住动力电池
	套筒扳手组件	常用的汽修工具	拆卸车辆零部件使用
	升降平台车	台面尺寸 1800mm×800mm, 抬升高度不低于 1.4m, 承重 1000kg 以上	托住动力电池
	动力叉车	承重 300kg 以上, 提升高度 1.5m 以上	移动动力电池

图 5-5 操作工具

（3）拆卸流程 拆卸流程及注意事项如图 5-6 所示。

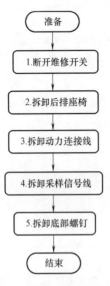

图 5-6 拆卸流程及注意事项

警　告

● 为了避免造成人身伤害，非专业人员请勿拆卸动力电池

● 在无佩戴相应防护用具的情况下，请勿接触或对动力电池进行操作

● 操作前，请将车辆退电至 OFF 档

● 请按照流程顺序进行拆卸

● 拆卸过程中，请注意动力电池及车辆上贴有的高压警示标识

● 拆卸过程中，部分零部件具有锁紧功能，请勿使用蛮力破坏

● 拆卸过程中，请注意对动力电池进行防护

1）断开维修开关，如图 5-7 所示。

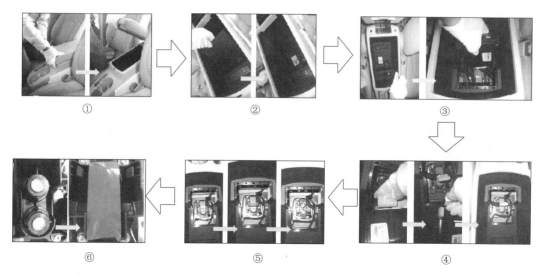

图 5-7 断开维修开关

① 打开车辆内室储物盒，取出内部物品。

② 取出储物盒底部隔板。

③ 使用十字螺钉旋具将安装盖板螺钉（4个）拧下，并掀开盖板。

④ 取出维修开关上盖板。

⑤ 拉动维修开关手柄呈竖直状态，向上提拉，取出维修开关。

⑥ 使用电工绝缘胶布封住维修开关接插件母端。

2）拆卸后排座椅，如图 5-8 所示。

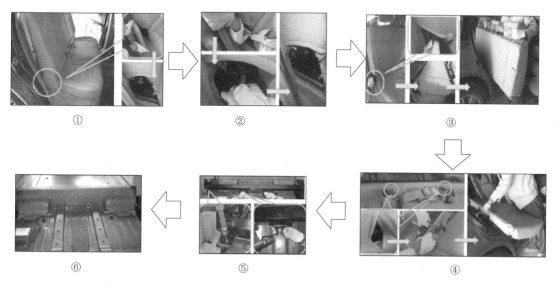

图 5-8 拆卸后排座椅

① 取下后排座椅两侧螺钉盖板。

② 拆下座椅折弯处螺钉（21mm）。

③ 同时拉动座椅两侧弯折处黑色拉绳，并将座椅靠背前倾，取出座椅靠背。

④ 拆掉座椅安全带后缝隙处螺钉（10mm）并取出座椅。

⑤ 卸掉座椅横梁固定螺钉以及安全带固定螺钉。

⑥ 取出横梁。

3）拆卸动力连接线，如图5-9所示。

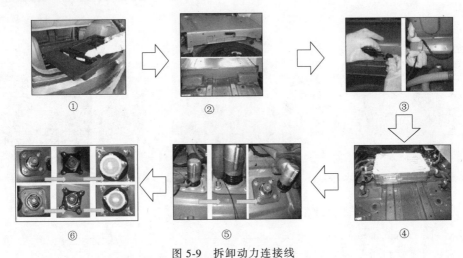

图5-9　拆卸动力连接线

① 打开行李舱，取出物品。

② 拆卸高压配电箱保护盖板固定螺钉（10mm）。

③ 拔掉高压配电箱保护盖板上的信号连接线接口。

④ 取出高压配电箱保护盖板。

⑤ 拆掉正负极接插件的红色卡扣，轻提黑色卡扣，听到"咔"声响后，拔掉接插件。

⑥ 拆掉正负极引出固定板，并使用保护盖或电工绝缘胶布对正负极引线进行防护。

4）拆卸采样信号线，如图5-10所示。

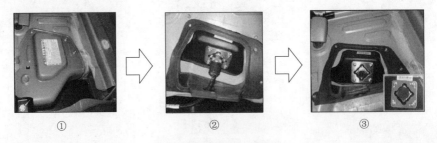

图5-10　拆卸采样信号线

① 拧下采样信号线盖板螺钉（10mm）并取下盖板。

② 旋转采样信号线接插件卡扣。

③ 取下采样信号线接插件。

5）拆卸底部螺钉，如图5-11所示。

① 用举升机支撑端对准车架横梁提升举起车辆。

② 拆卸车头防撞梁固定螺钉（17mm）。

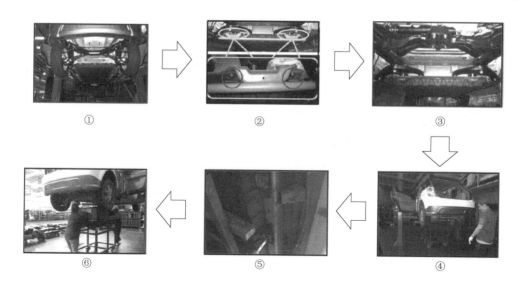

①   ②   ③

④   ⑤   ⑥

图 5-11 拆卸底部螺钉

③ 取掉防撞梁。

④ 调整车辆高度，将升降平台车或简易支架车放置在动力电池底部，顶住动力电池。

⑤ 拆卸动力电池底部固定螺钉（18mm，共 13 个）。

⑥ 提升车辆高度，并将动力电池拉出。

（4）e6 动力电池的安装 安装流程如图 5-12 所示。

1）安装动力电池，如图 5-13 所示。

注 意
将举升机四个支撑脚对准底盘车架横梁槽后再举升车辆，以免由于车身重量压损车架或电池包边缘

准备

↓

1.安装动力电池

↓

2.安装信号接插件及正负极

↓

3.安装后排座椅

↓

4.安装维修开关

↓

结束

图 5-12 安装流程

• 用电动叉车将动力电池放置在举升平台或简易支撑平台上，并推入安装工位，动力电池自重较大(约750kg)，请注意安全

• 对正位置，将车身降到合适高度，将动力电池的信号采集线通过底盘预留的信号采集线口牵引至车舱内。然后继续下降至底盘与动力电池边缘相接触，对角固定安装动力电池螺钉(以150N·m拧紧)

图 5-13 安装动力电池

2）安装信号接插件及正负极，如图 5-14 所示。

- 安装信号接插件

注 意
- 信号接插件安装时应避免线束被过度扭曲(不允许超过180°)
- 正、负极固定板共8个螺母，规格为M10，安装推荐力矩为7.8~8.3N·m

- 安装正、负极固定板

- 安装正极接插件

防错卡点

向上拨黑色卡口后将接插件定位

黑色卡口

- 拨下黑色卡扣

安装防脱卡环

⚠ 警 告
安装正、负极时必须佩带绝缘手套，且必须由培训合格的专业人员操作。

- 正极安装完成

负极安装(参照正极安装)

图 5-14　安装信号接插件及正负极

3）安装后排座椅。
4）安装维修开关，如图 5-15 所示。

⚠ 警 告
- 安装维修开关时，必须确保整车低压电源已经关闭，起动按钮未按下起动(切忌在整车低压电源通电状态下进行应急开关的拔插，否则可能会对控制器造成损害)
- 维修开关安装后，还应及时安装盖板、橡胶垫，紧固螺钉也需按要求锁紧

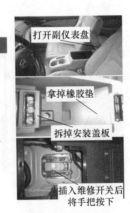

打开副仪表盘

拿掉橡胶垫

拆掉安装盖板

插入维修开关后将手把按下

图 5-15　安装维修开关

223　比亚迪 e6 电池管理单元安装位置与结构

电池管理单元安装位置与结构如图 5-16 和图 5-17 所示。

电压采样线　　与整车通信口

温度采样线

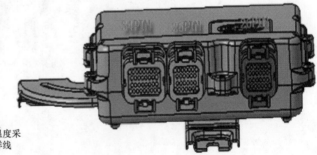

图 5-16　电池管理单元结构

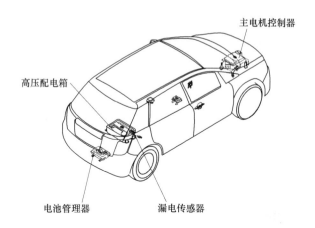

图 5-17　电池管理单元安装位置

224　比亚迪 e6 电池管理单元端子及定义

1）分布式电池管理器（BMS）控制器端口定义如图 5-18 和图 5-19 所示。引脚定义见表 5-1。

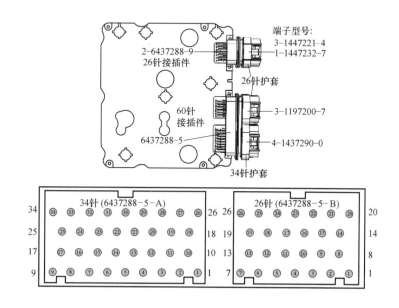

图 5-18　分布式电池管理器控制器端口（6437288-5）

2）集中式电池管理器端口定义如图 5-20 所示。引脚定义见表 5-2。

表 5-1　引脚定义 （6437288-5）

e6Y分布式电池管理器防水控制器线束定义（34针）				e6Y分布式电池管理器控制器线束定义（26针）			
1脚	空	18脚	漏电传感器+15V	1脚	DC 12V	14脚	充电柜 CAN-H（预留）
2脚	一般漏电	19脚	漏电 GND	2脚	空	15脚	整车 CAN-H
3脚	空	20脚	漏电传感器−15V	3脚	常电 HC 12V	16脚	整车 CAN 屏蔽地
4脚	空	21脚	空	4脚		17脚	
5脚	空	22脚	空	5脚	车身 GND	18脚	慢充电确认信号（VTOG& 车载）
6脚	空	23脚	空				
7脚	空	24脚	DC 预充接触器	6脚	车身 GND	19脚	维修开关（预留）
8脚	空	25脚	电池内部接触器控制 3	7脚	空	20脚	
9脚	放电接触器	26脚	电流霍尔信号	8脚	空	21脚	
10脚	严重漏电	27脚	电流霍尔+15V	9脚	空	22脚	整车 CAN-L
11脚	漏电自检信号 TEST	28脚	接触器 GND	10脚	空	23脚	空
12脚	空	29脚	电流霍尔−15V	11脚	空	24脚	空
13脚	空	30脚	接触器 GND	12脚	空	25脚	碰撞信号
14脚	常电+HC12V	31脚	电池内部接触器控制 2	13脚	空	26脚	空
16脚	脚	32脚	空				
15脚	空	33脚	慢充电接触器（VTOG& 车载）				
17脚	预充接触器	34脚	DC 接触器				

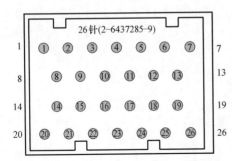

e6Y分布式电池管理器控制器线束定义（26针）			
1脚	CAN−3L（采集器）	14脚	DC12V（双路电）（预留）
2脚	采集器CAN3屏蔽地	15脚	DC12V（双路电）（预留）
3脚		16脚	
4脚		17脚	
5脚		18脚	
6脚		19脚	
7脚	BIC电源+12V_ISO	20脚	电池内部接触器控制1
8脚	CAN−3H（采集器）	21脚	
9脚		22脚	
10脚		23脚	
11脚		24脚	
12脚		25脚	
13脚		26脚	BIC电源地GND_ISO

图 5-19　分布式电池管理器控制器端口及定义 （2-6437285-9）

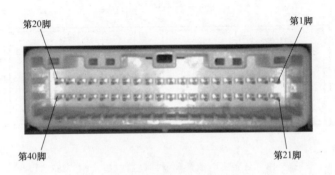

图 5-20　集中式电池管理器端口定义

表 5-2　引脚定义

引脚	定　义	引脚	定　义
第 1 脚	直流外充电接触器	第 21 脚	正极主接触器
第 2 脚	放电预充接触器	第 22 脚	DC 接触器
第 3 脚	交流充电接触器	第 23 脚	预留 3
第 4 脚	直流充电仪表信号	第 24 脚	预留 4
第 5 脚	接触器地	第 25 脚	正极主接触器给仪表信号
第 6 脚	12V 蓄电池电源	第 26 脚	充电感应开关地
第 7 脚	12V 蓄电池地	第 27 脚	DC 12V 电源
第 8 脚	直流充电感应信号	第 28 脚	DC 12V 地
第 9 脚	空	第 29 脚	空
第 10 脚	交流充电感应开关	第 30 脚	数字量输入（预留）
第 11 脚	风机地	第 31 脚	漏电传感器 +15 电源
第 12 脚	漏电传感器 -15 电源	第 32 脚	漏电传感器地
第 13 脚	一般漏电信号	第 33 脚	严重漏电信号
第 14 脚	CAN2 地	第 34 脚	CAN0 低
第 15 脚	CAN2 低	第 35 脚	CAN0 高
第 16 脚	CAN2 高	第 36 脚	CAN0 地
第 17 脚	CAN1 低	第 37 脚	CAN1 地
第 18 脚	CAN1 高	第 38 脚	电流电压霍尔 -15 电源
第 19 脚	电压霍尔信号	第 39 脚	电流电压霍尔 +15 电源
第 20 脚	电流霍尔信号	第 40 脚	电流电压霍尔地

225 比亚迪 e6 驱动电机控制器结构

驱动电机控制器内部主要由控制板、驱动板、高压采样几部分组成，如图 5-21 所示。

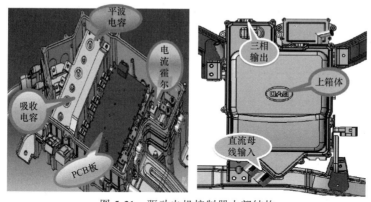

图 5-21　驱动电机控制器内部结构

驱动电机控制器总成包含上中下 3 层，上下层为电机控制单元，中层为水道冷却控制单元，总成还包括信号接插件（包含 12V 电源/CAN 线/档位/加速踏板/制动/旋变/电机温度信号线/预充满信号线等）、2 根动力电池正负极接插件、3 根电机三相线接插件、2 个水套接头及其他周边附件，如图 5-22 所示。

主要作用有：

1）控制板负责整车控制信号，包括档位信号、加速踏板、驻车制动、制动、预充、电机过温等，以及电机控制信号，即母线电压、两相电流、旋变信号的采集和处理。信号通过 DSP 利用 CAN 总线向外围发送。

2）驱动板主要通过接收控制板 PWM 信号，对 IGBT 进行控制。

3）各部件综合起来主要实现整流逆变控制与保护。

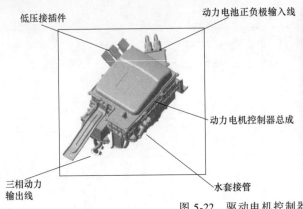

低压接插件

动力电池正负极输入线

动力电机控制器总成

水套接管

三相动力输出线

图 5-22 驱动电机控制器外部结构

226 比亚迪 e6 驱动电机接插件端子及定义

e6/e6A 驱动电机控制器（75kW）接插件如图 5-23 所示。引脚定义见表 5-3。

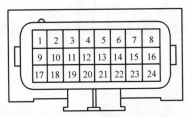

图 5-23 驱动电机控制器（75kW）接插件

表 5-3 引脚定义

型号	插件脚	引脚信号定义	颜色	线型和线号	信号去向	型号	插件脚	引脚信号定义	颜色	线型和线号	信号去向
24 针棕色接插件 211 PL249 S1033	1					24 针灰色接插件 211 PL249 S6033	1	GND	黑	0.30mm	22-8
	2						2	制动踏板深度电源 1,2	绿	0.30mm	22-15, 22-7
	3	MG2 旋支屏蔽地	绿	0.30mm	31-3		3				
	4	MG2 励磁+	黄	0.30mm	31-24		4				
	5	MG2 正弦+	蓝	0.30mm	31-23		5	档位信号 D	黄	0.30mm	22-1
	6	MG2 余弦+	橙	0.30mm	31-22		6	档位信号 N	蓝	0.30mm	22-2
	7	MG2 电机过温	粉	0.30mm	17-16		7	加速踏板深度电源 1,2	橙	0.30mm	22-22, 22-19
	8	运行模式切换信号输入	灰	0.30mm	17-12		8	12V	红	0.30mm	22-16
	9						9	制动踏板深度信号屏蔽地	黑	0.5mm	22-8
	10						10	制动踏板深度电源地 1,2	粉	0.30mm	22-13, 22-12
	11	CAN 屏蔽地	紫	0.30mm	31-20		11				
	12	MG2 励磁-	绿黑	0.30mm	31-12		12				
	13	MG2 正弦-	黄黑	0.30mm	31-11		13	档位信号 R	灰	0.30mm	22-3
	14	MG2 余弦-	蓝黑	0.30mm	31-10		14	档位信号 P	紫	0.30mm	22-4
	15	MG2 电机过温地	绿黄	0.30mm	17-11		15	加速踏板深度电源地 1,2	绿黑	0.30mm	22-20, 22-17
	16	运行模式切换信号输出	黄红	0.30mm	17-7		16	加速踏板深度屏蔽地	黑	0.5mm	22-8
	17						17	制动踏板深度 1	黄黑	0.5mm	22-14
	18						18	制动踏板深度 2	棕	0.30mm	22-10
	19	GAN 信号高	棕	0.30mm	31-9		19				
	20	CAN 信号低	白	0.30mm	31-21		20				
	21	驻车制动信号	白黑	0.30mm	22-11		21				
	22	制动信号	白红	0.30mm	22-9		22	预充满	蓝黑	0.30mm	22-6
	23						23	加速踏板深度 1	绿黄	0.30mm	22-21
	24						24	加速踏板深度 2	黄红	0.5mm	22-18

227 比亚迪 e6 驱动控制器故障报警及分析

比亚迪 e6 驱动控制器故障报警及分析见表 5-4。

表 5-4　驱动控制器故障报警及分析

故障码	检测项目	故障区域	故障等级
B1400	智能功率模块（IPM）故障	IPM 失效	严重
B1401	旋变传感器故障	旋变传感器失效	严重
B1402	直流母线电压传感器故障	短路、开路	严重
B1403	B 相电流传感器故障	短路、开路	严重
B1404	C 相电流传感器故障	短路、开路	严重
B1405	B 相 C 相电流输入差故障	B 相 C 相电流输入差过大	严重
B1406	档位故障	档位失效	严重
B1407	加速踏板故障	短路、开路、比例失调	严重
B1408	制动踏板故障	短路、开路、比例失调、开关比较	严重
B1409	电机温度传感器回路故障	电机温度传感器回路故障	严重
B1410	电机逆变器温度传感器回路故障	INVT 信号回路故障	严重
B1429	电机控制 CPU 故障	EV ECU	严重
B1430	电机控制模块通信故障	通信失效	严重

228 比亚迪 e6 高压系统的运行原理

高压系统还包括主控制器、档位控制器 P 位电机控制器、充电口和充电盒等部件。通过组成高压系统的零部件串联组合，可存储电网电能，保证动力组成的动力输出，实现 e6 的安全行驶。图 5-24 所示为 e6 高压系统原理框图，图中能量和控制两条流线说明了整个高压系统的运行原理。

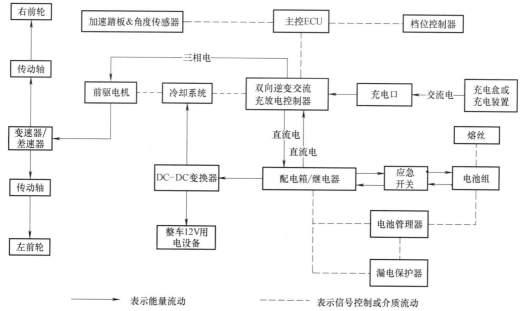

图 5-24　高压系统的运行原理图

229 比亚迪 e6 DC-DC 变换器结构

DC-DC 负责将电池 316.8V 高压电转换成 12V 电源。DC-DC 在主接触器吸合时工作，输出的 12V 电源供给整车用电器工作（包括 EHPS 电动机），并且在低压电池亏电时给低压电池充电。

e6 先行者 DC-DC 变换器总成主要包含两个 12V DC-DC 变换器，如图 5-25～图 5-28 所示。

1）12V-1 DC-DC 变换器。输入：200～400V，输出：13.8V/100A，最大 110A。

2）12V-2 DC-DC 变换器。输入：200～400V，输出：13.8V/70A，最大 100A。

图 5-25 DC-DC 变换器安装位置

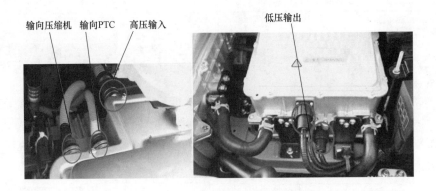

图 5-26 外部连接

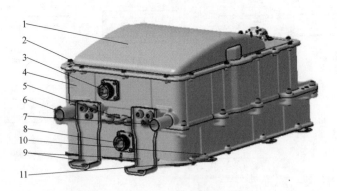

图 5-27 DC-DC 变换器外部部件 1

1—上箱盖 2—上箱盖固定螺栓 3—DC 12V 输出接插件 1 4— DC 与空调驱动器箱体 5—负极搭铁点
6—进水管 7—出水管 8—DC 12V 输出接插件 2 9—DC 与空调驱动器前支架
10—下箱盖固定螺栓 11—线束卡口固定点

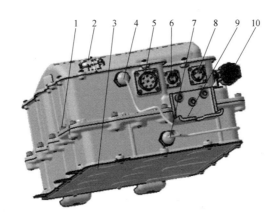

图 5-28　DC-DC 变换器外部部件 2

1—上下箱体固定螺栓　2—透气孔　3—下箱盖　4—低压电源接口　5—DC 与空调驱动器高压输入接插件

6—空调 PTC 高压输出接插件　7—DC 与空调驱动器 CAN 接口　8—空调压缩机高压输出接插件

9—DC 与空调驱动器后支架　10—DC 与空调驱动器低压输出接插件

230　比亚迪 e6 DC 与空调驱动器总成接插件定义

比亚迪 e6 DC 与空调驱动器总成接插件定义如图 5-29 所示。

引脚	引脚定义	引脚	引脚定义
A	空调正	E	空
B	空调负	F	DC2正
C	DC2负	G	DC1正
D	DC1负	H	空

图 5-29　DC 与空调驱动器总成接插件定义

231　比亚迪 e6 低压线束接插件定义

1）比亚迪 e6 低压线束接插件定义 1（从整车取 12V 工作电源的 DC）如图 5-30 所示。

2）低压线束接插件定义 2（新接插件的 DC）如图 5-31 所示。

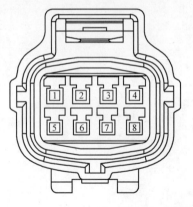

引脚	引脚定义
1	ON正
2	ON负
3	空
4	空
5	CAN-H
6	CAN-L
7	屏蔽地
8	空

图 5-30　低压线束接插件定义 1

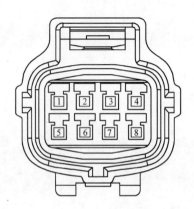

引脚	引脚定义
1	空
2	空
3	空
4	空
5	CAN-H
6	CAN-L
7	屏蔽地
8	空

图 5-31　低压线束接插件定义 2

232 比亚迪 e6 高压配电箱结构

通过配电箱对电池包中巨大的能量进行控制，它相当于一个大型的电闸，通过继电器的吸合来控制电流通断，将电流进行分流等。关键零部件为继电器，为了控制如此大的电流，需要几个继电器并联工作，这也对继电器工作的一致性和可靠性提出了苛刻的要求。安位置如图 5-32 所示。

高压配电箱外部连接如图 5-33 所示，内部结构如图 5-34 所示。

e6 A-2155020/F/G/H 高压配电箱总成如图 5-35 所示。

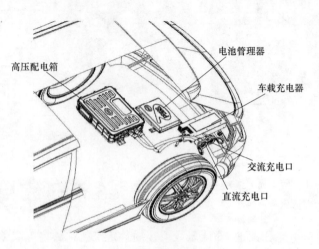

图 5-32　高压配电箱位置

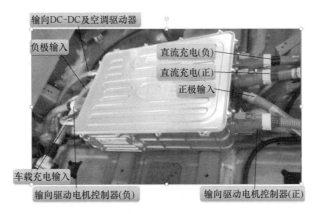

图 5-33 高压配电箱外部连接

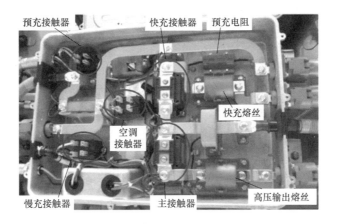

图 5-34 高压配电箱内部结构

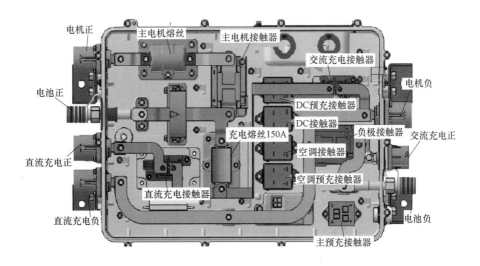

图 5-35 e6 A-2155020/F/G/H 高压配电箱总成

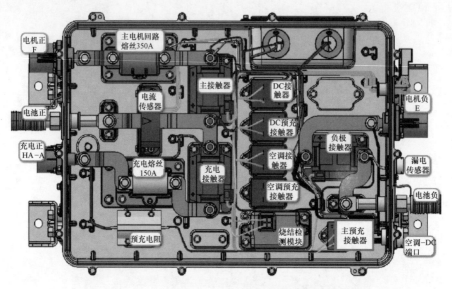

图 5-35　e6 A-2155020/F/G/H 高压配电箱总成（续）

233　比亚迪 e6 高压配电箱电气工作原理

高压配电箱管理高压系统电量的通断，在车辆上电和车辆充电时，配电箱内各接触器有效按时序运行通断，保证整车高压系统的安全运行，电气原理如图 5-36 所示。接触器通断时序如下。

上电时接触器吸合顺序：吸合负极接触器—吸合 DC 预充—吸合 DC 接触器—断开 DC

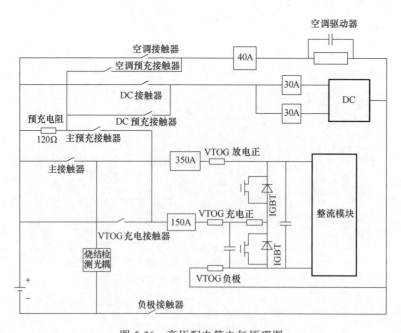

图 5-36　高压配电箱电气原理图

预充—吸合主预充接触器—吸合主接触器—断开主预充接触器—吸合空调预充接触器—吸合空调接触器—断开空调接触器。

充电时接触器吸合顺序：吸合负极接触器—吸合 DC 预充—吸合 DC 接触器—断开 DC 预充—吸合主预充接触器—吸合充电接触器—断开主预充接触器。

234 比亚迪 e6 高压配电箱低压控制端接插件引脚定义

比亚迪 e6 高压配电箱控制线束接插件如图 5-37 所示。引脚定义见表 5-5。

表 5-5　高压配电箱控制线束接插件引脚定义

连接端子	端子描述	条件	正常值
1—车身地	ON 档电源	充电或电源 ON 档	11 ~ 14V
2—车身地	ON 档电源	充电或电源 ON 档	11 ~ 14V
3—车身地	ON 档电源	电源 ON 档	11 ~ 14V
4—车身地	双路电	充电或电源 ON 档	11 ~ 14V
5—车身地	双路电	充电或电源 ON 档	11 ~ 14V
6—车身地	DC 预充控制	DC 预充时	小于 1V
8—车身地	DC 接触器控制	充电或电源 ON 档	小于 1V
9—车身地	电流霍尔信号	电流信号	—
10—车身地	车身地	始终	小于 1V
12—车身地	仪表常电	ON 档	11 ~ 14V
13—车身地	预充接触器控制	起动	小于 1V
14—车身地	正极接触器控制	电源 OK 档	小于 1V
15—车身地	PTC 接触器控制	打开空调	小于 1V
16—车身地	烧结监测正	电源 OFF 档	11 ~ 14V
17—车身地	烧结监测负	电源 OFF 档	小于 1V
19—车身地	+15V 电源	充电或电源 ON 档	约 +15V
20—车身地	交流充电接触器控制	交流充电	小于 1V
21—车身地	−15V 电源	充电或电源 ON 档	约 −15V

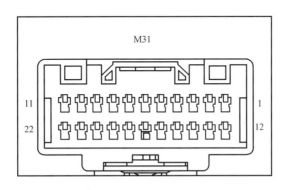

图 5-37　高压配电箱控制线束接插件引脚

235 比亚迪 e6 高压配电箱拆装

（1）拆卸　拆卸流程及注意事项如图 5-38 所示。

1）断开维修开关，如图5-39所示。

① 打开车辆内室储物盒，取出内部物品。

② 取出储物盒底部隔板。

③ 使用十字螺钉旋具将安装盖板螺钉（4个）拧下，并掀开盖板。

④ 取出维修开关上盖板。

⑤ 拉动维修开关手柄呈竖直状态，向上提拉，取出维修开关。

⑥ 使用电工绝缘胶布封住维修开关接插件母端。

2）拆卸后排座椅，如图5-40所示。

① 取下后排座椅两侧螺钉盖板。

② 同时拉动座椅两侧弯折处黑色拉绳，并将座椅靠背前倾。

3）拆卸动力、信号、高压连接线，如图5-41所示。

① 打开行李舱，取出物品。

② 拆卸高压配电箱保护盖板固定螺钉（10mm与8mm）。

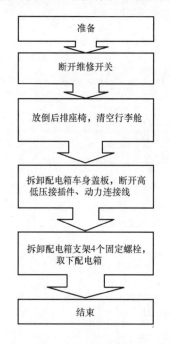

图5-38 拆卸流程及注意事项

警　告
● 为了避免造成人身伤害，非专业人员请勿拆卸、打开高压配电箱 ● 在无佩戴相应防护用具的情况下，请勿接触或对高压配电箱进行操作 ● 操作前，请将车辆退电至OFF档 ● 请按照流程顺序进行拆卸 ● 拆卸过程中，请注意高压配电箱及车辆上贴有的高压警示标识 ● 拆卸过程中，部分零部件具有锁紧功能，请勿使用蛮力破坏 ● 拆卸过程中，请注意对高压配电箱进行防护。切勿使异物、液体进入高压配电箱

③ 拔掉高压配电箱保护盖板上的信号连接线接口。

④ 取出高压配电箱保护盖板。

⑤ 取掉正负极接插件的红色卡扣，轻提黑色卡扣，听到"咔"声响后，拔掉接插件，对正负极接口用保护套保护。

⑥ 拆掉所有信号线及高压线。

⑦ 拆卸高压配电箱的4个固定螺栓（10mm），取下高压配电箱。

（2）装配

1）安装高压配电箱接插件示意图如图5-42所示。连接说明见表5-6。

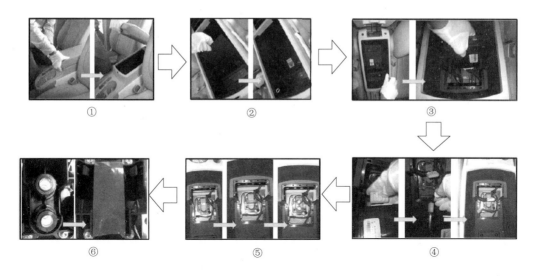

①　②　③

④

⑤

⑥

图 5-39　断开维修开关

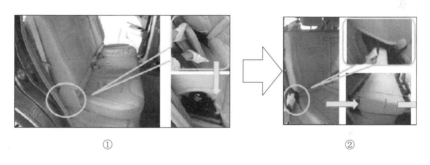

①　②

图 5-40　拆卸后排座椅

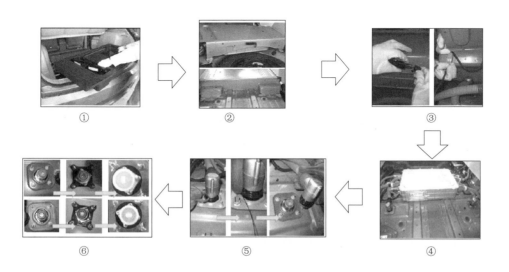

①　②　③

④

⑤

⑥

图 5-41　拆卸动力、信号、高压连接线

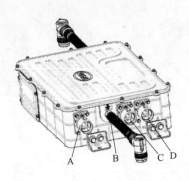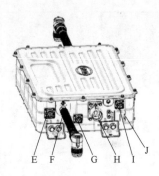

图 5-42　高压箱接插件示意图

表 5-6　高压箱接插件连接说明

字母代号	配电箱输出说明	配电箱连接说明	备注
A	直流母线正	与电机控制器连接	
B	电池正极输入	与电池包连接	
C	直流充电正极输入	与直流充电口连接	
D	直流充电负极输入	与直流充电口连接	
E	DC 与空调驱动器	与 DC 和空调驱动器连接	
F	电池负极输入	与电池包连接	
G	漏电传感器	与漏电传感器连接	
H	直流母线负	与电机控制器连接	
I	车载充电器	与车载充电器连接	e6B
J	低压接插件	与整车低压线束连接	

2）配电箱高低压接插件装配要求。

低压接插件（白色）：与线束接插件连接时，需在蓄电池电源断开状态下，线束插头压入配电箱插座口，能听到"咔嗒"声，并反向轻拉插接件，验证是否插紧，带有锁紧结构的扣上锁紧结构。

高压接插件（橙色）：在紧急维修开关手柄拉出断电的情况下，把配电箱电池正负输入电缆接插件插入电池正负极端口，按压锁止环，能听到"咔嗒"声，并反向轻拉插接件，验证是否插紧。

在紧急维修开关手柄拉出断电的情况下，把 DC 空调驱动器、电机控制器正负极、直流充电正负极等高压接插件插进相应接口，压紧后，把锁紧机构扣装到位，能听到"咔嗒"声，并反向轻拉插接件，验证是否插紧。

3）安装信号接插件及正负极。

4）安装后排座椅。

5）安装维修开关。

236　比亚迪 e6 DC-DC 系统全面诊断流程

DC-DC 系统与高压配电箱电路如图 5-43 所示。全面诊断流程如图 5-44 ~ 图 5-46 所示。

DC-DC 系统下一回路（42V 回路）诊断电路如图 5-47 所示。42V 回路诊断流程如图 5-48和图 5-49 所示。

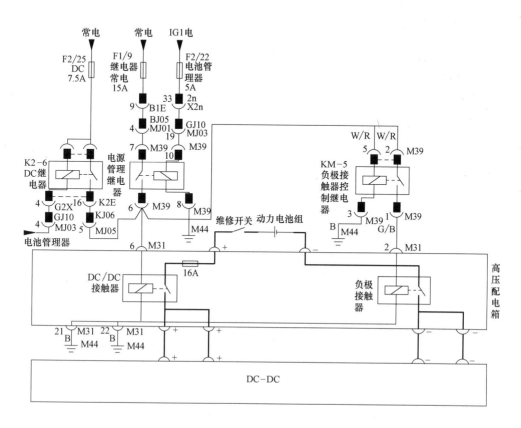

图 5-43　DC-DC 系统与高压配电箱电路

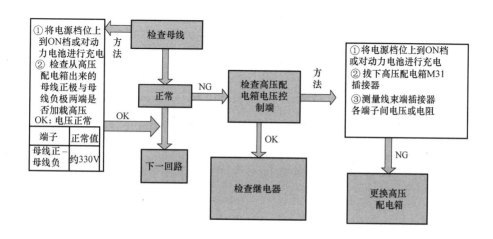

图 5-44　全面诊断流程一

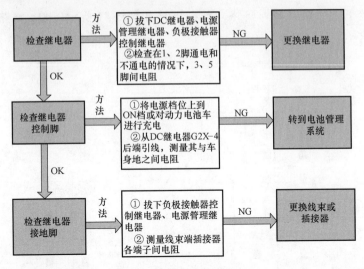

图 5-45　全面诊断流程二

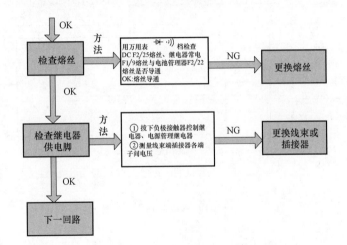

图 5-46　全面诊断流程三

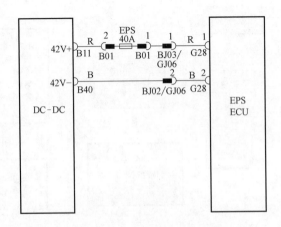

图 5-47　DC-DC 系统与 EPS 电路图

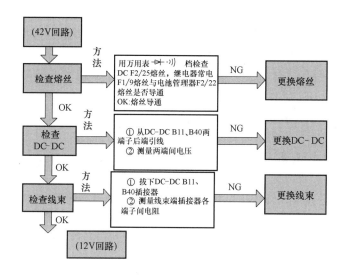

图 5-48　42V 回路诊断流程一

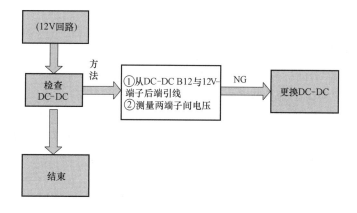

图 5-49　42V 回路诊断流程二

237 比亚迪 e6 DC 与空调驱动器故障模式下问题的判定

（1）DC 与空调驱动器漏电　DC 与空调驱动器漏电分两种情况，一般漏电和严重漏电。DC 与空调驱动器漏电主要是由于自身绝缘阻值过小或漏电流过大导致。

DC 与空调驱动器出现漏电时，仪表会报电池包漏电故障，出现严重漏电时，车辆会自动将动力切断进行保护。

出现电池包漏电情况，应立即将车辆靠路边停靠，联系工作人员进行处理。

检测方法：

1）ED400 读取电池管理器数据流（漏电故障）。

2）断电后拔掉 DC 与空调驱动器输入八芯线，重新上电读取电池管理器数据流。

3）如果漏电故障未消除，查找电池包等其他模块。

4）如果漏电故障消除，接上 DC 与空调驱动器输入，断开输出（压缩机、PTC，以及两个 13.8V 输出，排列组合测试，查找具体的漏电零部件）。

5）如果接上 DC 与空调驱动器输入，依次排列组合断开输出，漏电故障均出现，确定 DC 与空调驱动器漏电。

6）测量绝缘阻值：测量 DC 与空调驱动器输出（压缩机、PTC、两个低压输出）对地电阻，低压兆欧级不正常。测量 DC 输入对地电阻，低压兆欧级不正常。

（2）DC 或空调没有输入　DC 与空调驱动器的输入电压通过高压配电箱和熔丝后，由八芯线直接传送过来。

八芯线包括空调的直流高压输入、两路通过 DC 转换成低压的高压输入。出现空调没有高压直流输入时，空调不能工作。出现两路电压没有输入电压时，低压没有输出。

检测方法（空调没有输入）：

1）测试空调制冷、制热是否正常。

2）如果不正常，排查了空调自身故障后，测量输入端 A、B 是否有电压（注意安全保护措施：断开电源，拔下输入接插件，用万用表表头接好 A、B 端，车辆上电测量输入电压）。

3）如果没有电压，测量高压配电箱处空调熔丝是否烧毁。

4）如果熔丝未烧毁，转入高压配电箱的维修（可能是接触器未吸合）。

检测方法（DC 没有输入）：

1）测试是否有 DC 两路低压输出。

2）如果正常，检查 DC 与空调驱动器自身。如果不正常，测量输入端 C、D，F、G 端的电压是否正常（注意安全保护措施：断开电源，拔下输入接插件，分别用万用表表头接好 C、D，F、G 端，车辆上电测量输入电压）。

3）如果没有电压，测量高压配电箱处 DC 熔丝是否烧毁。

4）如果熔丝未烧毁，转入高压配电箱的维修（可能是接触器未吸合）。

（3）压缩机、PTC 或低压没有输出，输出异常压缩机、PTC 或低压没有输出，输出异常会导致空调不制冷、不制热或蓄电池馈电、转向无助力等故障。

检测方法（压缩机、PTC 或低压没有输出）：

1）测量八芯输入是否正常。

2）测试压缩机输入是否正常：如果正常，查找压缩机自身故障；如果不正常，查找 DC 与空调驱动器内部故障，通过更换 DC 与空调驱动器验证。

3）测量 PTC 输入是否正常：如果正常，查找 PTC 自身故障；如果不正常，查找 DC 与空调驱动器内部故障，通过更换 DC 与空调驱动器验证。

4）测量低压输出是否有输出（正常值为 13.8V）：如果不正常，查找 DC 与空调驱动器内部故障，通过更换 DC 与空调驱动器验证。

238 比亚迪 e6 DC 与空调驱动器模块故障码

诊断仪 DC 与空调驱动器模块故障码见表 5-7 和表 5-8。

表 5-7　DC 与空调驱动器模块故障码［DC-DC（1）模块］

故障码（DTC）	故障描述	可能发生部位
P1DA0	输出 1#电压故障（保留）	DC-DC
P1DA1	输出 2#电压故障（保留）	DC-DC
P1DA2	DC（1）输出过电压	DC-DC
P1DA3	DC（1）输出欠电压	DC-DC
P1DA4	DC（1）输出过电流	DC-DC
P1DA5	DC（1）散热器过温	DC-DC、冷却系统
P1DA6	DC（1）输入过电压	动力电池
P1DA7	DC（1）输入欠电压	动力电池、高压配电箱、高压线
P1DA8	DC（1）输出断路	输出接插件未接
P1DA9	DC1、2 输出断路	输出接插件未接
U0111	与高压电池管理器（BMS）通信故障	BMS、其他动力网模块、低压线束

表 5-8　DC 与空调驱动器模块故障码［DC-DC（2）模块］

故障码（DTC）	故障描述	可能发生部位
P1E00	输出 1#电压故障（保留）	DC-DC
P1E01	输出 2#电压故障（保留）	DC-DC
P1E02	DC（2）输出过电压	DC-DC
P1E03	DC（2）输出欠电压	DC-DC
P1E04	DC（2）输出过电流	DC-DC
P1E05	DC（2）散热器过温	DC-DC、冷却系统
P1E06	DC（2）输入过电压	动力电池
P1E07	DC（2）输入欠电压	动力电池、高压配电箱、高压线
P1E08	DC（2）输出断路	输出接插件未接
U0111	与高压电池管理器（BMS）通信故障	BMS、其他动力网模块、低压线束

239　比亚迪 e6 DC 与空调驱动器故障码处理方法

（1）DC-DC 输入故障

1）DC-DC 输入故障可以分为输入过电压和输入欠电压。导致 DC-DC 输入故障的原因有两种：

① DC-DC 自身故障导致对输入的电压范围判断有误。

② 从配电箱出来的母线正、负极电压超出 DC-DC 工作电压范围。

2）DC-DC 出现输入保护时会停止工作，应立即将车辆靠路边停靠，联系维修工作人员进行处理。

处理方法：在确保安全的情况下，将车辆电源档位上到 OK 档，用万用表测量 DC-DC 的高压输入端（图 5-50）C、F 引脚两端电压是否在 200～400V 范围内。若无高压则检查配电箱；若有高压则更换功能常的 DC 与空调驱动器，并将故障件拆卸后交付比亚迪进行专业检修。各引脚含义见表 5-9。

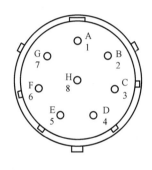

图 5-50　高压输入端

表 5-9　DC-DC 的高压输入端引脚含义

引脚	功能定义
A	空调供电高压正
B	空调供电高压负
C	DC 12V Ⅰ供电高压负
D	DC 12V Ⅱ供电高压负
E	空
F	DC 12V Ⅰ供电高压正
G	DC 12V Ⅱ供电高压正
H	空

（2）DC-DC 输出故障

1）DC-DC 输出故障可以分为输出过电压、输出欠电压和输出过电流。在确认 DC-DC 高压输入电压正常的情况时，DC-DC 出现输出故障常为自身内部故障导致。

2）DC-DC 出现输出保护时，应立即将车辆靠路边停靠，联系维修工作人员进行处理。

处理方法：DC-DC 的 12V 回路电路原理图如图 5-51 所示。

将车辆电源档位上到 OK 档，用万用表测量 DC-DC 的 DC12V 输出接插件 1、2 对车身地的电压范围是否为 9～14.49V（输入电压为 260～400V，输出电压为 13.11～14.49V；输入电压为 200～260V，输出电压>9V），若超出范围则更换功能正常的 DC 与空调驱动器，并将故障件拆卸后交付比亚迪进行专业检修，如图 5-52 所示。

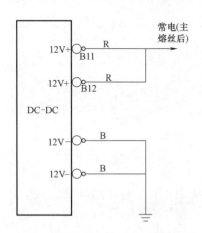

图 5-51　DC-DC 的 12V 回路电路原理图

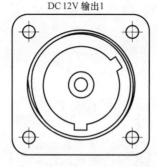
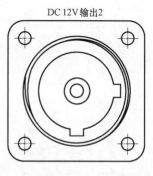

图 5-52　输出接插件 1、2

240　比亚迪 e6 驱动电机结构

驱动电机额定功率为 75kW，最大功率为 120kW，最大输出转速为 7500r/min，动力总成重量为 130kg。电机由外圈的定子与内圈的转子组成，如图 5-53 和图 5-54 所示，是汽车的唯一动力源，可向外输出转矩，驱动汽车前进后退；同时也可以作为发电机发电（例如，

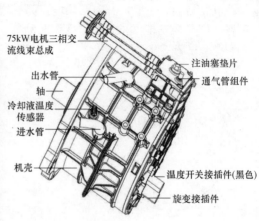

图 5-53　驱动电机结构

在下坡、高速滑行以及制动过程中把势能或者动能通过电机转化为电能存储）。

驱动电机为永磁同步电机，具有高密度、小型轻量化、高效率、高可靠性、高耐久性、强适应性等特点。

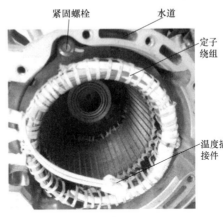

a) b)

图 5-54 驱动电机转子、定子结构

a）转子 b）定子

241 比亚迪 e6 旋转变压器结构

旋转变压器（简称旋变）是一种输出电压随转子转角变化的信号元件，如图 5-55 所示。当励磁绕组以一定频率的交流电压励磁时，输出绕组的电压幅值与转子转角成正、余弦函数关系，这种旋转变压器又称为正余弦旋转变压器。

旋转变压器用于运动伺服控制系统中，作为角度位置的传感器和测量用。磁阻式旋转变压器的励磁绕组和输出绕组放在同一套定子槽内，固定不动。但励磁绕组和输出绕组的形式不一样。两相绕组输出信号，仍然是随转角做正弦变化、彼此相差 90°角度的电信号。转子磁极形状特殊设计，使得气隙磁场近似于正弦形。转子形状的设计也必须满足所要求极数。可以看出，转子的形状决定了极数和气隙磁场形状。

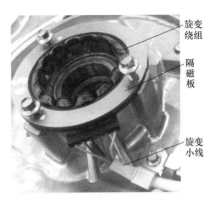

a) b) c)

图 5-55 旋转变压器结构及安装位置

a）旋变转子总成 b）旋转变压器结构 c）安装位置

242 比亚迪 e6 旋转变压器检测

驱动电机控制电路图及引脚如图 5-56 和图 5-57 所示。引脚检测见表 5-10 和表 5-11。

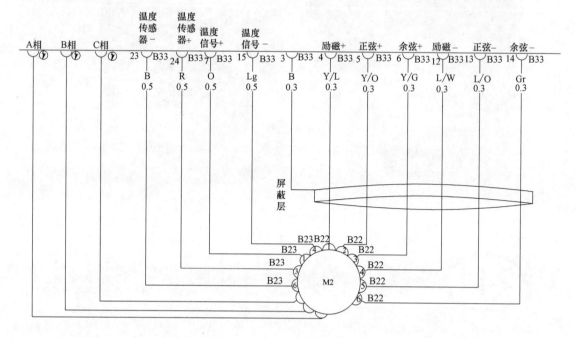

图 5-56 驱动电机控制电路图

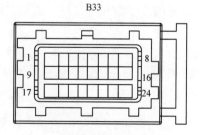

图 5-57 驱动电机引脚

表 5-10 驱动电机引脚测量值

引脚	线色	正常值
B33-7→B23-1	O	小于 1Ω
B33-15→B23-4	Lg	小于 1Ω
B33-4→B22-1	Y/L	小于 1Ω
B33-5→B22-2	Y/O	小于 1Ω
B33-6→B22-3	Y/G	小于 1Ω
B33-12→B22-4	L/W	小于 1Ω
B33-13→B22-5	L/O	小于 1Ω
B33-14→B22-6	Gr	小于 1Ω

表 5-11 驱动电机故障检测数据

接插件端口	引脚定义	阻值	引脚定义	阻值	引脚定义	阻值	引脚定义	阻值
母端	23(MG2 正弦+)	(14±4) Ω	24(励磁+)	(8.1±2)Ω	16(MG2 电机过温)	(25±1) Ω	22(MG2 余弦+)	(14±4) Ω
	11(MG2 正弦-)		12(励磁-)		11(MG2 电机过温地)		10(MG2 余弦-)	
公端(控制器)	23(MG2 正弦+)	(137±5) kΩ	24(励磁+)	(339±5) kΩ	16(MG2 电机过温)	(25±1) kΩ	22(MG2 余弦+)	(136±5) kΩ
	11(MG2 正弦+)		12(励磁-)		11(MG2 电机过温地)		10(MG2 余弦-)	

243 比亚迪 e6 主控制器安装位置

主控制器总成位于副仪表台，位置如图 5-58 所示。主控制器接收各高压监控系统发出的信号并加以判断，控制冷却系统、制动系统、车速里程等。

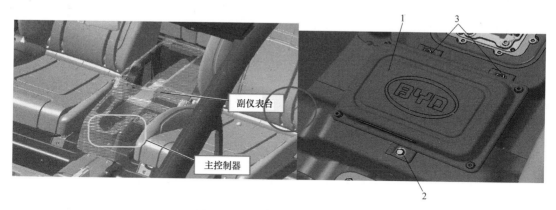

图 5-58 主控制器总成安装位置

1—主控制器总成 2、3—M6 螺母

244 比亚迪 e6 主控制器接插件定义

比亚迪 e6 主控制器插件如图 5-59 所示。插件定义见表 5-12。

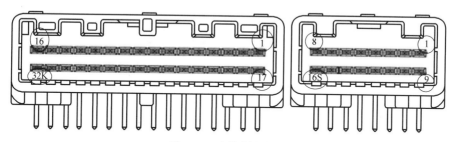

图 5-59 主控制器插件

表 5-12 插件定义

引脚端号	引脚代号	引脚定义	功　能
K-1	水压传感器信号	水压传感器信号输入端	接水压传感器
K-2	制动信号	制动信号输入端	接制动踏板
K-3	DRIVEH	碰撞传感器高输入端	接安全气囊系统
K-4	钥匙开关信号	钥匙信号输入端	接点火信号
K-5	GND_IN	模拟量(预留2)地输出端	未接
K-6	IN_P 0.27	模拟量(预留2)信号输入端	未接
K-7	VCC5	模拟量(预留2)电源输出端	未接
K-8	VCC5	模拟量(预留1)电源输出端	未接
K-9	IN_P0.28	模拟量(预留1)信号输入端	未接

（续）

引脚端号	引脚代号	引脚定义	功　能
K-10	GND_IN	模拟量（预留1）地输出端	未接
K-11	冷却液温度传感器信号	冷却液温度传感器信号输入端	接冷却液温度传感器信号端
K-12	GBD_IN	主控制器地输入端	接搭铁地
K-13	VCC5	真空泵压力传感器电源输出端	接真空泵压力传感器电源
K-14	真空泵压力传感器信号	真空泵压力传感器信号输入端	接真空泵压力传感器信号
K-15	GND_IN	主控制器地输入端	接搭铁地
K-16	DC12V	主控制器电源输入端	接 DC-DC 12V 电源
K-17		空脚	未接
K-18	GND_IN	主控制器地输入端	接搭铁地
K-19	GND_IN	主控制器地输入端	接搭铁地
K-20		空脚	未接
K-21		空脚	未接
K-22	IN_P1.23	开关量（预留）信号输入端	未接
K-23		空脚	未接
K-24		空脚	未接
K-25		空脚	未接
K-26	LS_Z1	车速信号输入端	接车速传感器
K-27		空脚	未接
K-28		空脚	未接
K-29		空脚	未接
K-30	GND_IN	主控制器地输入端	接搭铁地
K-31	GND_IN	主控制器地输入端	接搭铁地
K-32	DC12V	主控制器电源输入端	接大 DC-DC12V 电源
S-1	CAN-L	CAN 总线信号低输出输入端	接 CAN 低
S-2	水泵控制	水泵控制输出端	接水泵继电器
S-3	冷凝风扇控制信号	冷凝风扇控制输出端	接冷凝风扇继电器
S-4	冷却风机低速控制	冷却风机低速控制输出端	接冷却风扇 1#继电器
S-5	冷却风机高速控制	冷却风机高速控制输出端	接冷却风扇 2#继电器
S-6	空调继电器控制	空调继电器控制输出端	接空调继电器控制继电器
S-7	轮速信号输出 2	轮速信号输出端	接安全气囊系统
S-8	轮速信号输出 1	轮速信号输出端	接 EPS 系统
S-9	CAN-H	CAN 总线信号高输出输入端	接 CAN 高
S-10		空脚	未接
S-11		空脚	未接
S-12	真空泵起动控制	真空泵起动控制输出端	接真空泵继电器
S-13		空脚	未接
S-14		空脚	未接
S-15	轮速信号输出 2	轮速信号输出端	接防盗系统
S-16	轮速信号输出 1	轮速信号输出端	接倒车雷达

245 比亚迪 e6 双向逆变充放电控制

　　比亚迪双向逆变充放电技术集驱动电机、车载充电器、直流充电站三者功能于一身，既可把电网的交流电变成直流电实现充电，又能把电池里的直流电反向变成交流电对车外用电器供电。

　　（1）V→G（车对电网）模式　电动汽车不仅能通过电网充电，还能将电反馈给电网，以实现削峰填谷。比如，在晚上用电低谷时期，可以对电动汽车进行充电，将能量保存在电池里，然后在白天用电高峰期，由车辆向电网放电，将储备的电反馈给电网，这在一定程度上减轻了电网的供电负担，从而实现削峰填谷。现在我国高峰电力使用紧张，若以后电动汽车普及，也能起到一定程度的稳定电力的作用。

（2）V→V（车对车）模式　可实现车辆之间互相充电。这进一步扩大了电动汽车可充电范围，可作为紧急救援车对因电力不足导致无法运行的车辆进行充电。在车对车充电的模式下，30min 充电量可达 20kW·h，可续驶 100km。

246 比亚迪 e6 双向逆变充放电式电机控制器位置

双向逆变充放电式电机控制器安装位置如图 5-60 所示。

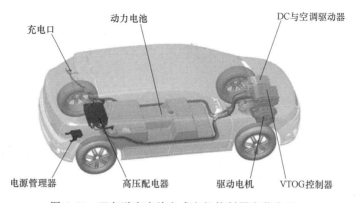

图 5-60　双向逆变充放电式电机控制器安装位置

247 比亚迪 e6 双向逆变充放电式电机控制器（VTOG）主要功能

控制器类型为电压型逆变器，主要功能有：

（1）驱动控制

1）采集加速踏板门、制动踏板、档位、旋变信号等控制电机正向、反向驱动。

2）具有高输出电压和电流控制限制功能。

3）具有电压跌落、过电流、过温、IPM 过温、IGBT 过温保护、功率限制、转矩控制限制等功能。

4）具备电控系统防盗、能量回馈控制、主动泄放、被动泄放控制等功能。

注：IPM（Intelligent Power Module）是指智能功率模块，它把功率开关器件（IGBT）和驱动电路集成在一起，而且内有过电压、过电流和过温等故障检测电路，并可将检测信号送到 CPU。

（2）充、放电控制　交、直流转换，双向充、放电控制功能；自动识别单相、三相相序并根据充电电流控制充电方式，根据充电设备识别充电功率，控制充电方式；断电重启功能：在电网断电又供电时，可继续充电。

另外，车辆具有对电网放电功能、对用电设备供电功能及对车辆充电功能，即 VTOG、VTOL 和 VTOV。

248 比亚迪 e6 双向逆变充放电式电机控制器（VTOG）系统

电机控制管理系统由高压配电、控制器、驱动电机与发电机及相关的传感器组成。系统框图如图 5-61 所示。

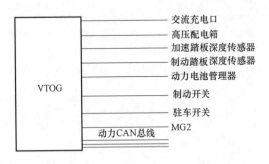

图 5-61　系统框图

249 比亚迪 e6 双向逆变充放电式电机控制器（VTOG）结构

VTOG 主要包含控制板、驱动板、采样板、泄放电阻、预充电阻、电流霍尔、接触器等元器件，如图 5-62 所示。

图 5-62　VTOG 结构

250 比亚迪 e6 VTOG 的工作原理

比亚迪 e6 VTOG 参数见表 5-13。

（1）OK 灯点亮条件　电池管理器（BMS）收到 VTOG 反馈的预充完成信号。

（2）预充过程　起动车辆时，为缓解对高压系统的冲击，电池管理器先吸合预充接触器，电池包的高压电经过预充接触器串联的限流电阻后加载到 VTOG 母线上，VTOG 检测到母线上的电压达到和电池单节累加电压总和相差小于 50V 时，通过 CAN 通道向电池管理器反馈一个预充完成信号，电池管理器收到预充完成信号后控制主接触器吸合，断开预充接触器，如图 5-63 所示。

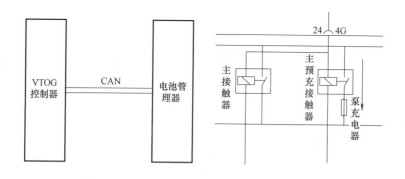

图 5-63　预充过程

（3）电机控制器防盗　起动防盗，锁的是电机控制器（VTOG），即在整车上 OK 电之前，电机控制器也需要对码。如果电机控制器未进行匹配，整车无法上 OK 电，如图 5-64 所示。

在更换电机控制器（目前采用更换四合一总成方式）时，使用 VDS1000 先对原车的 VTOG 进行密码清除，然后再对换上的备件进行防盗编程。VDS1000 附加功能中有"电机控制器编程""电机控制器密码清除"，如图 5-65 所示。

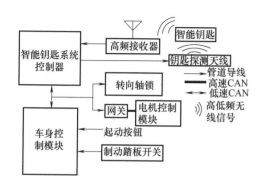

图 5-64　电机控制器防盗

图 5-65　电机控制器密码清除

表 5-13　比亚迪 e6 VTOG 参数

驱动电机控制器最大功率	180kW
额定功率	90kW
电机类型	永磁同步电机
额定输出电流	135A
额定工作点效率	97%
高压输入电压	DC 400~760V（从 DC 720V 开始限功率）
交流充电充电功率	40kW（三相输入）/7kW（单相输入）
额定点充电效率	96%
交流输入电压	单相：AC 84~300V 三相：AC 145~520V
直流侧输出电压	390~760V
被动泄放	断电后高压电 2min 之内降到<DC 60V
主动泄放	断电后高压电 5s 之内降到<DC 60V
工作电压	DC 10~16V（额定 DC 12V）
工作电流	<3.5A
静态电流	<2mA

251 比亚迪 e6 VTOG 数据

VTOG 数据如图 5-66~图 5-68 所示。

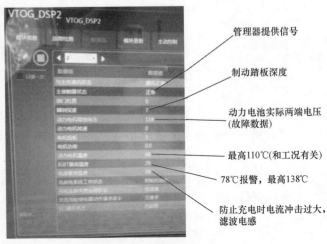

管理器提供信号

制动踏板深度

动力电池实际两端电压（故障数据）

最高110℃（和工况有关）

78℃报警，最高138℃

防止充电时电流冲击过大，滤波电感

图 5-66　VTOG 数据一

一般限制在80A以内

交流充电信息

3.3kW以上选择VTOG充电

充电设备有关

3.3kW以下选择OBC充电

由温度传感器提供，一般在60℃左右

图 5-67　VTOG 数据二

图 5-68 VTOG 数据三

252 比亚迪 e6 VTOG 故障诊断

（1）诊断流程

1）把汽车开进维修间。

2）检查低压电池电压。标准电压值：11~14V。如果电压值低于11V，在进行下一步之前先充电或更换蓄电池。

3）参考表5-14进行故障诊断。

表 5-14　故障诊断

结果	进行
现象不在故障诊断表中	全面诊断
现象在故障诊断表中	调整、维修或更换

4）确认测试。

5）结束。

（2）故障症状表　故障症状表见表5-15。故障码见表5-16。

表 5-15　故障症状表

故障症状	可能发生部位
电机控制系统不工作	1. VTOG 高压配电电路 2. VTOG 低压电源电路 3. 线束
档位异常	1. 档位控制器回路 2. 线束

表 5-16　故障码（MG2 电机控制器模块）

故障码（DTC）	故障描述	可能发生部位
P1B00-00	IPM 故障	电机控制器
P1B01-00	旋变故障	MG2 电机；线束；接插件
P1B02-00	欠电压保护故障	电机控制器
P1B03-00	主接触器异常故障	电机控制器；电池管理器；高压配电箱
P1B04-00	过电压保护故障	电机控制器

（续）

故障码（DTC）	故障描述	可能发生部位
P1B05-00	IPM 散热器过温故障	电机控制器
P1B06-00	档位故障	档位控制器；电机控制器；线束
P1B07-00	加速踏板异常故障	加速踏板深度传感器回路
P1B08-00	电机过温故障	制动踏板深度传感器回路
P1B09-00	电机过电流故障	MG2 电机
P1B0A-00	缺相故障	电机控制器，线束
P1B0B-00	EEPROM 失效故障	

253 比亚迪 e6 VTOG 引脚定义

VTOG 引脚如图 5-69 所示。VTOG 引脚定义见表 5-17。从 VTOG 插接器后端引线，检查控制器各端子。

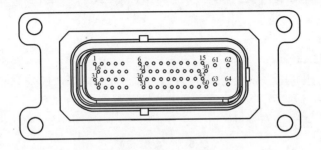

图 5-69　VTOG 引脚

表 5-17　VTOG 引脚定义

引脚号	线色	引脚描述	条件	正常值
1	黑	励磁+	—	—
2	绿	励磁-	—	—
3		电机过温地	始终	小于 1V
4		—		
5		—		
6		—		
7	橙			
8	红			
9	黑			
10	粉	制动踏板屏蔽地	始终	小于 1V
11		加速踏板门屏蔽地	始终	小于 1V
12		制动踏板深度电源地 1	始终	小于 1V
13		加速踏板门深度电源地 2	始终	小于 1V
14		制动踏板深度电源地 2	始终	小于 1V
15	绿黑	加速踏板门深度电源地 1	始终	小于 1V
16	黑	正弦+	—	—
17	黄黑	正弦-	—	—
18	棕			
19		电机过温	—	—

（续）

引脚号	线色	引脚描述	条件	正常值
20		—		
21		—		
22	蓝黑	—		
23	绿黄			
24	黄红	模式切换输出	—	—
25		充电控制确认		
26		制动踏板深度电源 1	始终	约 5V
27		加速踏板深度电源 2	ON 档电	约 5V
28		制动踏板深度电源 2	始终	约 5V
29		加速踏板深度电源 1	ON 档电	约 5V
30		加速踏板深度 1	踩加速踏板至一定角度	模拟信号
31		余弦-	—	—
32		余弦+	—	—
33		—		
34		电机模拟温度地		
35		CAN 屏蔽地	始终	小于 1V
36		—		
37		—		
38		充电感应信号		小于 1V
39		充电连接指示灯信号		小于 1V
40		模式切换输入	—	—
41		驻车信号	驻车	小于 1V
42		—		
43		加速踏板深度 2	踩加速踏板至一定角度	模拟信号
44		—		
45		外部提供电源地	始终	小于 1V
46		旋变屏蔽地	—	—
47		电机温度屏蔽地	—	—
48		电机模拟温度	—	—
49		CAN 低	始终	1.5~2.5V
50		CAN 高	始终	2.5~3.5V
51		—		
52		—		
53		充电连接确认		
54		充电连接信号		小于 1V
55		制动信号	踩制动踏板	11~14V
56		—		
57		制动踏板深度 1	踩制动踏板至一定角度	模拟信号
58		—		
59		制动踏板深度 2	踩制动踏板至一定角度	模拟信号
60		12V 电源	常电	11~14V
61		12V 电源地	始终	小于 1V
62		12V 电源地	始终	小于 1V
63		12V 电源	ON 档电	11~14V
64		12V 电源	ON 档电	11~14V

254 比亚迪 e6 VTOG 全面诊断流程

VTOG 高压电源电路如图 5-70 所示。

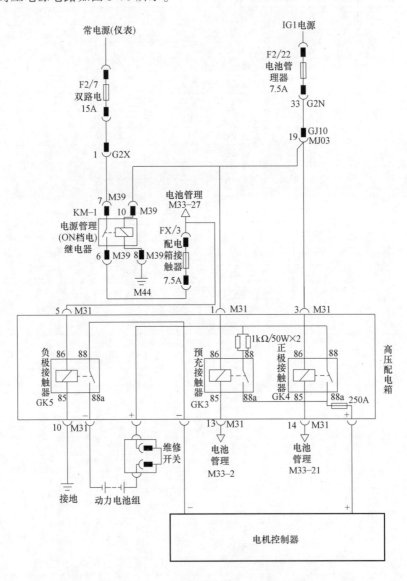

图 5-70　VTOG 高压电源电路

（1）高压检查步骤

1）检查电机控制熔丝：

① 检查电机控制 250A 熔丝是否烧毁。

② OK：熔丝正常。

③ NG 更换熔丝。

2）检查母线：

① 将电源档位上到 ON 档。

② 检查母线正极与母线负极间是否加载高压。

注：母线正→母线负正常值约 330V。

③ OK：电压正常。

④ 进行下一回路。

3）检查高压配电箱低压控制端：

① 拔下高压配电箱 M31 插接器，如图 5-71 所示。

② 测量线束端插接器各端子间电压或电阻，见表 5-18。

③ OK：更换高压配电箱。

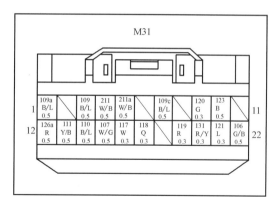

图 5-71　高压配电箱 M31 插接器

表 5-18　测量线束端插接器各端子间电压或电阻

端子	线色	条件	正常值
M31-1→车身地	G	电源打到 ON 档	11~14V
M31-3→车身地	B/Y	电源打到 ON 档	11~14V
M31-10→车身地	B	始终	小于 1Ω

（2）VTOG 低压检查步骤　VTOG 低压电源电路如图 5-72 所示。

1）检查熔丝：

① 用万用表 ![档] 档检查电机系统 F2/8 熔丝是否导通。

② OK：熔丝导通。

③ NG：更换熔丝。

④ 如果 OK 进行下一项。

2）检查线束：

① 拔下电机控制器 B32（外围 64 针低压接插件）插接器，如图 5-73 所示。

② 测量线束端插接器各端子间电阻或电压，见表 5-19。

③ NG：更换线束或插接器。

④ OK：跳到下一回路。

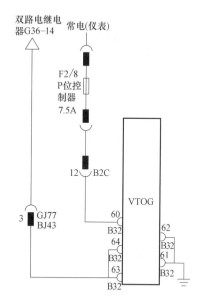

图 5-72　VTOG 低压电源电路

表 5-19　测量线束端插接器各端子间电阻或电压

端子	线色	条件	正常值
B32-60→车身地	R/B	电源打到 ON 档	11~14V
B32-63→车身地	W/B	电源打到 ON 档	11~14V
B32-61→车身地	B	电源打到 ON 档	小于 1Ω

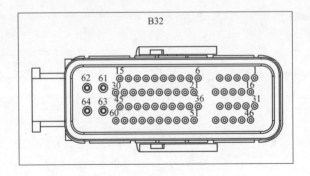

图 5-73　电机控制器 B32 插接器

255　比亚迪 e6 P 位电机控制器安装位置

P 位电机控制器的位置如图 5-74 所示。

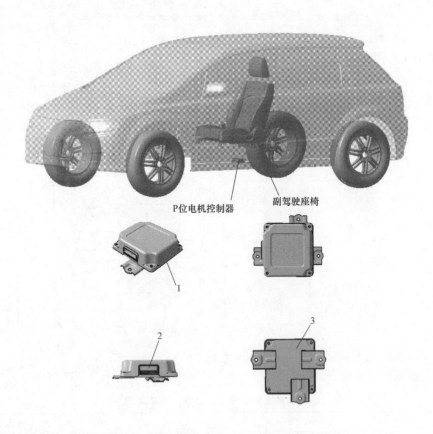

图 5-74　P 位电机控制器在汽车中的位置
1—上壳体　2—32 针低压接插件　3—下壳体

256 比亚迪 e6 P 位电机控制器接插件及定义

P 位电机控制器接插件如图 5-75 所示。接插件定义见表 5-20。

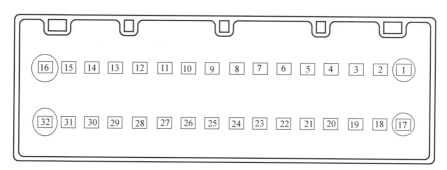

图 5-75 P 位电机控制器接插件

表 5-20 P 位电机控制器接插件定义

引脚编号	引脚代号	引脚定义	备 注
1	+12V	电源(1A)	
2	+12V	电源(1A)	
3	GND	车身接地(10A)	
4	GND	车身接地(10A)	
5	RELAY	继电器控制信号	由继电器来控制 P 位电机的+12V 电源
6	CAN-H	CAN 通信高	
7	CAN-L	CAN 通信低	
8		空	
9	GND	接 DC-DC 的负极	
10	GND	接 DC-DC 的负极	
11	B 相驱动	B 相电机驱动,10A	
12	B 相驱动	B 相电机驱动,10A	
13	Hall A	P 位电机位置传感器信号	
14	Hall B 信号	P 位电机位置传感器信号	
15	Hall C 信号	P 位电机位置传感器信号	
16	A 相驱动	A 相电机驱动,10A	
17	KEY	钥匙开关	
18	+12V	电源(1A)	
19	+12V	电源(1A)	
20	HALL-5V	给 P 位电机传感器供电	
21	RELAY	继电器控制信号	由继电器来控制 P 位电机的+12V 电源
22		空	
23		空	
24	GND	车身接地(10A)	
25	GND	车身接地(10A)	
26	GND	车身接地(10A)	
27	B 相驱动	B 相电机驱动,10A	
28	C 相驱动	C 相电机驱动,10A	
29	C 相驱动	C 相电机驱动,10A	
30	C 相驱动	C 相电机驱动,10A	
31	A 相驱动	A 相电机驱动,10A	
32	A 相驱动	A 相电机驱动,10A	

257 比亚迪 e6 P 位电机控制器故障模式及判定

（1）P 位电机控制器故障模式　整车出现的与 P 位电机控制器相关的故障主要表现为 P 位无法正常解锁和锁止，可能导致此问题出现的故障模式如下：

1）电压故障。

2）通信故障。

3）P 位电机继电器回路失效。

4）P 位电机驱动回路故障。

5）霍尔回路故障。

（2）故障模式下问题的判定　所谓电压故障，即 P 位电机控制器三相驱动电压有一相、两相或者三相电压低于 9V。

电压故障时，仪表会报动力系统故障，诊断仪显示故障码 P1C30：驱动管或电机故障。

出现电压故障时，不要松开制动踏板或 EPB，防止车辆因无法锁止 P 位而溜车。

（3）检修方法

1）检查蓄电池电压。用万用表测量蓄电池电压：标准电压值为 11 ~ 14V。如果电压值低于 11V，在进行下一步之前应先充电或更换蓄电池。

2）检查 P 位电机控制器电压输入。整车上电，拔下 P 位电机控制器低压接插件，如图 5-76 所示，用万用表测量输入电压，见表 5-21。

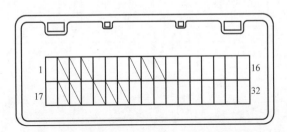

图 5-76　P 位电机控制器 K16 低压接插件线束端

表 5-21　测量输入电压

引脚	线色	条件	正常值
K16-19→车身地	R/B	整车上电	9 ~ 16V
K16-17→车身地	R/Y	整车上电	9 ~ 16V

① 如果电压值均正常，则更换 P 位电机控制器。

② 如果电压值低于 9V，则检查 P 位电机控制器各路熔丝。

3）检查 P 位电机控制器熔丝，如图 5-77 所示。

P 位电机控制器两路电源有两路熔丝，分别是 F2/28 15A 熔丝和 F2/8 7.5A 熔丝，将万用表搭在熔丝两端，查看熔丝是否导通。

① 如果不导通，则更换相应熔丝。

② 如果导通，则检查线束。

4）对接线束检查。P位电机控制器线束接插件如图5-78所示，检查相应的接插件是否故障，见表5-22。

表5-22　检查相应的接插件是否故障

引　脚	线色	条件	正常值
K16-19→MJ06-10	R/B	整车退电	测量导通，应小于1Ω
K16-17→MJ06-25	R/Y	整车退电	测量导通，应小于1Ω
MJ05-16→B2D-7	R/Y	整车退电	测量导通，应小于1Ω
MJ05-12→B2C-12	R/B	整车退电	测量导通，应小于1Ω

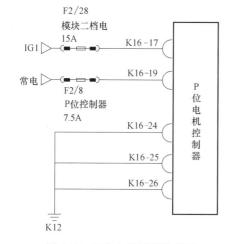

图5-77　P位电机控制器熔丝

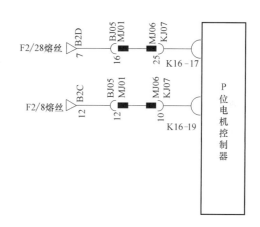

图5-78　P位电机控制器线束接插件

① 如果测量的各个接插件不导通，则更换线束。

② 如果测量的各个接插件导通，则更换P位电机控制器。

258 比亚迪e6 P位电机控制器通信、回路故障

（1）通信故障

1）P位电机控制器如果与其他模块无法通信，也会导致P位无法正常解锁与锁止。

2）通信故障时，仪表会报动力系统故障 🚗。

3）出现通信故障，不要松开制动踏板或电子驻车制动系统（EPB），防止车辆因无法锁止P位而溜车。

4）检测方法：

① 如果测量值不在正常范围内，则更换线束，如图5-79所示。

② 如果测量值在正常范围内，则更换P位电机控制器，见表5-23。

（2）P位电机继电器回路失效

1）P位电机继电器由P位电机控制器控制，用于在P位锁止或解锁时，给P位电机供电。

表 5-23　测量值在正常范围

引　脚	线色	条件	正常值
K16-6→车身地	P	整车上电	2.5~3.5V
K16-7→车身地	V	整车上电	1.5~2.5V
K16-23→车身地	B	整车退电	测量导通，应小于1Ω

2）出现 P 位电机继电器回路失效情况，不要松开制动踏板或 EPB，防止车辆因无法锁止 P 位而溜车。

3）检测方法：检查 P 位电机继电器回路熔丝，如图 5-80 所示。

① P 位电机继电器熔丝为 F2/23 15A，将万用表搭在熔丝两段，测量熔丝通断。

② 如果熔丝不导通，则更换相应熔丝。

③ 如果熔丝导通，则检查线束。

④ 检查 P 位电机继电器回路线束。

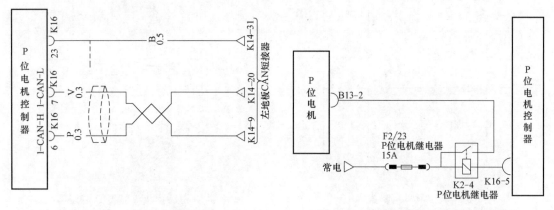

图 5-79　左侧 CAN 短接器　　　　图 5-80　检查 P 位电机继电器回路熔丝

P 位电机继电器回路线束接插件如图 5-81 所示，需测量接插件对接是否良好，见表 5-24。

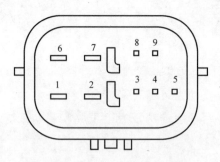

图 5-81　P 位电机 B13 低压接插件

表 5-24　测量接插件对接

引　脚	线色	条件	正常值
K16-5→MJ02-12	Y/B	整车退电	测量导通，应小于1Ω
MJ02-12→G2X-30	Y/B	整车退电	测量导通，应小于1Ω

① 如果测量值不在正常范围内，则更换线束。

② 如果测量值在正常范围内，则检查 P 位电机继电器。

（3）检查 P 位电机继电器　拔下 P 位电机继电器 K2-4，根据继电器上标注的电路，在 K2-4 继电器的电压输入端接入 12V 电压，判断继电器是否可以正常工作。

1）如果继电器不能正常工作，则更换继电器。

2）如果继电器可以正常工作，则测量 P 位电机控制器是否可以正常拉低继电器。

（4）检查 P 位电机控制器是否可以正常拉低继电器　保证连接好 P 位电机控制器的接插件，整车上电，用万用表测量 5 号引脚电压，操作变速杆或 P 位按键，进行 P 位的解锁与闭锁，观察万用表上的电压值在操作时是否为 0V。

1）如果电压值不是 0V，即 P 位电机控制器没有将 P 位电机继电器拉低，则更换 P 位电机控制器。

2）如果电压值变为 0V，则对 P 位电机进行详细排查。

（5）P 位电机驱动回路故障

1）P 位电机控制器通过驱动回路控制 P 位电机正反向旋转。如果驱动回路出现故障，则 P 位无法正常解锁与锁止。

2）电压故障时，仪表会报动力系统故障，诊断仪显示故障码 P1C30：驱动管或电机故障。

出现 P 位电机驱动回路失效情况时，不要松开制动踏板或 EPB，防止车辆因无法锁止 P 位而溜车。

3）检测方法：测量线束对接处的通断，如图 5-82 所示。测量值见表 5-25。

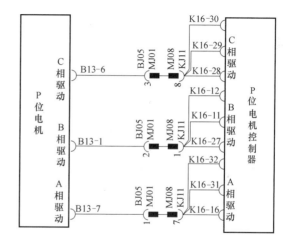

图 5-82　测量线束对接处

① 如果测量值不在正常范围内，则更换线束。

② 如果测量值在正常范围内，则对 P 位电机进行详细排查。

表 5-25　电机与控制器测量值

引　脚	线色	条件	正常值
K16-16→MJ08-7	Y	整车退电	测量导通，应小于 1Ω
K16-31→MJ08-7	Y	整车退电	测量导通，应小于 1Ω
K16-32→MJ08-7	Y	整车退电	测量导通，应小于 1Ω
K16-27→MJ08-1	W	整车退电	测量导通，应小于 1Ω
K16-11→MJ08-1	W	整车退电	测量导通，应小于 1Ω
K16-12→MJ08-1	W	整车退电	测量导通，应小于 1Ω
K16-28→MJ08-8	G/W	整车退电	测量导通，应小于 1Ω
K16-29→MJ08-8	G/W	整车退电	测量导通，应小于 1Ω
K16-30→MJ08-8	G/W	整车退电	测量导通，应小于 1Ω

（6）霍尔回路故障

1）P 位电机控制器通过霍尔回路进入开环控制 P 位电机旋转。如果霍尔回路出现故障，则 P 位解锁与锁止失效概率增大。

2）霍尔回路故障时，仪表会报动力系统故障，诊断仪显示故障码 P1C31：位置霍尔信号故障。

3）出现霍尔回路失效情况，不要松开制动踏板或 EPB，防止车辆因无法锁止 P 位而溜车。

4）检测方法：测量霍尔回路线束对接，如图 5-83 所示。测量值见表 5-26。

①如果测量值不在正常范围内，则更换线束。

②如果测量值在正常范围内，则对 P 位电机进行详细排查。

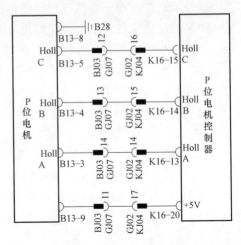

图 5-83　霍尔回路线束

表 5-26　电机控制器与电机之间线束测量值

引　脚	线色	条件	正常值
K16-20→车身地	R	整车上电	电压为+5V
K16-13→KJ04-14	Gr	整车退电	测量导通，应小于 1Ω
K16-14→KJ04-15	L	整车退电	测量导通，应小于 1Ω
K16-15→KJ04-16	G	整车退电	测量导通，应小于 1Ω

259　比亚迪 e6 档位控制器位置

档位控制器位置如图 5-84 和图 5-85 所示。

档位执行器是人机对话的窗口，自动变速器档位显示在变速杆上。P 位是驻车位，踩下制动踏板，起动车辆 OK 灯亮起后，即可将档位从 P 位切换至其他档位；R 位是倒车位，在汽车停稳后方可使用；N 位是空档，当需要暂时停车时使用；D 位是前进位，供正常行驶时使用。除在起动时要踩下制动踏板外，其他时候档位之间的切换直接操纵变速杆即可实现。换档成功后，手松开，变速杆自动回到中间位置。

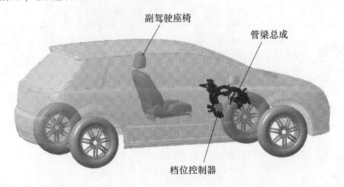

图 5-84　档位控制器在汽车中的位置

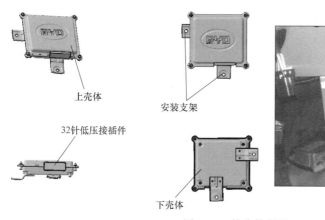

图 5-85 档位控制器

260 比亚迪 e6 档位控制器插件及引脚定义

档位控制器总成低压接插件如图 5-86 所示。低压接插件定义见表 5-27。

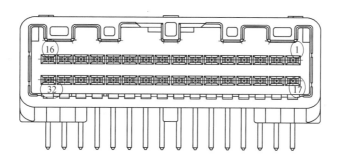

图 5-86 档位控制器总成低压接插件

表 5-27 低压接插件定义

引脚编号	引脚定义	备 注	引脚编号	引脚定义	备 注
1	VCC5V	传感器电源（20mA）	17	GND	档位传感器地
2	VCC5V	传感器电源（20mA）	18	GND	档位传感器地
3	P 位指示灯信号输出		19	GND	P 位开关地
4	空		20	GND	CAN 地
5	空		21	GND	巡航信号地
6	空		22	空	
7	P 位开关	P 位开关信号输入信号	23	空	
8	巡航开关信号		24	空	
9	空		25	空	
10	R 位信号输入		26	空	
11	N 位信号输入		27	空	
12	D 位信号输入		28	GND	
13	空		29	GND	12V 电源地
14	CAN-H	（20mA）	30	空	
15	CAN-L		31	空	
16	+12V（ON 档电）	（150mA）	32	+12V（ON 档电）	

261 比亚迪 e6 档位控制器故障模式及判定

（1）档位控制器故障模式

1）电压故障。

2）档位传感器回路故障。

3）巡航开关回路故障。

4）P 位按键回路故障。

5）通信故障。

（2）故障模式下问题的判定

1）电压故障。当档位控制器输入电压低于 9V 时，会影响档位控制器正常工作，比如无法检测档位、无法检测巡航按键、无法正常通信等。

出现此故障，应立即将车辆靠路边停靠，联系维修工作人员进行处理。

检测方法：

① 检查蓄电池电压。用万用表测量蓄电池电压，标准电压值：11～14V。

如果电压值低于 11V，在进行下一步之前应先充电或更换蓄电池。

② 检查档位控制器电压输入。整车上电，拔下档位控制器低压接插件，如图 5-87 和图

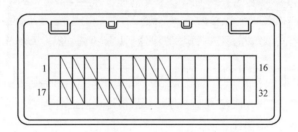

图 5-87　档位控制器 32 针低压接插件 G56

5-88 所示，用万用表测量输入电压，见表 5-28。

如果电压值均正常，则更换档位控制器；如果电压值低于 9V，则检查档位控制器各熔丝。

表 5-28　测量输入电压值

引　　脚	线色	条件	正常值
G56-16→车身地	R/G	整车上电	9～16V
G56-32→车身地	R/G	整车上电	9～16V

③ 检查档位控制器熔丝。档位控制器两路电源有一路熔丝，是 F2/28 15A 熔丝，将万用表搭在熔丝两端，查看熔丝是否导通。

如果不导通，则更换相应熔丝；如果导通，则检查线束。

④ 检查档位控制器电压回路线束。档位控制器线束上

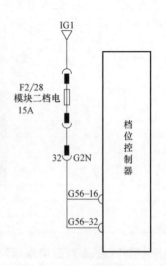

图 5-88　档位控制器供电电路

有对接接插件，检查相应的对接接插件是否有故障，见表5-29。

如果测量的各个接插件不导通，则更换线束；如果测量的各个接插件均导通，则更换档位控制器。

表5-29　检查相应的对接接插件是否有故障

引　脚	线色	条件	正常值
G56-16→G2N-32	R/G	整车退电	测量导通,应小于1Ω
G56-32→G2N-32	R/G	整车退电	测量导通,应小于1Ω

2）档位传感器回路故障。档位控制器检测两个档位传感器的档位信号，当档位传感器回路故障时，会导致档位无法检测。

出现档位传感器回路故障时，应立即将车辆靠路边停靠，联系维修工作人员进行处理。

检测方法：

① 检查档位传感器A回路线束，如图5-89和图5-90所示。

当整车无法挂入N位时，需对档位传感器A回路进行排查，见表5-30。

如果测量值不在正常值范围内，则更换线束；如果测量值在正常值范围内，则测量档位控制器是否输出+5V。

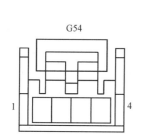

图5-89　档位传感器A接插件G54

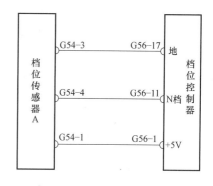

图5-90　档位传感器A电路图

表5-30　传感器A回路排查

引　脚	线色	条件	正常值
G54-1→G56-1	Y	整车退电	测量导通,应小于1Ω
G54-4→G56-11	W/L	整车退电	测量导通,应小于1Ω
G54-3→G56-17	Gr	整车退电	测量导通,应小于1Ω

② 检查档位控制器是否输出+5V。整车上电，档位控制器输出+5V给档位传感器供电，见表5-31。

表5-31　档位控制器输出电压检查

引　脚	线色	条件	正常值
G56-1→车身地	Y	整车上电	约5V
G56-17→车身地	Gr	整车退电	测量导通,应小于1Ω

如果测量值不在正常值范围内，则更换档位控制器；如果测量值在正常值范围内，则检查档位传感器A。

③ 检查档位传感器 A。将各接插件都接好，在接插件背面测量档位传感器 A 的各个引脚，观察档位传感器 A 是否正常，见表 5-32。

如果测量值不在正常值范围内，更换档位传感器 A。

表 5-32　背面测量档位传感器 A

引　　脚	线色	条件	正常值
G54-3→车身地	Gr	整车退电	测量导通,应小于 1Ω
G54-4→车身地	W/L	整车上电,变速杆打到 N 位	约 5V
G54-1→车身地	Y	整车上电	约 5V

④ 档位传感器 B 回路检查。当整车无法挂入 D 位或 R 位时，需对档位传感器 B 回路进行排查，如图 5-91 和图 5-92 所示。

档位传感器 B 测量值见表 5-33。

如果测量值不在正常值范围内，则更换线束；如果测量值在正常值范围内，则测量档位控制器是否输出+5V。

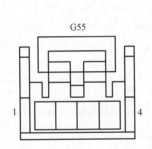

图 5-91　档位传感器 B 接插件 G55

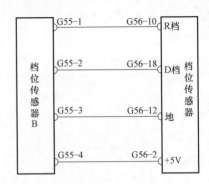

图 5-92　档位传感器 B 电路

表 5-33　档位传感器 B 测量值

引　　脚	线色	条件	正常值
G55-1→G56-10	Y/R	整车退电	测量导通,应小于 1Ω
G55-2→G56-18	O	整车退电	测量导通,应小于 1Ω
G55-3→G56-12	B/R	整车退电	测量导通,应小于 1Ω
G55-4→G56-2	G	整车退电	测量导通,应小于 1Ω

⑤ 检查档位控制器是否输出+5V。整车上电，档位控制器输出+5V 给档位传感器供电，见表 5-34。

如果测量值不在正常值范围内，则更换档位控制器；如果测量值在正常值范围内，则检查档位传感器 B。

表 5-34　档位传感器供电检测

引　　脚	线色	条件	正常值
G56-2→车身地	G	整车上电	约 5V
G56-12→车身地	B/R	整车退电	测量导通,应小于 1Ω

⑥ 检查档位传感器 B。将各接插件都接好，在接插件背面测量档位传感器 B 各个引脚，观察档位传感器 B 是否正常，见表 5-35。

如果测量值不在正常值范围内,更换档位传感器 B。

表 5-35　插件背面测量档位传感器 B

引　　脚	线色	条件	正常值
G55-1→车身地	Y/R	整车上电,变速杆打到 R 位	约 5V
G55-2→车身地	O	整车上电,变速杆打到 D 位	约 5V
G55-3→车身地	B/R	整车退电	测量导通,应小于 1Ω
G55-4→车身地	G	整车上电	约 5V

3)巡航开关回路故障。

巡航开关回路故障会导致档位控制器无法检测到巡航开关信号,则无法实现巡航功能。

检测方法:

① 检查转向盘巡航控制开关电路,如图 5-93 所示。

拔下巡航开关 X993 插接器,测量开关板端插接器各端子间电阻,见表 5-36。

如果测量值不在正常值范围内,则更换转向盘巡航开关;如果测量值在正常值范围内,则对螺旋电缆进行排查。

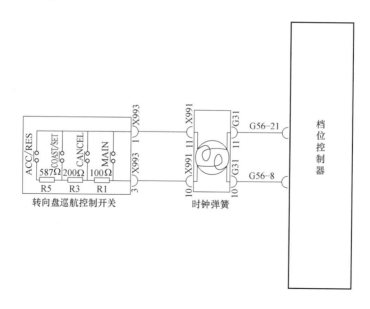

图 5-93　巡航控制开关电路

表 5-36　测量开关板端插接器各端子间电阻

引　　脚	条件	正常值
X993-1→X993-3	按下 +RES	约 887Ω
X993-1→X993-3	按下 -SET	约 300Ω
X993-1→X993-3	按下 ON/OFF	小于 1Ω
X993-1→X993-3	按下 CANCEL	约 100Ω

② 检查螺旋电缆与巡航开关之间的连接,见表 5-37。

如果测量值不在正常值范围内,则更换转向盘巡航开关;如果测量值在正常值范围内,则测量档位控制器与巡航开关回路线束。

表 5-37　检查螺旋电缆与巡航开关之间的导通性

引　　脚	线色	条件	正常值
X993-3→G31-10	W	整车退电	测量导通,应小于 1Ω
X993-1→G31-11	P	整车退电	测量导通,应小于 1Ω

③ 测量档位控制器与巡航开关回路线束,插件如图 5-94 所示。

测量结果见表 5-38。

如果测量值不在正常值范围内,则更换线束;如果测量值在正常值范围内,则更换档位控制器。

表 5-38　测量档位控制器与巡航开关回路线束

引　　脚	线色	条件	正常值
G31-10→G56-21	W	整车退电	测量导通,应小于 1Ω
G31-11→G56-8	P	整车退电	测量导通,应小于 1Ω
G31-10→车身地	W	整车退电	测量阻值,应大于 10kΩ
G31-11→车身地	P	整车退电	测量阻值,应大于 10kΩ

4) P 位按键回路故障。

档位控制器通过检测 P 位按键是否按下来检测 P 位,当 P 位按键回路故障时,档位控制器无法检测 P 位信号,则没有办法对外发送 P 位。

检测方法:

① P 位按键有一路熔丝,是 F2/28 15A 熔丝,将万用表搭在熔丝两端,查看熔丝是否导通,电路如图 5-95 所示。

如果不导通,则更换相应熔丝;如果导通,则检查线束,正常值见表 5-39。

如果测量值不在正常值范围内,则更换线束;如果测量值在正常值范围内,则对档位控制器拉低 P 位按键引脚进行测量。

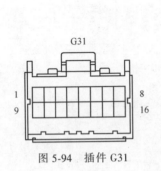

图 5-94　插件 G31

图 5-95　P 位开关电路图

表 5-39　检查线束导通性

引　　脚	线色	条件	正常值
G61-4→G56-3	Y	整车退电	测量导通,应小于 1Ω
G61-2→G56-7	W	整车退电	测量导通,应小于 1Ω
G61-8→G56-19	B/Y	整车退电	测量导通,应小于 1Ω
G61-5→车身地	B	整车退电	测量导通,应小于 1Ω

② 测量档位控制器拉低引脚。如果仅是 P 位按键指示灯不点亮，则需要测量档位控制器 3 号引脚，见表 5-40。

表 5-40 测量档位控制器拉低引脚 3

引脚	线色	条件	正常值
G56-3	Y	整车上电	按下 P 位按键,测量电压,在 0V 左右

如果为 P 位按键无法挂入 P 位，则需要测量档位控制器 7 号引脚，见表 5-41。

如果测量值不在正常值范围内，则更换档位控制器；如果测量值在正常值范围内，则对 P 位按键进行排查。

表 5-41 档位控制器 7 号引脚测量

引脚	线色	条件	正常值
G56-7→G56-19	Y→B/Y	整车退电	测量阻值,按下 P 位按键,阻值为 1kΩ; 松开 P 位按键,阻值为 4kΩ

5）通信故障。

档位控制器与其他模块无法通信，会导致整车无法识别各个档位，影响整车行驶。

检测方法：

如果测量值不在正常范围内，则更换线束；如果测量值在正常范围内，则更换档位控制器。电路图如图 5-96 所示。测量值见表 5-42。

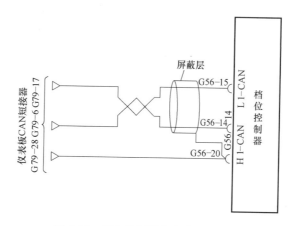

图 5-96 档位控制器与仪表 CAN 电路

表 5-42 档位控制器与仪表 CAN 电路测量

引脚	线色	条件	正常值
G56-15→车身地	V	整车上电	2.5~3.5V
G56-14→车身地	P	整车上电	1.5~2.5V
G56-20→车身地	B	整车退电	测量导通,应小于 1Ω

262 比亚迪 e6 档位控制器拆装

（1）拆卸工具 十字螺钉旋具、棘轮扳手、10 号套筒。

（2）拆卸步骤

1）拆开副驾驶室装饰盖板，卡扣安装点（10处）如图5-97所示。

2）松开（不拆除）主驾驶室装饰盖板，卡扣安装点（5处）如图5-98所示。

3）拆开DVD及多媒体支架总成护板（卡扣安装点7处），三角符号为卡脚安装点（2处），如图5-99所示。

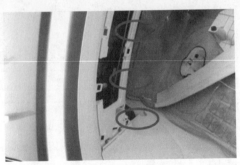

图5-97　卡扣安装点1

4）拧开DVD及多媒体支架总成固定螺栓（用棘轮扳手、十号套筒和十字螺钉旋具），固定螺栓（4处）如图5-100所示。

图5-98　卡扣安装点2　　　　　　　图5-99　卡扣、卡脚安装点

图5-100　固定螺栓

5）取下DVD及多媒体支架总成，如图5-101所示。

图5-101　取下DVD及多媒体支架总成

6）拧开总成固定螺栓，并取下总成（用十字螺钉旋具），如图5-102所示。

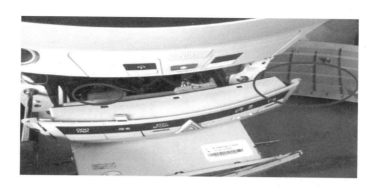

图 5-102　取下总成

7）拧开档位控制器固定螺栓（用小棘轮扳手、8 号套筒），如图 5-103 所示。

图 5-103　拧开档位控制器固定螺栓

8）松开档位控制器接插件，取下档位控制器，如图 5-104 所示。

图 5-104　取下档位控制器

（3）档位控制器安装　安装与拆卸方法一致，不过零部件安装的顺序与拆卸顺序相反。注意：安装时确保护板间隙均匀。

263 比亚迪 e6 充电口组件位置

充电口组件位置如图 5-105 所示。

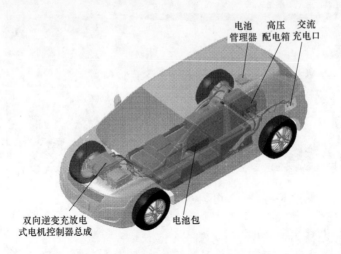

图 5-105　充电口组件位置

264 比亚迪 e6 交流充电口诊断步骤

充电口诊断步骤如图 5-106 所示。

充电口总成引脚如图 5-107 所示。

充电口总成线束正常值见表 5-43。

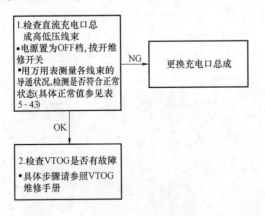

图 5-106　充电口诊断步骤

表 5-43　充电口总成线束正常值

引脚(左为充电口)	条件	正常值	可能故障部件
CC—车身地	OFF	约 5V	线束、VTOG
PE—车身地	OFF	小于 1Ω	线束
N—N(VTOG 高压)	OFF	小于 1Ω	线束
L—L1(VTOG 高压)	OFF	小于 1Ω	线束
L—L2(VTOG 高压)	OFF	小于 1Ω	线束
L—L3(VTOG 高压)	OFF	小于 1Ω	线束
CC—52(VTOG 低压)	OFF	小于 1Ω	线束
CP—23(VTOG 低压)	OFF	小于 1Ω	线束

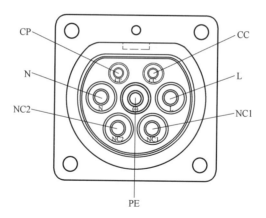

图 5-107　交流充电口引脚定义示意图

CP—相线 2　CC—相线 3　N、NC1、NC2—零线　L—相线 1　PE—接地线

265　比亚迪 e6 交流充电口拆装

（1）拆卸流程　拆卸流程如图 5-108 所示。

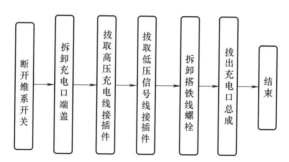

图 5-108　拆卸流程

1）断开维修开关，如图 5-109 所示。

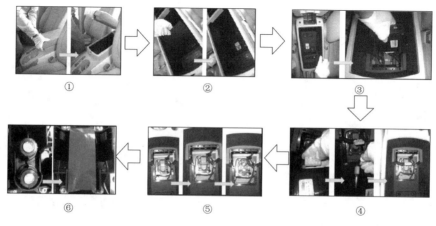

① ② ③
⑥ ⑤ ④

图 5-109　断开维修开关

① 打开车辆内室储物盒，取出内部物品。

② 取出储物盒底部隔板。

③ 使用十字螺钉旋具将安装盖板螺钉（4 个）拧下，并掀开盖板。

④ 取出维修开关上盖板。

⑤ 拉动维修开关手柄呈竖直状态，向上提拉，取出维修开关。

⑥ 使用电工绝缘胶布封住维修开关接插件母端。

2）拆卸充电口端盖。拆卸充电口端盖 M6 螺栓（4 个），如图 5-110 所示。

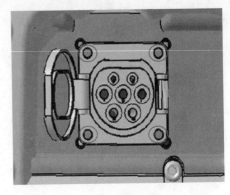

图 5-110　拆卸充电口端盖 M6 螺栓

3）拔取高压充电线接插件。拔取两根与高压配电箱相连的高压线接插件，如图 5-111 所示。

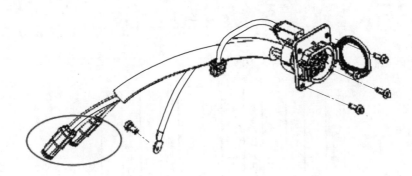

图 5-111　拔取两根与高压配电箱相连的高压线接插件

4）拔取低压信号线接插件，如图 5-112 所示。

5）拆卸搭铁线螺栓。拆卸固定搭铁线的 M8 螺栓（1 个）如图 5-113 所示。

6）拔取充电口总成，如图 5-114 所示。

（2）安装流程　充电口总成的安装流程与拆卸流程相反，具体步骤请参照拆卸流程。

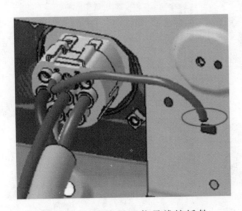

图 5-112　拔取低压信号线接插件

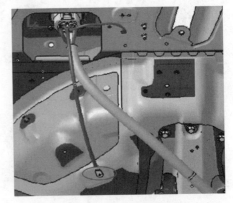

图 5-113　拆卸固定搭铁线

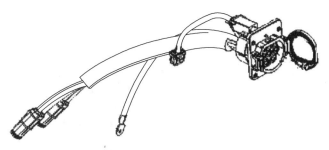

图 5-114 拔取充电口总成

266 比亚迪宋 EV300 驱动电机外观检查

1）检查电机外观是否正常，是否存在磕碰或烧蚀等痕迹，如图 5-115 所示。

2）检查三相线接线盒处通气阀是否有缺失、损坏、明显凸起、松动等，进行拍照记录，如图 5-116 所示。

图 5-115 电机外观检查

通气阀

图 5-116 检查三相线接线盒处通气阀

3）检查密封盖是否缺失、损伤，用手轻按密封盖与端盖相邻位置，确认密封盖与端兽保持平齐，如图 5-117 所示。

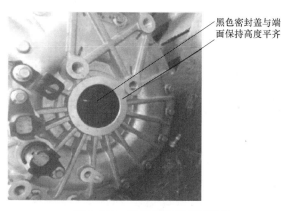

黑色密封盖与端
面保持高度平齐

图 5-117 检查密封盖是否缺失

4）检查旋变接插件、绕组温度传感器接插件、冷却液温度传感器接插件内针脚是否有变形、断裂、缺失，接插件内是否有水、油、杂质等异物，如图5-118所示。

旋变接插件
（棕色）

绕组温度传感器接插件
（黑色）

冷却液温度传感器接插件

图 5-118　检查旋变接插件

267　比亚迪宋 EV300 驱动电机三相线电阻检测

1）使用 M6 套筒和棘轮扳手取下图 5-119 所示的 4 颗锁紧螺栓，轻轻用力可从控制器上取下三相线接插件插头。

2）检查三相线端子是否有水、油污、杂质及烧蚀变色等异常，端子对应绕组关系如图 5-120 所示（A—黄、B—绿、C—红）。

B相
C相
A相

图 5-119　拆下螺栓　　　　　　　　　　图 5-120　检查三相线端子

3）选择量程为 200mΩ 的检测设备或器具，如图 5-121 所示，如低电阻测试仪/毫欧表。设备调零，准备测量。

图 5-121　选择量程为 200mΩ 的检测设备

4）如图 5-122 所示，依次测量 AB/AC 端子阻值，并反复测量（最少 3 次），分别记录数据。判断标准：温度为 25℃时，阻值范围为（29.4±2.5）mΩ，且三相阻值偏差不超过 1mΩ。注意：三相阻值测试需要在冷态下进行测试，且需要多次测量。

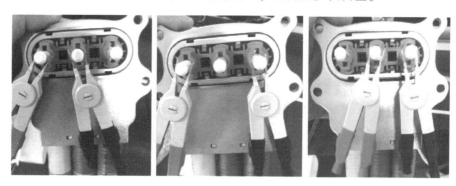

图 5-122　测量 AB/AC 端子阻值

268　比亚迪宋 EV300 驱动电机三相绕组对机壳绝缘测量

1）将绝缘测试设备、器具选项调整至 1000V 电压（无 1000V 电压情况下需选择设备最大电压选项）。

2）将相线端子接三相端子任意一相，零线端子接机壳裸露处，如图 5-123 所示。

3）启动测试设备，待显示阻值稳定后，读取测试数据并完成记录。

判断标准：常温下通直流电压 1000V，通电时间 10s，绝缘阻值大于 20MΩ。

注意：绝缘阻值测试结果受电机温度影响较大，因此需注意电机测试温度及温度传感器阻值。

图 5-123　绝缘测量

269　比亚迪宋 EV300 驱动电机旋变传感器阻值测量

1）如图 5-124 箭头所示，棕色接插件为旋变信号接插件。检测前用手指压紧接插件母端两侧的卡扣，稍用力即可拔出母接插件，确认接插件同步情况。

2）旋变引脚定义如图 5-125 所示。

旋变接插件
（棕色）

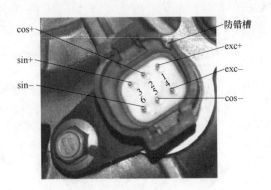

防错槽
cos+
exc+
sin+
exc−
sin−
cos−

图 5-124　棕色接插件为旋变信号接插件　　　　图 5-125　旋变引脚定义

3）使用图 5-126 所示简易工装（若无工装，可以直接使用测试探头进行接触测量），对准防错槽装配到电接插件上，听到卡扣"咔"一声，表示接插件装配到位，按图 5-126 分别理出三股引出线。

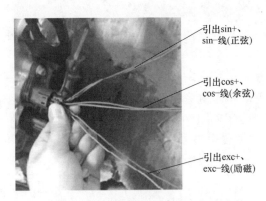

引出sin+、
sin−线（正弦）

引出cos+、
cos−线（余弦）

引出exc+、
exc−线（励磁）

图 5-126　引出三股线

4）将万用表调至电阻档，通过分别测量引出线 sin+与 sin−、cos+与 cos−、exc+与 exc−之间的阻值，从而得到旋变正弦、余弦、励磁的阻值，并记录数据。

判断标准：$sin(13.3\pm4)\Omega$、$cos(13.3\pm4)\Omega$、$exc(6.3\pm2)\Omega$。

270　比亚迪宋 EV300 驱动电机旋变对绕组绝缘测量

1）将绝缘测试设备、器具选项调整至 500V 电压（无 500V 电压情况下需选择设备最大电压选项）。

2）将旋变 6 根引出线拧成一股，将仪表一端接拧成一股的旋变引出线，另一端接三相端子任意一相。若无工装，可使用测试探头，分别测试正弦与三相线、余弦与三相线、励磁与三相线之间的绝缘，如图 5-127 所示。

3）启动测试设备，待显示阻值稳定后，读取测试数据并完成记录。

判断标准：常温下直流电压 500V，通电时间 10s，绝缘阻值大于 50 MΩ。注意：此步骤需对三相线 A、B、C 相分别进行多次测量。

三相端子任意一相

6根旋变引出线拧成一股

图 5-127 测量旋变对绕组绝缘

271 比亚迪宋 EV300 驱动电机旋变对机壳绝缘测量

1）将绝缘测试设备、器具选项调整至 500V 电压（无 500V 电压情况下需选择设备最大电压选项）。

2）将 6 根旋变引出线拧成一股，将仪表一端接拧成一股的旋变引出线，另一端接三相端子任意一相。若无工装，可使用测试探头，分别测试正弦与机壳、余弦与机壳、励磁与机壳之间的绝缘，如图 5-128 所示。

3）启动测试设备，待显示阻值稳定后，读取测试数据并完成记录。

判断标准：常温下直流电压 500V，通电时间 10s，绝缘阻值大于 50MΩ。注意：此步骤需对不同处进行 3 次以上测量。

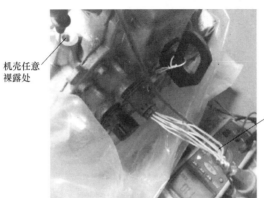

机壳任意裸露处

6根旋变引出线拧成一股

图 5-128 测量旋变对机壳绝缘

272 比亚迪宋 EV300 驱动电机绕组温度传感器阻值测量

1）图 5-129 所示为绕组温度传感器接插件（黑色），检测前用手指压紧接插件母端两侧的卡扣，稍用力即可拔出母端接插件，确认插件内部情况。

绕组温度传感器接插件（黑色）

图 5-129　绕组温度传感器接插件

2）温度传感器引脚定义如图 5-130 所示，3、6 脚为温度传感器正负脚，其余为空脚。使用温度传感器接插件母端作为简易工装，对准防错槽装配到电机绕组温度传感器接插件上，听到卡扣"咔"一声，表示接插件装配到位。若无工装，可直接测量引脚。

引脚号	端口定义
1	/
2	/
3	温度传感器：红+
4	/
5	/
6	温度传感器：黑-

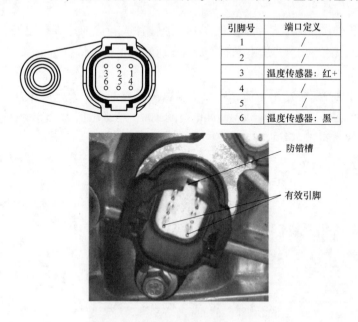

防错槽

有效引脚

图 5-130　温度传感器引脚定义

3）将万用表调至电阻档，在常温下使用测试探头多次测量绕组温度传感器有效引脚阻值，并记录数据。

判断标准：-10~50℃时，阻值为 30.84~604.5kΩ。注意：判断温度传感器阻值是否正常时，在电机冷却后进行。

273 比亚迪宋 EV300 驱动电机绕组温度传感器对机壳绝缘测量

1）将绝缘测试设备、器具选项调整至 500V 电压（无 500V 电压情况下需选择设备最大电压选项）。

2）从温度传感器的有效引脚引出 2 根引出线，并拧成一股，将仪表一端接拧成一股的温度传感器引出线，另一端接机壳任意裸露处。若无工装，可用导线将引脚引出，拧成一股后，使用测试探头测试引出线与机壳之间的绝缘。

3）启动测试设备，待显示阻值稳定后，读取测试数据并完成记录。

判断标准：常温下直流电压 500V，通电时间 10s，绝缘阻值大于 50MΩ。注意：此步骤需对不同处进行 3 次以上测量。

274 比亚迪宋 EV300 驱动电机绕组温度传感器对三相绕组绝缘测量

1）将绝缘测试设备、器具选项调整至 500V 电压（无 500V 电压情况下需选择设备最大电压选项）。

2）从温度传感器的有效引脚引出 2 根引出线，并拧成一股，将仪表一端接拧成一股的温度传感器引出线，另一端接 A、B、C 三相任意一相。若无工装，可用导线将引脚引出，拧成一股后，使用测试探头测试引出线与三相线之间的绝缘。

3）启动测试设备，待显示阻值稳定后，读取测试数据并完成记录。

判断标准：常温下直流电压 500V，通电时间 10s，绝缘阻值大于 20MΩ。注意：此步骤需对不同处进行 3 次以上测量。

275 比亚迪宋 EV300 驱动电机冷却液温度传感器测量

1）图 5-131 所示为冷却液温度传感器信号接插件，检测前拔出母端接插件露出接插件引脚。

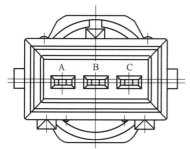

引脚号	端口定义
A	接地
B	空脚
C	信号输入|5V|

图 5-131　测量冷却液温度传感器

2）选择适当仪表量程，使用测试探头多次测量冷却液温度传感器阻值，并记录数据，如图 5-132 所示。

电脑通道电阻(A-C)			
温度/℃	标准电阻/Ω	电阻精度/±%	温度精度/℃
-40	100.865	4.87	0.7
-35	72.437	4.64	0.7
-30	52.594	4.43	0.7
-25	38.583	4.21	0.7
-20	28.582	4.00	0.7
-15	21.371	3.80	0.7
-10	16.120	3.60	0.6
-5	12.261	3.40	0.6
0	9.399	3.21	0.6
5	7.263	3.06	0.6
10	5.658	2.92	0.6
15	4.441	2.78	0.6
20	3.511	2.64	0.6
25 ◇	2.795	2.50	0.6
30	2.240	2.45	0.6
35	1.806	2.40	0.6
40	1.465	2.36	0.6
45	1.195	2.31	0.6
50	980	2.27	0.6
55	809	2.23	0.6
60	671	2.19	0.6
65	559	2.15	0.6
70	469	2.11	0.6
75	395	2.07	0.6
80	334	2.04	0.6
85 ◇	283	2.00	0.6
90	241.8	2.10	0.7

图 5-132　测量冷却液温度传感器阻值

276 比亚迪宋 EV300 驱动电机常见故障及检测手段

（1）旋变故障　对于报旋变故障的电机，可通过如下测试进行判定：

1）外观上，需要检查电机表面是否有磕碰痕迹，电机端盖片黑色密封盖与端面是否保持高度平齐。

2）检查旋变接插件内针脚是否有变形、断裂、缺失等现象，接插件内是否有水、油、杂质等异物，如有先清除。

3）测量旋变阻值、旋变对绕组绝缘、旋变对机壳绝缘。若任一阻值绝缘不合格，则应将电机及测试数据反馈到技术总部进行处理。

（2）电机漏电　对于报严重漏电故障的电机，可通过如下测试进行判定：

1）外观上，需要检查电机三相线接线盒通气阀是否有缺失、损坏等现象，是否有明显凸起、松动等异常。

2）检查绕组温度传感器接插件内针脚是否有变形、断裂、缺失等现象，接插件内是否有水、油、杂质等异物，如有请清除。

3）测量三相绕组对机壳绝缘、绕组温度传感器对机壳绝缘、绕组温度传感器对三相绕组绝缘。若不合格则应将电机及测试数据反馈到技术总部进行处理。

（3）电机过温　对于报过温的电机，可通过如下测试进行判定：

将电机冷却到常温后，测试绕组温度传感器阻值，若阻值不与温度阻值表对应，则应进行更换。

（4）电机异响　对于报异响的电机，应反馈到技术总部进行处理。

（5）电机起动困难或不起动

1）原因：电源电压过低。处理方法：调整电压到所需值。

2）原因：电机过载。处理方法：减轻负载后再起动。

3）原因：机械卡住。处理方法：检查后，先停车解除机械锁止，然后再起动电机。

（6）电机运行温升高

1）原因：负载过大。处理方法：减轻负载。

2）原因：电机扫堂。处理方法：检查气隙及转轴、轴承是否正常。

3）原因：电机绕组故障。处理方法：检查绕组是否有接地、短路、断路等故障，相应排除。

4）原因：电源电压过高、过低或三相不平衡。处理方法：检查电源调整电压值，使其符合要求。

（7）电机运行时振动过大

1）原因：定子三相电压不对称。处理方法：检查电源三相供电平衡。

2）原因：铁心转配不平衡。处理方法：重新拧紧拉紧螺杆或在松动的铁心片中打入楔子固定。

3）原因：定子绕组并联支路中某支路断裂。处理方法：检查直流电阻，然后焊接。

4）原因：定转子气隙不均。处理方法：调整电机气隙，使其均匀。

5）原因：电机底座和基础板不坚固。处理方法：坚固电机地脚螺栓，加强基础。

6）原因：联轴器松动。处理方法：拧紧连接螺栓，必要时更换螺栓。

7）原因：转轴弯曲。处理方法：进行调直或更新。

8）原因：转子磁极松动。处理方法：检查固定键，重新紧固。

9）原因：负载不平衡。处理方法：检查机械负载故障并排除。

10）原因：机组定中心不好。处理方法：重新定中心。

11）原因：基础自由振动频率与电机的振动频率接近。处理方法：改变基础自由振动频率，使两者不产生共振。

12）原因：转子不平衡。处理方法：进行平衡检查试验。

（277）比亚迪纯电动汽车车载充电机

交流充电主要是通过家用插头和交流充电桩接入交流充电口，通过车载充电器将家用220V交流电转为330V直流高压电给动力电池进行充电。

直流充电主要是通过充电站的充电柜将直流高压电直接通过直流充电口给动力电池充电。

充电系统主要由车载充电器、直流充电口、交流充电口、电池管理器、高压配电箱、动力电池等组成，如图5-133和5-134所示。

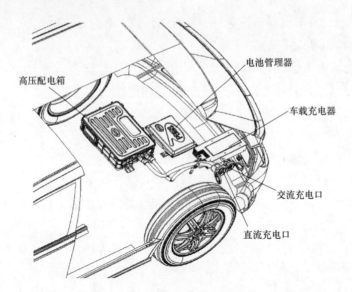

图 5-133　车载充电机安装位置

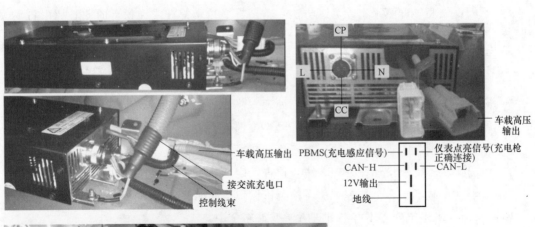

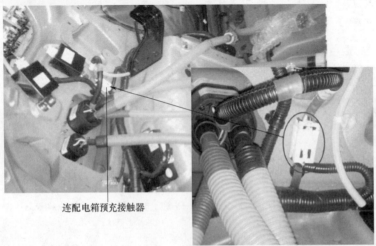

图 5-134　充电机的外接线束

278 比亚迪秦 EV 车载充电器结构

车载充电器（On-Board Charger Assy）简称 OBC，它的作用是将交流充电口传递过来的 220V/50Hz 交流电转换为直流高压电，为动力电池充电。

3.3kW 功率以内的单相交流充电均是通过 OBC 进行的，而功率大于 3.3kW 的交流充电（含单相和三相交流）是通过 VTOG 进行的。小功率充电时，OBC 的效率要高于 VTOG。其结构如图 5-135 所示。

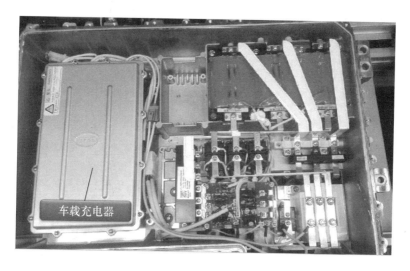

图 5-135　比亚迪秦 EV 车载充电器

279 比亚迪秦 EV 高压电控总成结构

高压电控总成又称"四合一"，集成双向逆变充放电式电机控制器模块、车载充电器模块、DC-DC 变换器模块和高压配电模块，内部还装有漏电传感器，如图 5-136 所示。其主要功能如下：

1）控制高压交/直流电双向逆变，驱动电机运转，实现充、放电功能（VTOG、车载充电器）。

2）实现高压直流电转化低压直流电为整车低压电器系统供电（DC-DC）。

3）实现整车高压回路配电功能以及高压漏电检测功能（高压配电模块、漏电传感器）。

4）实现 CAN 通信、故障处理记录、在线 CAN 烧写以及自检等功能。

说明：32A 空调熔丝—给电动压缩机和 PTC 加热器供电；DC 低压输出端-与低压电池并联给整车低压系统提供 13.8V 电源；电池管理器外挂在高压电控总成后部。

前部

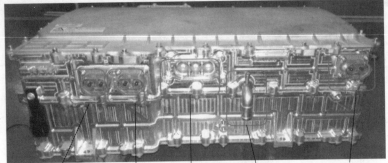

交流充电输
入L2、L3相　　交流充电输
入N、L1相　　三相交流输出　　出水口　　　　直流充电输入

左侧

32A空调熔丝

DC-DC低压输出

后部

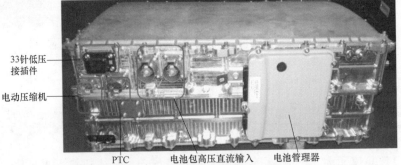

33针低压
接插件

电动压缩机

PTC　　　　　电池包高压直流输入　　　电池管理器

右侧

64针低压接插件

进水口

图 5-136　高压电控总成

280 比亚迪秦 EV 高压电控总成 33 针低压接插件及引脚定义

33 针低压接插件如图 5-137 所示。引脚定义见表 5-44。

图 5-137　高压电控总成插件

表 5-44　引脚定义

引脚号	引脚定义	引脚号	引脚定义
4	VCC 双路电电源	20	一般漏电信号
5	VCC 双路电电源	21	严重漏电信号
8	GND 双路电电源地	22	高压互锁+
9	GND 双路电电源地	23	高压互锁-
10	GND	24	主接触器/预充接触器电源
13	CAN 屏蔽地	25	交直流充电正负极接触器电源
14	CAN-H	29	主预充接触器控制信号
15	CAN-L	30	直流充电正极接触器控制信号
16	直流霍尔电源+	31	直流充电负极接触器控制信号
17	直流霍尔电源-	32	主接触器控制信号
18	直流霍尔信号	33	交流充电接触器控制信号

281 比亚迪秦 EV 高压电控总成 64 针接插件及引脚定义

64 针接插件引脚如图 5-138 所示。引脚定义见表 5-45。

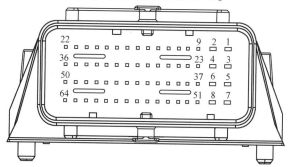

图 5-138　64 针接插件

表 5-45　引脚定义

引脚号	引脚定义	引脚号	引脚定义
1	外部提供 ON 档电源	37	制动踏板深度屏蔽地
2	外部提供常电源	38	制动踏板深度电源 1
4	外部提供 ON 档电源	39	加速踏板深度电源 2
6	加速踏板深度屏蔽地	40	加速踏板深度电源 1
7	外部电源地	41	制动踏板深度电源 2
8	外部电源地	43	预留开关量输入 1
10	巡航地	44	车内插座触发信号
11	充电枪温度 1 地	45	旋变屏蔽地
12	BCM 充电连接信号	47	充电确认信号
13	充电控制信号 1	49	动力网 CAN-H
14	巡航信号	50	动力网 CAN-L
15	电机绕组温度	51	制动踏板深度电源地 1
16	充电枪座温度信号 1	52	加速踏板深度电源地 2
17	制动踏板深度 1	54	加速踏板深度电源地 1
18	加速踏板深度 2	55	制动踏板深度电源地 2
19	BMS 信号	56	预留开关量输入 2
26	动力网 CAN 信号屏蔽地	57	制动信号
29	电机模拟温度地	59	励磁-
31	制动踏板深度 2	60	励磁+
32	加速踏板深度 1	61	余弦+
33	预留开关量输出 1	62	余弦-
34	预留开关量输出 2	63	正弦+
35	驻车制动信号	64	正弦-

282　比亚迪秦 EV 高压电控总成内部结构

比亚迪秦 EV 高压电控总成内部模块分布如图 5-139 所示。

高压配电箱内部主要有 5 个接触器，从左至右依次为放电主接触器、交流充电接触器、直流充电正极接触器、直流充电负极接触器、预充接触器，如图 5-140 所示。

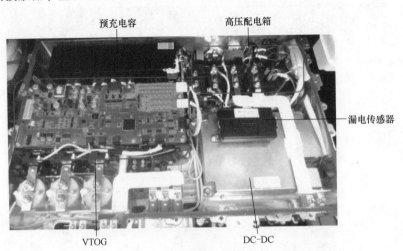

图 5-139　比亚迪秦 EV 高压电控总成内部模块分布

图 5-140 高压配油箱内部结构

283 比亚迪秦 EV DC-DC 变换器

DC-DC 变换器替代了传统燃油车挂接在发动机上的 12V 发电机，和起动电池并联给各用电器提供低压电源。DC-DC 变换器在直流高压输入端接触器吸合后便开始工作，输出电压标称 13.8V。DC-DC 变换器在上 OK 电、充电（包括交流充电和直流充电）、智能充电时都会工作，以辅助低压电池为整车提供低压电源。电路原理如图 5-141 所示。

DC-DC 变换器的工作电气特性见表 5-46。

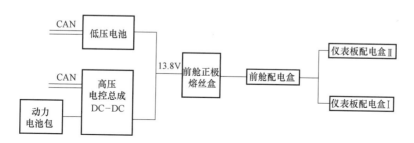

图 5-141 DC-DC 变换器电路原理

表 5-46 DC-DC 变换器的工作电气特性

输入电压	DC 400~760V
额定输出电压	DC 13.8V
额定输出电流	160A
电压稳定度	5%
负载稳定度	5%
静态功耗	<2mA

DC-DC 变换器的外部高压输入也是高压电控总成直流母线输入，如图 5-142 所示。

DC-DC 变换器的输出及连接关系，如图 5-143 所示。

注：DC-DC 变换器的输出正极通过正极熔丝盒直接与低压电池正极相连，而 DC-DC 变换器的输出负极则是通过高压电控总成壳体搭铁。

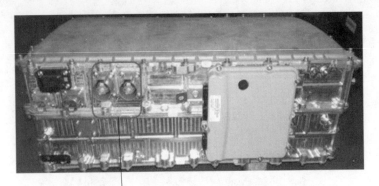

电池包高压直流输入

图 5-142　DC-DC 变换器直流母线输入

DC-DC变换器低压输出正极

正极熔丝盒内部

DC输出　电池正极

图 5-143　DC-DC 变换器的输出及连接关系

284 比亚迪秦 EV 漏电传感器

　　高压电控总成内部装配有漏电传感器。它本身也是一个动力网 CAN 模块，通过监测与动力电池输出相连接的正极母线与车身底盘之间的绝缘电阻来判定高压系统是否存在漏电，漏电传感器将绝缘阻值信息通过 CAN 信号发送给电池管理器，以便采取相应保护措施。漏电传感器位置如图 5-144 所示。

　　系统框图如图 5-145 所示。

图 5-144 漏电传感器位置

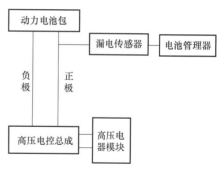

图 5-145 系统框图

绝缘阻值标准见表 5-47。

表 5-47 绝缘阻值标准

R:高压回路正极或负极对车身地等效绝缘阻值	漏电状态		措施
$R > 500\Omega/V$	正常		无
$100\Omega/V < R \leqslant 500\Omega/V$	一般漏电报警		记录保存故障码
$R \leqslant 100\Omega/V$	严重漏电报警	行车中	仪表灯亮,断开主接触器、分压接触器、电池包内接触器和负极接触器
		停车中	1. 禁止上电 2. 仪表灯亮,报动力系统故障
		充电中	1. 断开交流充电接触器、分压接触器、电池包内接触器和负极接触器 2. 仪表灯亮,报动力系统故障

　　漏电传感器如果检测到绝缘阻值小于设定值时,它通过 CAN 线和硬线同时将漏电信号发给 BMS,BMS 进行漏电相关报警和保护控制。漏电传感器的硬线信号是一种拉低信号,即当传感器检测到漏电时,BMS 的漏电信号端子是低电平,由传感器拉低引脚含义如图 5-146 所示。

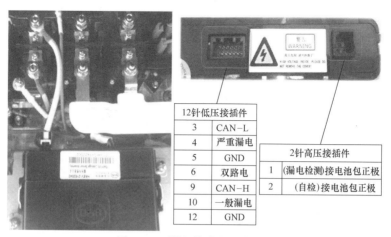

图 5-146 漏电传感器引脚含义

　　另外,漏电传感器的工作电源也是双路电,因为无论是上电还是充电过程,都需要监测高压系统的绝缘情况,电路如图 5-147 所示。注:测试电池管理器电源为 $\pm(9 \sim 16)$ V。

直流漏电传感器

电源地　电源　1-CAN L　1-CAN H

| 12 | L | 6 | L | 3 | L | 9 | L | 5 | L | 6 | L | | 10 | L | 4 | L |
| 0.5 | | 0.5 | | 0.3 | | 0.3 | | | | 0.5 | | | 0.5 | | 0.5 | |

屏蔽线

一般漏电　　严重漏电

20　2　　21　2

0.3　　0.3

BK45(A)　　BK45(A)

| 9 | 2 | 4 | 2 | | 14 | 2 | 13 | 2 | | | 2 | | 10 |
| 8 | 2 | 5 | 2 | 15 | 2 | | | | GND | | | |

高压电控总成　　　　　GND　　　电池管理控制器

图 5-147　漏电传感器电路图

285　比亚迪 EV 电池管理器主要数据流

电池管理器数据流包含电池组状态、使用情况、充放电状态，这对分析车辆故障有很大的帮助。

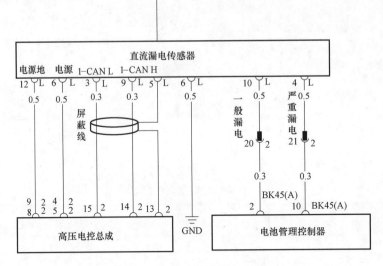

图 5-148　SOC、电池组当前总电压显示

1）SOC、电池组当前总电压如图 5-148 所示。

2）绝缘阻值不小于电池组当前电压×500Ω。

3）预充状态确认预充是否完成。

4）高压回路连接状态监测如图 5-149 所示。

最低电压电池编号、最低电池单体电压、最高电压电池编号、最高电池单体电压如图 5-150 所示，该组数据可用来判定电池充电跳变以及放电过快等故障。

注：电池管理器本身出现的故障较少，且数据流不易发现。故障主要表现形式为车辆无 EV、充放电异常、SOC 不能正常显示。

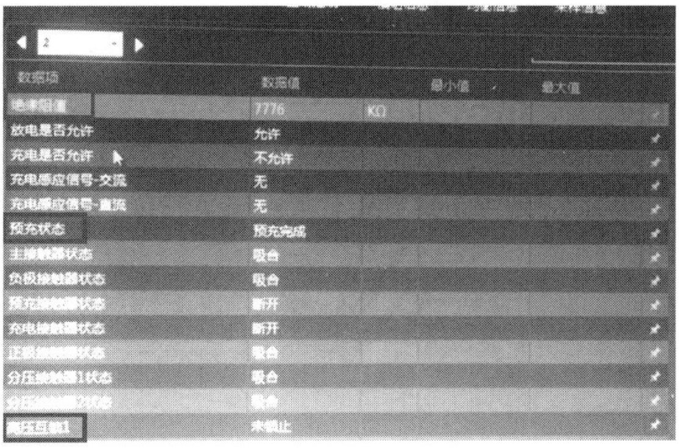

图 5-149　高压回路连接状态监测

图 5-150　最低/高电压电池编号、最低/高电池单体电压显示

当判定电池管理器出现故障时，可通过替换电池管理器来确定。

286 比亚迪秦 EV、e5 磷酸铁锂动力电池结构

磷酸铁锂电池的单体电压为 3.3V；电池包内部含有 2 个分压接触器、1 个正极接触器、1 个负极接触器、采样线束、电池模组连接片和连接电缆等。电池参数见表 5-48。

表 5-48　电池参数

磷酸铁锂电池	参　　数
电池包结构	13 个电池组串联，13 个电池信息采集单元（BIC）
电池包容量	75A·h
额定电压	646V
储存温度	−40~40℃，短期储存（3 个月）20%≤SOC≤40%
	−20~35℃，长期储存（<1 年）30%≤SOC≤40%
重量	≤490kg

电池包外部结构主要包括密封盖、钢板压条、密封条、电池托盘等，如图 5-151 所示。

内部结构主要包括冷却水管、电池模组、模组连接片、连接电缆、采集器、采样线、电池组固定压条、密封条等，如图 5-152 所示。

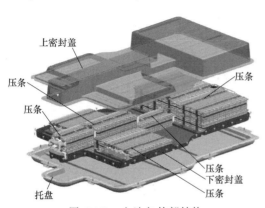

图 5-151　电池包外部结构

图 5-152　内部结构

电池包内部冷却水管结构如图 5-153 所示。

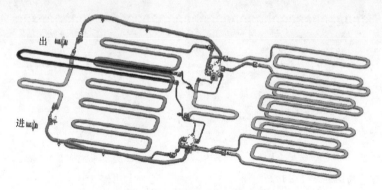

图 5-153 电池包内部冷却水管结构

287 比亚迪 EV 充电系统电路原理

直流充电主要是通过充电站的充电柜将直流高压电直接通过直流充电口给动力电池充电。

充电系统主要组成部分有交流充电口、直流充电口、高压电控总成、动力电池包、电池管理器等，充电系统原理如图 5-154 所示。

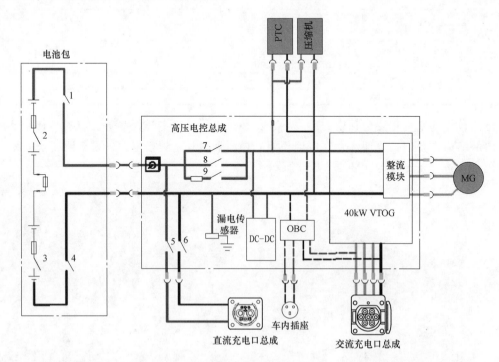

图 5-154 充电系统原理

1—正极接触器 2—电池包分压接触器 1 3—电池包分压接触器 2 4—负极接触器 1 5—直流充电正极接触器
6—直流充电负极接触器 7—主接触器 8—交流充电接触器 9—预充接触器

288 比亚迪 EV 直流充电口端口定义及控制电路

比亚迪 EV 直流充电口端口隐藏在中央格栅后面，充电接口有照明灯，如图 5-155 所示。

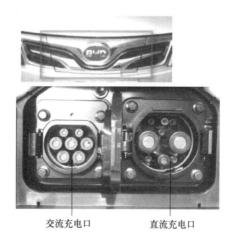

交流充电口　　　　　直流充电口

图 5-155　充电口位置

交流充电口总成：通过家用 220V 插座和交流充电柜接入交流充电口，通过车载充电设备将高压交流电转换为高压直流电给动力电池充电。引脚定义如图 5-156 所示。

CC与PE阻值	
3.3kW及以下充电盒	680Ω
7kW充电盒	220Ω
40kW充电盒	100Ω
VTOL(预留)	2kΩ
VTOV(预留)	100Ω

L：A相	PE：地线
NC1：B相	CC：充电连接确认
NC2：C相	CP：充电控制
N：中性线	

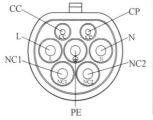

图 5-156　交流充电口引脚定义

交流充电低压电路如图 5-157 所示。

交流充电控制原理如图 5-158 所示。

直流充电口总成：直流充电柜将高压直流电通过直流充电口给动力电池充电，引脚定义如图 5-159 所示。

直流充电口低压充电电路如图 5-160 所示。

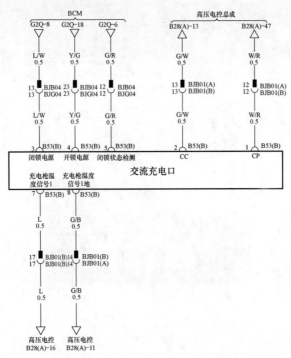

图 5-157　交流充电低压电路图

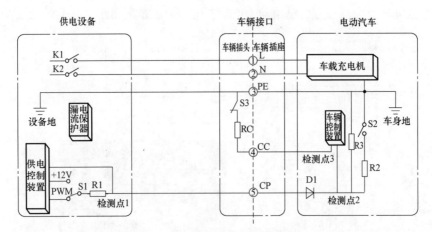

图 5-158　交流充电控制原理图

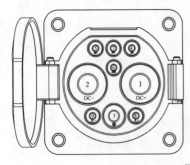

引脚	引脚定义
1	DC+
2	DC−
3	接地
4	S+(CAN−H)
5	S−(CAN−L)
6	CC1
7	CC2
8	A+(+12V)
9	A−(12V地)

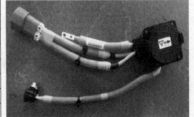

图 5-159　直流充电口引脚含义

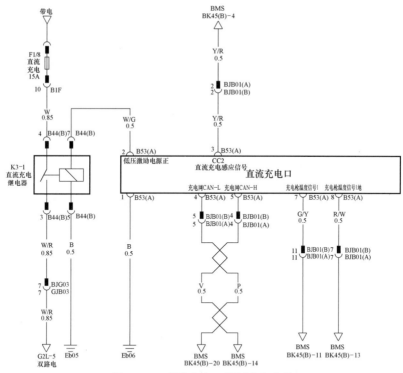

图 5-160　直流充电口低压充电电路

　　注：比亚迪汽车充电口与软件版本已经更新至新国标，如果有无法充电的现象，先确认充电桩是否已经适应新国标。直流充电枪温度传感器 ON 档充电时电压在 2.5~3.5V。

289 比亚迪 EV 直流无法充电故障诊断

检查步骤：

（1）检查直流充电口总成高低压线束

1）分别拔出直流充电口总成的高压接插件和低压接插件。

2）分别测试正负极电缆和低压线束是否导通。

3）用万用表检查低压接插件与充电口端阻值是否正常，如图 5-161 和图 5-162 所示。

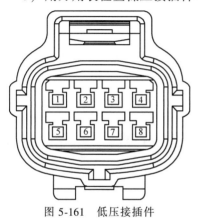

图 5-161　低压接插件

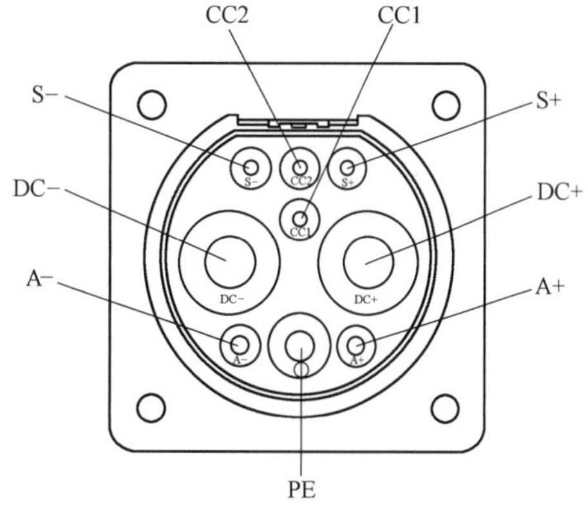

图 5-162　直流充电口

4）测量值不正常则更换直流充电口。参考正常值见表 5-49。

表 5-49　低压接插件与充电口端阻值

引　脚	线 色	正　常　值
1—A-(低压辅助电源负)	B	小于 1Ω
2—A+(低压辅助电源正)	R	小于 1Ω
3—CC2(直流充电感应信号)	R	小于 1Ω
4—S-(CAN-L)	B	小于 1Ω
5—S+(CAN-H)	R	小于 1Ω
CC1—车身地	W/B	1kΩ±30Ω

（2）检查低压线束

1）电源置为 OFF 档。

2）拔出电池管理器低压接插件 BMC 02，如图 5-163 所示。

3）用万用表检查电池管理器接插件 BMC 02 与充电口端阻值。正常值见表 5-50。

4）测量值不正常则更换线束。

（3）检查高压电控总成

1）电源置为 OFF 档。

2）连接充电枪，准备充电。

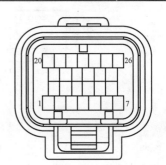

图 5-163　电池管理器低压接插件

表 5-50　电池管理器接插件 BMC 02 与充电口端阻值

引　脚	线　色	正　常　值
BMC02-04—CC2(直流充电感应信号)	R	小于 1Ω
BMC02-14—S+(CAN-H)	R	小于 1Ω
BMC02-20—S-(CAN-L)	B	小于 1Ω
1—A-(低压辅助电源负)	B	小于 1Ω
2—A+(低压辅助电源正)	R	小于 1Ω

3）用万用表检查电池管理器接插件 BMC 02 与车身地。正常值见表 5-51。

4）断开充电枪。

5）拔下电池管理器接插件，将直流充电正负极接触器控制脚与车身地短接，吸合充电正负极接触器。

6）用万用表测量充电口 DC+与 DC-电压，正常值约为 650V。

7）测量值不正常则检修高压电控。

（4）更换电池管理器

表 5-51　测量电池管理器接插件 BMC 02 与车身地

引　脚	线　色	正　常　值
直流充电正负极接触器电源脚—车身地	W/R	11～14V
直流充电接触器控制脚—车身地	B	小于 1Ω

注：直流无法充电可能发生故障的部位有直流充电口、高压电控总成、电池管理器、线束。

290 比亚迪 EV 交流无法充电故障诊断

检查步骤：

（1）检查交流充电口总成　检查充电电缆是否断路，断路则更换交流充电口总成。

（2）检查高压电控总成

1）将交流充电口接入充电桩或家用电源。

2）用万用表测量高压电控总成接插件充电电流，确认信号端子 47 脚电压小于 1V，如图 5-164 所示。

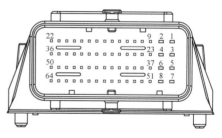

3）不正常则进行检修或更换高压电控总成。

（3）检查低压线束（交流充电口—电池管理器）不正常则更换线束。

（4）正常 转到电池管理系统检查。

（5）电池管理系统 不正常则更换电池管理器。

图 5-164 高压控制箱低压插件

注：交流无法充电可能发生故障的部位有交流充电口、高压电控总成、电池管理器、线束。

291 比亚迪 EV300 故障时手动强制解锁操作

1）首先确认车辆及充电设备已停止充电且电源处于 OFF 档，再做如下操作。

2）打开行李舱。

3）打开后侧围通风盖板（从顶部缺口处向车辆左侧缓慢拉出，再向上提即可），如图 5-165 所示。

4）在盖板孔片处沿着电锁信号线斜向上方即为电锁解锁开关，如图 5-166 箭头所示位置。

5）向车尾方向旋转充电口电锁解锁开关（充电口前端的电锁锁销同时会收缩回去）实现解锁，如图 5-167 所示。

图 5-165 打开后侧围通风盖板

图 5-166 电锁解锁开关

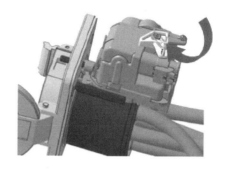

图 5-167 旋转充电口电锁解锁开关

292 比亚迪 e5 液冷电池的拆装

（1）拆卸电池包操作步骤

1）断开 12V 蓄电池电源负极。

2）拆开储物盒上盖，戴上绝缘手套拔掉维修开关，如图 5-168 所示。

3）将车辆举升到合适的高度，使用专门的支撑托架托举电池包。

4）拆除电池包前端底盘副车架上的加强筋，如图 5-169 所示。

图 5-168　拔掉维修开关

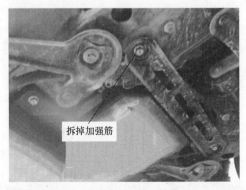

图 5-169　拆除电池包前端底盘副车架上的加强筋

5）拔掉动力电池包进出水口液冷管路接头，如图 5-170 所示。

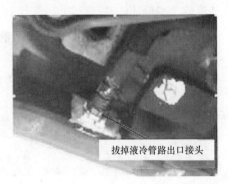

图 5-170　拔掉动力电池包进出水口液冷管路接头

6）戴上绝缘手套，拔掉动力电池包的低压接插件和高压接插件，如图 5-171 所示。

图 5-171　拔掉动力电池包的低压接插件、高压接插件

7）使用 M18 的套筒将电池包周边的 10 个紧固件拆掉，拆下动力电池包。

8）将动力电池包使用举升设备落下；使用电池支撑托架的，将车辆举升后将电池推出。

9）将拆卸下来的动力电池包退给返修处。

（2）安装动力电池包操作步骤

1）断开低压 12V 蓄电池负极

2）拔掉维修开关，如图 5-172 所示。

3）将电池包放到举升设备或是支撑托架上。

4）使用导向杆使电池包安装点与车身对齐。

5）安装电池包 10 个固定螺栓，螺栓拧紧力矩要求为 135N·m，要求拧紧后画上漆标，如图 5-173 所示。

6）安装动力电池包低压线束接插件以及高压接插件。

图 5-172　拔掉维修开关

7）接上液冷管路进出水口接插件，并画上漆标。

8）从副仪表台位置安装上维修开关，如图 5-174 所示。

图 5-173　安装电池包固定螺栓

图 5-174　安装上维修开关

9）接上 12V 蓄电池负极。

10）加注电池冷却液。

11）重新标定 SOC。

12）上电确认。

13）入库车辆要求 SOC≥30%，如 SOC<30%需要进行充电。

（3）电池冷却系统维修保养售后排气说明　在拆装电池冷却系统回路中的动力电池包、电池热管理电动水泵、更换电池冷却管路等零部件后，需对电池热管理系统加注适量的、规定的冷却介质，且需按照如下步骤进行系统排气：

1）整车上 OK 档电，接上 VDS，进入 BCC（电池热管理控制器）主动测试界面，将电池热管理电动水泵设置为"开启"。

2）打开前舱盖，观察前舱左后电池包液罐的排气口中是否有连续的水流喷出。

① 若喷出的水流为间断的，则继续排气，直至喷出水流为连续状态，且在连续状态下持续排气 3~5min 后结束系统排气。

② 若无水流喷出，查看壶里面是否有冷却液。

若没有，适量加注一些规定的冷却液待观察。若有，将电池热管理电动水泵按"工作 3min""停止工作 1min"的周期进行排气，直至有水流喷出。

3）在排气过程中或排气完成后，检查电池冷却系统是否漏液。

4）排气完成后，观察壶内的液位，若液位低于 max 线，则需要进行补液，使电池冷却介质液位接近 max 线。

293 比亚迪宋 EV300、e5 高压电控总成结构

高压电控总成集成双向逆变负放电式电机控制器模块、车载充电器模块、DC-DC 变换器模块和高压配电模块，内部还装有漏电传感器，如图 5-175、图 5-176 所示。

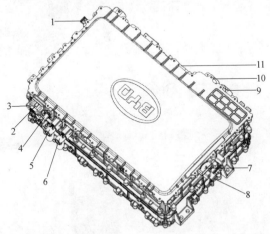

图 5-175　比亚迪 e5 高压电控总成外部接口示意图

1—DC 直流输出接插件　2—33 针低压信号接插件　3—高压输出空调压缩机接插件　4—高压输出 PTC 接插件
5—动力电池正极母线　6—动力电池负极母线　7—64 针低压信号接插件　8—入水管
9—交流输入 L2、L3 相　10—交流输入 L1、N 相　11—驱动电机三相输出接插件

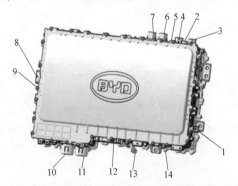

图 5-176　比亚迪宋 EV300 高压电控总成外部接口示意图

1—DC 直流输出接插件　2—33 针低压信号接插件　3—高压输出空调压缩机接插件　4—高压输出 PTC
5—OBC 车内放电插件　6—动力电池正极母线　7—动力电池负极母线　8—64 针低压信号接插件　9—入水管
10—交流输入 L2、L3 相　11—交流输入 L1、N 相　12—驱动电机三相输出接插件　13—出水管　14—直流充电输入接插件

294 比亚迪电动汽车充电盒结构

充电盒外观如图 5-177 所示。

充电盒外观指示如图 5-178 所示。

1）急停开关：紧急情况下，按下急停开关，即可断开充电盒输入电源，使充电盒停止

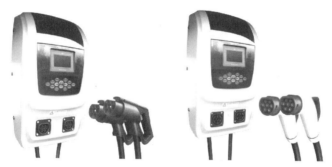

图 5-177　充电盒外观

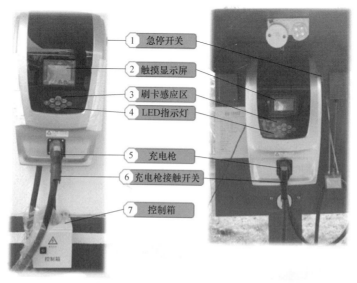

图 5-178　充电盒外观指示图

工作，恢复需顺时针旋转开关至开关弹出。

2）触摸显示屏：功能操作和显示界面，用户在此观察充电盒的实时状态和提示，从而对充电盒进行操作（具体操作流程见使用说明）。

3）刷卡感应区：用户刷卡感应区域，根据屏幕提示在此处刷卡。

4）LED 指示灯：显示 5 种状态，包括电源、连接、充电、完成和故障，如图 5-179 所示。

5）充电枪：充电盒和电动汽车充电连接的装置，EVA040（020/015/007）K 充电盒为单枪，EVA080K 充电盒为双枪。

6）充电枪轻触开关：用于确认充电枪是否与电动汽车可靠连接（国标枪才有此规格）。

7）控制箱：充电盒进线输入连接装置，内置充电盒断路器。

图 5-179　指示灯界面示意图

295 比亚迪电动汽车充电盒故障分析与排除

充电盒故障分析与排除见表 5-52。

表 5-52　充电盒故障分析与排除

序号	故障	可能原因	解决方法
1	上电后电源指示灯未亮	控制箱内部断路器未开启	开启控制箱内断路器
		急停开关未开启	顺时针旋转开启急停开关
2	连接充电枪后连接指示灯未亮	充电枪未连接好	重新插拔充电枪
3	刷卡后充电盒报充电禁止	相序错误	调整 BC 相序

⚠警告！

若按上述解决方法仍未解决问题,立即停止操作并联系维修人员

296 比亚迪电动汽车充电盒的拆卸

1）切断电网电力供应（客户安装的漏电断路器），如图 5-180 所示。

2）切断控制箱断路器，如图 5-181 所示。

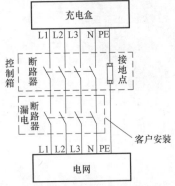
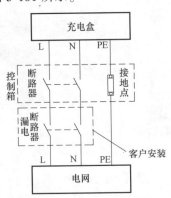
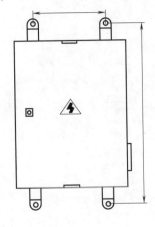

图 5-180　线缆连接示意图（左边为三相输入、右边为单相输入）

图 5-181　控制箱断路器

3）取下固定控制箱的 4 个 M8×50 膨胀螺栓，如图 5-182 所示；

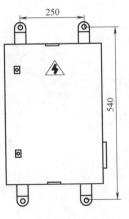

图 5-182　控制箱

4）拔出胶塞（6个），拆下充电盒外罩，拧下 M6×25 螺栓，然后可将充电盒从墙上拆下，如图 5-183 所示。

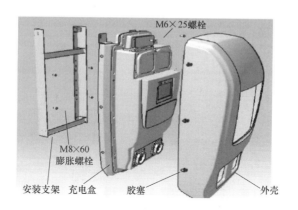

图 5-183　充电盒拆卸

297　比亚迪电动汽车充电盒的安装

（1）安装步骤

1）使用 4 个 M8×50 的膨胀螺栓固定安装支架，如图 5-184 所示。

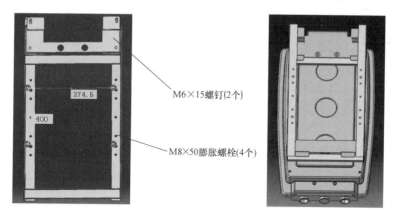

图 5-184　安装支架安装图

2）将充电盒挂在固定好的安装支架上。

3）使用 2 个 M6×15 的螺钉将充电盒与安装支架固定起来。

4）使用 4 个 M8×50 的膨胀螺栓固定控制箱，如图 5-185 所示。

5）将充电盒电缆连接至控制箱内部，再连接电网电线至控制箱。

6）使用 φ6 的膨胀胶塞以及 M4×20 的自攻螺钉将弹簧平衡器固定在图 5-186 所示位置。

7）将弹簧平衡器挂钩挂在线缆固定夹两压片之间的螺钉上，将充电枪电缆吊置起来。

（2）接线方法

1）将充电盒上配带的电缆连接至控制箱内部断路器上，相应的相线需连接正确。

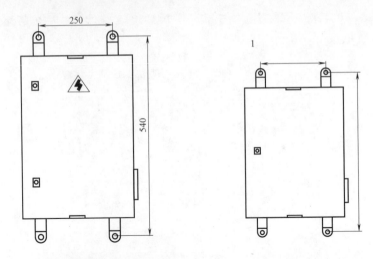

图 5-185　控制箱安装流程图（左边为 80kW，右边为 40/20/15/7kW）

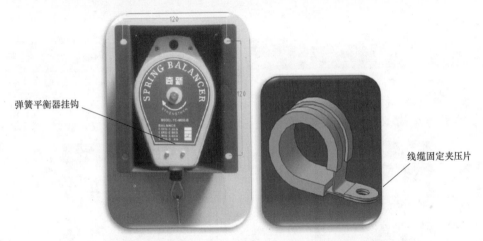

弹簧平衡器挂钩

线缆固定夹压片

图 5-186　弹簧平衡器以及线缆固定夹

2）所选充电盒为三相电源输入时，将电网 A 相（L1）、B 相（L2）、C 相（L3）、N 相线束连接至控制箱的断路器上，PE（黄绿）线束直接连接在控制箱内部接地端子上，如图 5-187 所示。

图 5-187　控制箱内部线缆接线图（左边为 80kW，中间为 40/20kW，右边为 15/7kW）

3）所选充电盒为单相电源输入时，将电网 L、N 和 PE 线束（EVA015K2406/01 为 L1、L2 和 PE 线束）连接至控制箱的断路器上。

（3）安装检查

1）检查安装连接，必须检查现场的所有电气连接，确保连接正确、牢固。

2）相序连接正确。

3）电缆线径符合要求。

4）确保端子压紧、牢靠。

5）确保连接处力矩符合要求。

6）检查漏电断路器的进线方向是否正确。

298 比亚迪电动汽车行驶中仪表提示"请检查动力系统"故障

（1）故障现象　比亚迪电动汽车行驶中仪表提示请检查动力系统，OK 灯亮，车辆可以行驶。

（2）原因分析

1）高压系统故障。

2）线束故障。

3）BMS 故障。

（3）维修过程

1）利用诊断仪器读取车辆故障码，BMS 报一般漏电，故障码无法清除，如图 5-188 所示。

图 5-188　读取车辆故障码

2）检查各个高压系统，断开 PTC 加热模块高压插头，短接 PTC 高压互锁端子后，车辆可以上电，系统不再报漏电故障，仪表无故障信息提示，如图 5-189 所示。

3）更换 PTC 加热模块，故障排除。

（4）维修小结

1）BMS 报一般漏电，车辆可以行驶；报严重漏电，车辆无法行驶。

2）判定一个高压模块或高压线束是否漏电时，尽量再将高压模块或线束插头插上去，

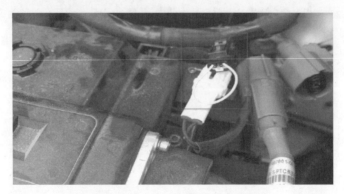

图 5-189　断开 PTC 加热模块高压插头

确认故障是否再现，避免零部件误判。

3）PTC 正极或负极对地绝缘阻值一般为 1MΩ 以上。

299 比亚迪电动汽车空调不制冷故障

（1）故障现象　一辆比亚迪电动汽车可以正常行驶，但开空调不制冷。

（2）故障分析

1）系统压力异常。

2）空调压缩机故障。

3）高压系统故障。

4）线路故障。

（3）维修过程

1）读取系统故障：与空调压缩机失去通信，如图 5-190 所示。

2）读取 PTC 数据流发现，亦显示没有高压电输入，如图 5-191 所示。

图 5-190　读取系统故障

3）测量高压电控总成侧面 32A 熔丝，不导通。

4）进一步测量空调压缩机高压正负极之间为导通。

图 5-191　读取 PTC 数据流

5）测量空调压缩机低压电源、CAN 电压均正常。

6）判定为空调压缩机短路导致 32A 熔丝烧损，更换压缩机及 32A 熔丝后，试车故障排除。

（4）故障小结　本案例维修中，巧用了 PTC 的数据流，确定无高压输入；且根据整车高压结构，车辆能够正常行驶，说明主接触器及电池包内部接触器都是正常吸合的，此时空调压缩机及 PTC 也应该有高压输入，结果却无高压输入，进而想到了 32A 空调熔丝是否完好；然后根据熔丝烧损再确定相关用电设备是否短路。需要对整车的结构非常了解才能迅速找到故障点。

300 比亚迪电动汽车仪表提示"请检查充电系统"故障

（1）故障现象　一辆比亚迪电动汽车行驶中仪表提示"请检查充电系统""请检查低压电池系统"，熄火后车辆无法起动。

（2）原因分析

1）低压起动电池故障。

2）高压电控总成故障。

3）低压线路故障。

（3）维修过程

1）测量低压起动电池电压为 0V，判断低压电池亏电已进入超低功耗模式。

2）按左前门微动开关进行手动唤醒，再次测量低压电池正负极电压为 12V（>7.5V），车辆无法起动，并联蓄电池起动车辆，仪表上充电故障指示灯亮，提示请检查充电系统和低压电池系统。

3）OK 上电时用 VDS 读取系统故障码，分别是"降压时低压侧电压过低""降压时硬件故障"，故障点全部指向降压过程。

4）读取电池模组数据流正常，读取 DC 系统数据显示 DC 不工作，此时测量高压电控总成（DC-DC）低压输出端电压为 11.3V，远小于 13.8V，由此判断 DC 不工作导致低压电池馈电，更换高压电控总成后，故障排除，如图 5-192 所示。

图 5-192　读取数据流

（4）维修小结　此次维修主要通过读取系统故障码直接锁定故障点，然后通过验证 DC 的输出电压确定故障在 DC，更换高压电控总成后故障排除。

车辆行驶过程中 DC 与低压电池并联给整车低压电器供电，当低压电池电压过低时会由 DC 将电池包的高压电降压给低压电池充电。DC 故障时，电池得不到充电，当电池单节电压低于 3.1V 时会进入超低功耗模式，正常 DC 输出电压为 13.8V 左右。

更换高压电控总成时，需要对新旧控制器进行密码清除和防盗编程。

301 比亚迪电动汽车直流充电桩无法充电故障

（1）故障现象　车主反映车辆在直流充电桩无法充电，显示起动充电未能成功，尝试更换多个充电桩也无法充电，但可以使用交流充电桩充电。

（2）原因分析

1）直流充电口故障。

2）直流充电低压通信线路故障。

3）电池管理器故障或者控制直流充电的低压线路故障。

（3）维修过程

1）首先测试插充电枪后，仪表只有充电连接指示灯亮，再无其他充电的相关信息，充电桩上显示充电起动未能成功，但交流可以充电，由此可以暂定电池管理器能正常工作，故障应该在直流充电过程中涉及的元器件或线束。

2）但由于车辆充电连接指示灯点亮，充电桩上却显示充电未能成功起动，将故障定位于充电过程中的 CAN 线信息交互失败上。

3）接下来插上充电枪充电，测量电池管理器 BK45（B）接插件的 14 号针脚无电压，测量 20 号针脚电压为 2.9V，CAN 线电压正常应为 2.5V 左右，测量电池管理器 BK45（B）接插件的 14 号针脚到充电口 S-端子不导通，电池管理器 BK45（B）接插件的 20 号针脚到充电口 S+端子导通正常，如图 5-193 所示。

4）测量充电口的 S-端和 S+端到前舱线束 BJB01（B）接插件 4 号端子和 5 号端子都导通

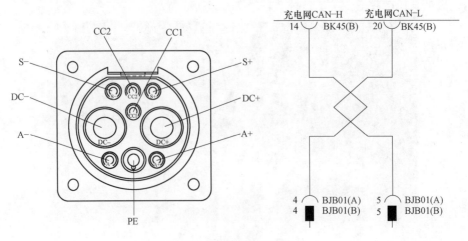

图 5-193　直流充电口电路图

正常，可以排除直流充电口故障，再测量前舱线束 BJB01（A）接插件 5 号端子到电池管理器 BK45（B）接插件 20 号端子导通正常，BJB01（A）接插件 4 号端子和电池管理器 BK45（B）接插件 14 号端子不导通，判定故障为该线束断路导致，更换前舱线束后故障排除。

（4）维修小结　此次故障维修需要非常了解整个直流充电的过程才能在有限的信息下做出正确的判断。

直流充电流程分析：插枪后充电柜检测到 CC1 1kΩ 电阻确认枪插好，直流充电柜控制吸合直流充电继电器，电池管理器得到双路电可以工作，车辆检测到 CC2 1kΩ 电阻后确认充电柜连接正常，电池管理器控制点亮仪表充电连接指示灯并与直流充电柜进行 CAN 通信，通信无异常后，直流充电柜输出高压电为车辆充电。

根据直流充电流程，该车辆电池管理器已经控制点亮仪表充电连接指示灯，说明 CC1、CC2 已经完成，判断为 CAN 通信未完成，怀疑 CAN 线路或充电口故障导致。

在维修新能源车辆时经常会遇到故障码 U02A200：与主动泄放模块通信故障，该故障码形成原因是每次高压上电不成功或者充电不成功时，电池管理器内就会报主动泄放模块通信故障，所以维修时不能根据此故障码来确定故障点。

302　比亚迪电动汽车行驶中电量显示不下降且充电时电量显示不上升故障

（1）故障现象　比亚迪电动汽车偶发性出现行驶中电量显示不下降且充电时电量显示不上升。

（2）原因分析

1）BMS 故障。

2）高压电控总成（霍尔电流传感器）故障。

3）电流传感器线路故障。

（3）维修过程

1）怀疑 BMS 故障，替换 BMS 后故障依旧存在。

2）行驶中电量显示不下降、充电时电量显示不上升，观察 BMS 当前总电流数据几乎一直为 0A，遂怀疑霍尔电流传感器或线束故障，初步查看线束未发现异常。

3）替换高压电控总成，故障依旧。

4）再从线束上下手，仔细检查从高压电控总成至 BMS 之间线路，发现高压电控总成 33 针接插件的第 18 号、第 33 号针脚退针，检修处理后故障排除，如图 5-194 和图 5-195 所示。

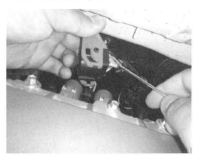

图 5-194　检修故障处

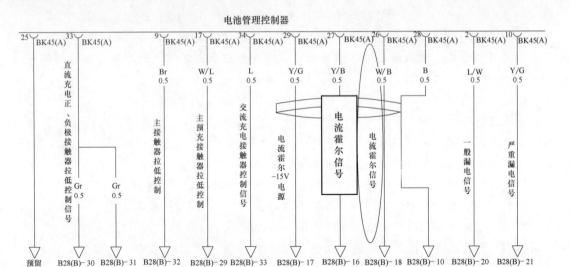

图 5-195　电池控制器电路

（4）维修小结　处理此类故障，必须清楚 SOC 变化原理：BMS 监测电池包电量是根据电流霍尔传感器检测到的电流变化信号，在 BMS 内部按照特定的计算方法折算成 SOC 值的变化，BMS 和仪表进行通信，将 SOC 值显示在仪表上。

使用原理图进行分析能帮助更快地找到故障点。

(303) 比亚迪电动汽车无法交流充电故障

（1）故障现象　一辆比亚迪电动汽车无法交流充电，仪表一直显示充电连接中，可以上 OK 电正常行驶。

（2）故障分析

1）交流充电设备故障。

2）交流充电口故障。

3）电池包及 BMS 故障。

4）四合一故障。

5）线路故障。

（3）维修过程

1）使用交流充电盒或是单相壁挂式充电盒，仪表都一直显示充电连接中。

2）如果仪表显示充电连接中，则说明充电设备和整车还没有交互完成。

3）BMS 数据流中显示有充电感应信号-交流，如图 5-196 所示，说明 CC 信号正常。

4）而 VTOG 数据流中 CP 占空比信号一直是 0%，如图 5-197 所示，说明 CP 信号不正常。测量交流充电口 CP 针脚与 VTOG 的 64 针接插件 CP 针脚导通性，发现不导通，仔细检查发现 BJB01 的 12 号针脚退针，检修后试车，故障排除。电路如图 5-198 所示。

图 5-196　BMS 数据流

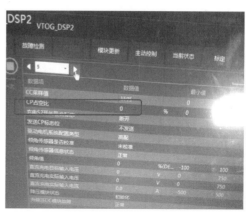

图 5-197　VTOG 数据流

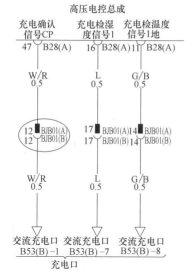

图 5-198　高压总成电路

（4）维修小结　处理此类故障，需要掌握充电控制流程。

VTOG 充电流程如下：将交流充电枪插入充电口，VTOG 检测插枪信号（即 CC 信号）后，给 BCM 发出充电连接信号。BCM 控制双路电继电器吸合，BMS 与 VTOG 获得双路电。VTOG 检测 CP 信号、BMS 接收到充电感应信号后自检（无故障），BMS 控制电池包内接触器和预充接触器吸合进行预充（预充完成后，吸合交流充电接触器、断开预充接触器），VTOG 检测到动力电池包的反馈电压后控制交流充电桩输出交流电（给 VTOG）进行充电。

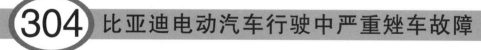

304　比亚迪电动汽车行驶中严重挫车故障

（1）故障现象　一辆比亚迪电动汽车行驶里程 3300km，在急加速或行驶一段时间后出现严重熄车现象；仪表故障指示灯不亮，但功率表会从 25kW 掉到 10kW，且来回摆动。

（2）原因分析

1）机械类故障。

2）冷却系统故障。

3）高压电控总成故障。

4）电机故障。

（3）维修过程

1）使用 VDS1000 扫描，没有历史故障码，且在 VTOG、电池管理器数据流中未发现异常。

2）试车至故障出现时查看 VTOG 数据流，电机转矩和电机功率瞬间掉到 0，且来回跳动。

3）进一步查看发现出现熄车时，IGBT 温度达到 99℃，分析熄车正是由于 IGBT 过温导致的功率限制，如图 5-199 所示。

4）检查冷却系统：电子扇工作正常；检查电子水泵，发现没有运转，测量电子水泵接插件供电电压正常，为 13.41V，如图 5-200 所示。

图 5-199　读取 VTOG 数据流

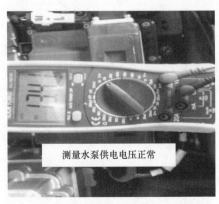

图 5-200　测量水泵供电电压

5）更换电子水泵后试车，故障排除，查看 VTOG 数据流，IGBT 温度为 43℃，恢复正常。

（4）维修小结　本故障是在行驶一段里程或急加速（大功率输出）后才出现问题，初步可以排除机械类故障原因。另外注意多结合数据流来分析，很快就可能找出故障点。

305 电动汽车相位测试仪使用

（1）仪器介绍　相位测试仪是用来对开放相位的状态和相位连续性进行检查的仪器。这里的相位连续是基于 LED 和蜂鸣器的，如图 5-201 所示。

（2）仪器功能

1）检测相位状态。

2）检测相位连续性。

（3）测量与检测方法 测量与检测方法如图 5-202 所示。

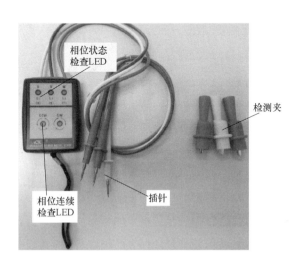

图 5-201 相位测试仪

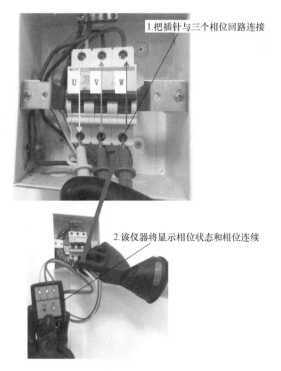

1.把插针与三个相位回路连接

2.该仪器将显示相位状态和相位连续

图 5-202 测量与检测方法

检查方法见表 5-53。

表 5-53 检查方法

序号	项目	相位状态检查 LED	相位连续检查 LED	蜂鸣器
1	正确相位 CW	三个橙色 LED 均亮	绿色 LED 亮	间歇蜂鸣
2	颠倒相位 CCW	三个橙色 LED 均亮	红色 LED 亮	持续蜂鸣
3	缺相	通电的 LED 亮	红、绿 LED 均不亮	持续蜂鸣

正确相位 CW 显示如图 5-203 所示。

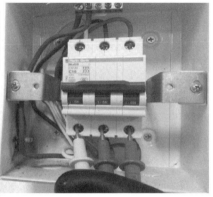

图 5-203 正确相位 CW

颠倒相位 CCW 显示如图 5-204 所示。

缺相显示如图 5-205 所示。

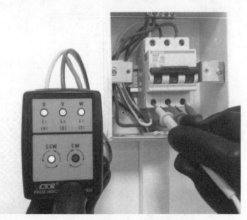

图 5-204　颠倒相位 CCW

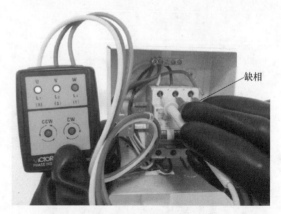

图 5-205　缺相显示

第6章
Chapter 6

特斯拉纯电动汽车

306 特斯拉 Model X 动力电池拆装

（1）拆卸

1）断开 12V 电源。

2）除去中间航空屏蔽线。

3）在车辆的两侧，取出固定剪切板的螺母，如图 6-1 所示。

4）在车辆的两侧，取出固定夹子，将后轮拱衬垫固定到剪切板，如图 6-2 所示。

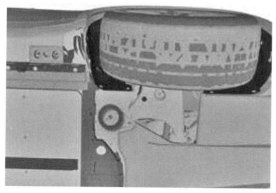

图 6-1　取出固定剪切板的螺母

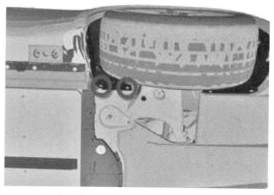

图 6-2　取出固定夹子

5）在车辆的两侧，取出 14 个固定夹子，该夹子固定在 HV 电池侧滑盖上，如图 6-3 所示。注意：前部和后部侧滑盖板在中部侧滑盖重叠。注意在侧盖的 END 和箭头标记。

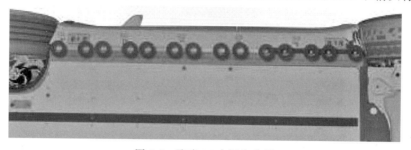

图 6-3　取出 14 个固定夹子

6）卸下电池固定主体剪切板中的螺栓，如图 6-4 所示。

7）取出剪切板。

8）卸下 HV 电池固定到前副车架的 4 个螺栓，如图 6-5 所示。

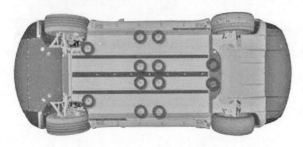

图 6-4　卸下电池固定主体剪切板中的螺栓　　　　图 6-5　卸下 HV 电池固定到前副车架的螺栓

9）移除 HV 电池固定到副车架和车身上的螺栓，如图 6-6 所示。

10）将电池台放置在电池表面下方位置，确保电池台可以支持全部重量的电池。

11）小心地将车辆升到电池台上表面，直到 HV 电池的重量完全由电池台支撑。

12）移除 HV 电池固定主体螺栓，如图 6-7 所示。

13）慢慢抬起车辆，直至 HV 电池完全离开车身。

14）移出电池，并用万用表检查 HV 电池电压。

（2）安装　安装过程与拆卸相反。

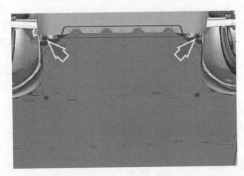

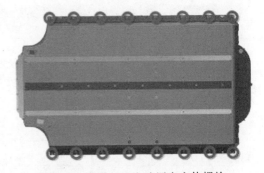

图 6-6　移除 HV 电池固定到副车架和车身上的螺栓　　　　图 6-7　移除 HV 电池固定主体螺栓

307 特斯拉 Model X 前驱动单元拆装

（1）拆卸

1）拆下 HEPA 过滤器壳体。

2）从前轮卸下中央螺栓。

3）取出 12V 蓄电池罩。

4）松开 4 个固定冷却液储液罐至前横梁的螺栓。

5）小心抬起冷却液储液罐并断开冷却液位传感器。

6）夹住冷却液软管，放在储液罐后部，如图 6-8 所示。

7）小心移动储液罐到车辆左侧并堵塞冷却孔，如图6-9所示。

图6-8 夹住冷却液软管

图6-9 移动储液罐

8）断开接线盒高压压缩机线束，如图6-10所示。

9）卸下固定接地母线的压缩机支架螺栓，如图6-11所示。

图6-10 断开接线盒高压压缩机线束

图6-11 卸下固定接地母线的压缩机支架螺栓

10）断开压缩机低压线束，如图6-12所示。

11）拆下A/C固定在压缩机上的制冷管，如图6-13所示。

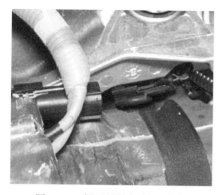

图6-12 断开压缩机低压线束

图6-13 拆下A/C固定在压缩机上的制冷管

12）拆下压缩机支架固定螺栓，如图6-14所示。

13）从车上卸下压缩机和支架，如图6-15所示。

图 6-14　拆下压缩机支架固定螺栓

图 6-15　从车上卸下压缩机和支架

14）断开驱动单元的接地母线，如图 6-16 所示。

15）从驱动单元上拆下冷却液管，如图 6-17 所示。

图 6-16　断开驱动单元的接地母线

图 6-17　从驱动单元上拆下冷却液管

16）断开驱动装置的低压线束，如图 6-18 所示。注：要松开插接器，向后拉红色按钮 1，然后向下推红色按钮 2。

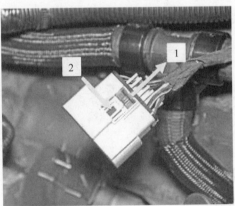

图 6-18　断开驱动装置的低压线束

17）降低车辆，从支架左侧拆下冷却液泵，如图 6-19 所示。

18）松开冷却液泵的软管。

19）拆下用于固定高压电缆的螺栓，如图 6-20 所示。

图 6-19 从支架左侧拆下冷却液泵

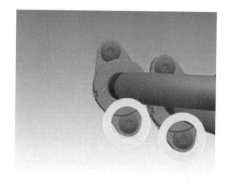
图 6-20 拆下用于固定高压电缆的螺栓

20）拆下位于舱壁右侧角落的电池冷却液泵，如图 6-21 所示。

21）拆下前驱动单元，并拆下右侧传动轴，如图 6-22 所示。

图 6-21 拆下电池冷却液泵

图 6-22 拆下右侧传动轴

22）拆下左侧电机固定螺栓，如图 6-23 所示。

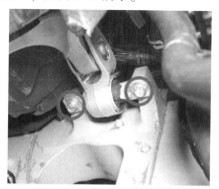
图 6-23 拆下左侧电机固定螺栓

23）松开 4 个固定右侧电机的螺栓，如图 6-24 所示。

24）拆下驱动电机。

图 6-24　松开 4 个固定右侧电机的螺栓

（2）安装　安装过程与拆卸相反。

308　特斯拉 Model X 后驱动单元拆装

（1）拆卸

1）拆下用于固定冷却液软管的卡扣，如图 6-25 所示。

2）拆下用于固定低压线束和冷却液软管的卡扣，如图 6-26 所示。

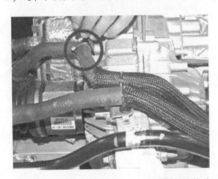

图 6-25　拆下用于固定冷却液软管的卡扣　　　图 6-26　拆下用于固定低压线束和冷却液软管的卡扣

3）拆下驱动单元前部固定冷却液软管支架的螺栓，如图 6-27 所示。

4）从驱动单元拆下冷却液软管，如图 6-28 所示。

图 6-27　拆下驱动单元前部固定冷却液软管支架的螺栓　　　图 6-28　从驱动单元拆下冷却液软管

5）从驱动单元右侧拆下冷却液软管，如图 6-29 所示。

6）在副车架的每一侧，松开固定轮速传感器线束的卡扣，如图 6-30 所示。

图 6-29 从驱动单元右侧拆下冷却液软管

图 6-30 松开固定轮速传感器线束的卡扣

7）松开固定连杆的螺栓。

8）使用工具拆下半轴，如图 6-31 所示。

9）拆下驱动单元的固定垫，如图 6-32 所示。

图 6-31 使用工具拆下半轴

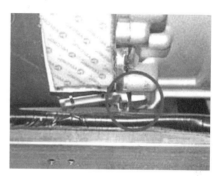

图 6-32 拆下驱动单元的固定垫

10）从驱动单元的左侧拆卸固定垫，如图 6-33 所示。

11）拆下固定驱动单元前后副车架的螺栓。

12）松开左侧安装电机的 3 个固定螺栓。

13）拆下左侧安装电机的副车架螺栓。

14）向外推左侧电机，如图 6-34 所示。

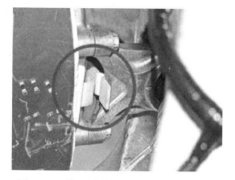

图 6-33 从驱动单元的左侧拆卸固定垫

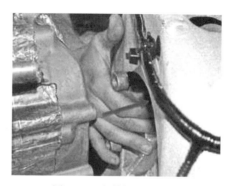

图 6-34 向外推左侧电机

15）拆下电机并在电机龙门区域固定蓝色（2）、红色（1）和黄色（3）吊索，如图 6-35所示。

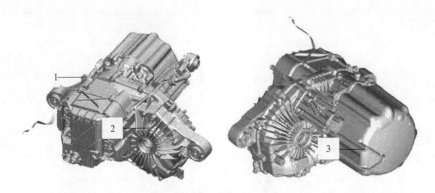

图 6-35　拆下电机

16）用环套固定黄色吊索，如图 6-36 所示。

图 6-36　用环套固定黄色吊索

（2）安装　安装过程与拆卸相反。

309 特斯拉 Model X 充电端口拆装

（1）拆卸

1）打开尾门。

2）断开 12V 电源。

3）取下左后行李舱地毯和装饰总成。

4）取下泡沫采暖通风与空气调节系统（HVAC）管道，如图 6-37 所示。

5）从内侧拉动充电口盖背面的卡扣，然后旋转从充电口拆下盖板，如图 6-38 所示。

6）拆下固定高压电缆端口的 2 个螺栓。

7）从充电口拆下高压电缆。

8）断开充电口低压线束，如图 6-39 所示。

图 6-37　取下泡沫 HVAC 管道

图 6-38　从内侧拉动充电口盖背面的卡扣

图 6-39　断开充电口低压线束

9）拆下充电口的 4 个螺栓，如图 6-40 所示。

10）断开充电口盖的电动机线束，如图 6-41 所示。

图 6-40　拆下充电口的 4 个螺栓

图 6-41　断开充电口盖的电动机线束

11）拆下充电口。

（2）安装　安装过程与拆卸相反。

310　特斯拉 Model X DC-DC 变换器拆装

（1）拆卸

1）取下 HV 电池。

2）拆下固定冷却液泵的螺栓，如图 6-42 所示。

3）夹紧 DC-DC 变换器和冷却液泵之间的冷却液软管，如图 6-43 所示。

4）松开固定在 DC-DC 变换器上的锁紧环。

5）拆下 DC-DC 变换器右侧螺栓，如图 6-44 所示。

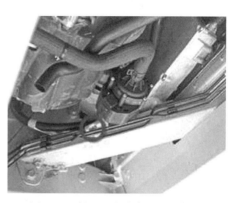

图 6-42　拆下固定冷却液泵的螺栓

图 6-43　夹紧 DC-DC 变换器和冷却　　　　　图 6-44　拆下 DC-DC 变换器右侧螺栓
　　　　　液泵之间的冷却液软管

6）断开 DC-DC 变换器右侧 12V 插接口。

7）拆下固定在舱壁上的螺母，如图 6-45 所示。

8）断开 DC-DC 变换器右侧高压线束插头。

9）将固定高压电缆的螺栓拆下，如图 6-46 所示。

图 6-45　拆下固定在舱壁上的螺母　　　　　图 6-46　将固定高压电缆的螺栓拆下

10）拆 DC-DC 变换器支架固定螺栓，如图 6-47 所示。

11）从舱壁上拉出 DC-DC 变换器托架。

12）松开锁紧在 DC-DC 变换器下部的冷却液软管，如图 6-48 所示。

13）拆 DC-DC 变换器。

（2）安装　安装过程与拆卸的顺序相反。

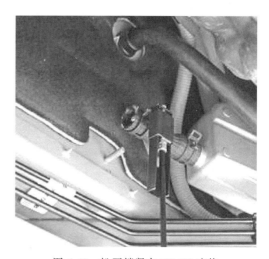

图 6-47　拆下 DC-DC 变换器支架固定螺栓

图 6-48　松开锁紧在 DC-DC 变换
器下部的冷却液软管

311　特斯拉 Model X 充电器拆装

（1）拆卸

1）打开两个后门。

2）打开尾门。

3）取出左侧隔板。

4）拆下左侧固定支架螺栓，如图 6-49 所示。

5）拆下后保险杠。

6）从内侧拉动充电口盖背面的卡扣，然后旋转从充电口拆下盖板，如图 6-50 所示。

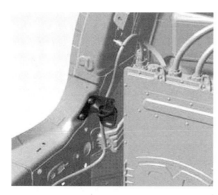

图 6-49　拆下左侧固定支架螺栓

图 6-50　拆下内侧充电口盖

7）松开固定高压电缆充电口的螺栓，如图 6-51 所示。

8）断开充电器后面 PTC 加热器线束，如图 6-52 所示。

9）拆下 D 柱螺母，并拆下接地母线，如图 6-53 所示。

10）拆下绿色充电口接地电缆，如图 6-54 所示。

图 6-51　松开固定高压电缆充电口的螺栓

图 6-52　断开充电器后面 PTC 加热器线束

图 6-53　拆下 D 柱螺母

图 6-54　拆下绿色充电口接地电缆

11）钳制住冷却液管，如图 6-55 所示。

12）断开充电器底部的插接器。

13）卸下固定充电器主体的螺栓。

14）从充电器的底部拆下冷却液管，并夹紧上部水管，如图 6-56 所示。

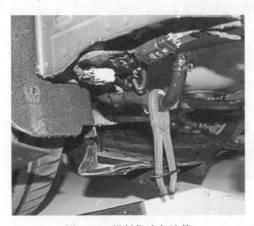

图 6-55　钳制住冷却液管

图 6-56　夹紧上部水管

15）从充电器上拆下软管。

16）拆下固定充电器的螺栓，如图 6-57 所示。

17）从充电器向前拆下高压电缆护套，如图 6-58 所示。

图 6-57　拆下固定充电器的螺栓

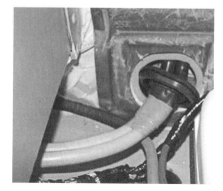

图 6-58　拆下高压电缆护套

18）拆下充电器。

19）拆下充电器固定支架螺栓，如图 6-59 所示。

20）松开连接高压电缆的紧固件，如图 6-60 所示。

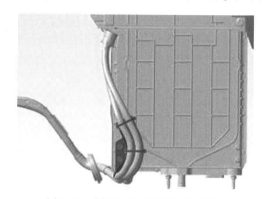

图 6-59　拆下充电器固定支架螺栓

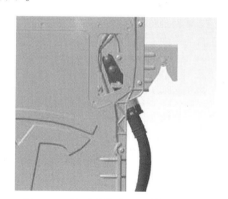

图 6-60　松开连接高压电缆的紧固件

21）拆下高压电缆到充电器上的螺母，如图 6-61 所示。

22）用平头螺钉旋具从充电器上拆下两个高压端子，如图 6-62 所示。

图 6-61　拆下高压电缆到充电器上的螺母

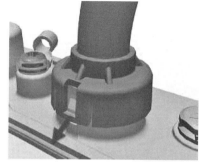

图 6-62　拆下两个高压端子

23）从充电器顶拉出两个高压电缆，如图 6-63 所示。

（2）安装　安装过程与拆卸相反。

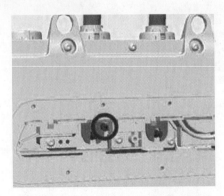

图 6-63　从充电器顶拉出两个高压电缆

312 特斯拉 Model S 三元锂电池结构

三元聚合物锂离子电池是指正极材料使用锂镍钴锰三元正极材料的锂离子电池。三元复合正极材料前驱体产品，以镍盐、钴盐、锰盐为原料，在容量与安全性方面比较均衡，循环性能好于正常钴酸锂。前期由于技术原因其标称电压只有 3.5~3.6V，在使用范围方面有所限制，但到目前，随着配方的不断改进和结构完善，电池的标称电压已达到 3.7V，在容量上已经达到或超过钴酸锂电池水平。

与磷酸铁锂电池相比，特斯拉 Model S 使用的三元锂电池在重量能量密度上要高出许多，约为 200W·h/kg，这也就意味着同样重量的三元锂电池比磷酸铁锂电池的续驶里程更长，如图 6-64 所示。不过其缺点也显而易见，当自身温度为 250~350℃ 时，内部化学成分就开始分解，因此对电池管理系统提出了极高的要求，需要为每节电池分别加装熔丝。

（1）外部特征　特斯拉 Model S 电池组安放在前后轴之间的底盘位置，其重量可达 900kg。电池组整体有标明其身份的铭牌，如图 6-65 所示。其中标明了其容量为 85kW·h/400V 直流电，可供一个普通家庭使用一个月的时间。电池组表面不仅有塑料膜保护，而且塑料膜下面还有防火材料的护板，护板下面才是电池组。护板通过螺栓与电池组框架连接，并且连接处充满了密封黏合剂。

图 6-64　特斯拉 Model S 三元锂电池

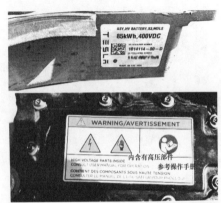

图 6-65　特斯拉 Model S 动力电池
组密封盖上的提示牌

（2）内部结构　特斯拉 Model S 电池组内部结构由电池模组、连接电缆、电池管理器、采样线、电池组固定压条、冷却管路、密封条等组成，如图 6-66 所示。电池组中的 16 块电池模组均衡平铺在壳体上，整体结构紧凑，平铺有利于散热。每一组电池模组由 6 组电池单体模块串联而成，但电池单体模块的布置并没有采用均衡布置，而是采用不规则的结构，这是为了方便电池组内的散热管路布置。

图 6-66　特斯拉 Model S 电池组内部结构

特斯拉 Model S 电池组由 16 块电池模组串联而成，并且每组电池模组由 444 节电池单体构成，其中每 74 节并联形成一个电池单体模块，如图 6-67 所示。

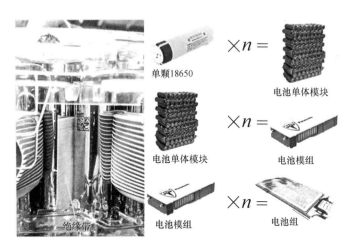

图 6-67　特斯拉 Model S 电池组的构成

因此特斯拉 Model S 电池组由 7104 节 18650 锂离子电池组成。18650 锂离子电池即普通笔记本计算机的锂离子电池，众多 18650 锂离子电池组成电池单体模块，再由电池模块组成电池模组，并由 16 组电池模组构成电池组。看似简单，但实际需要解决很多连接和散热问题。每个 18650 锂离子电池都有导热的管路，并且都采用绝缘带进行包裹，以防电池和外壳发生短路。

总熔丝位于电池组的前端，并且有外壳保护以防受到撞击，如图 6-68 所示。其采用德国巴斯曼（Bussmann）熔断器，额定工作电流为 630A，额定电压为 690V，额定分断电流为 700A ~ 200kA。

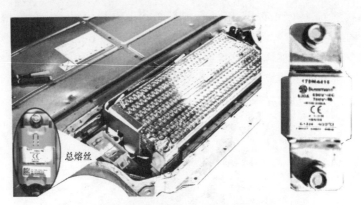

图 6-68　特斯拉 Model S 电池组的总熔丝

　　电池组内每一节电池都有熔丝，以防电池单节过热危及整体电池过热，并且每节电池熔丝焊接非常精美，如图6-69所示。电池组中央有采样线连接到电池管理器上，这些线用来检测电池组的电压，从而保证电池组正常工作。

　　特斯拉采用美国 Champlain 品牌专门为电动汽车生产的线缆，其最高可承受 600V 电压，并且可在 −70～150℃ 条

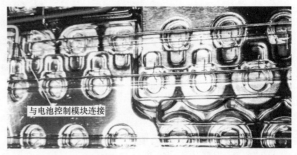

图 6-69　特斯拉 Model S 单个电池的熔丝

件下工作。2/0 主线由许多根铜线组成，不仅有护板保护，而且还有防火材料包裹，如图6-70所示。每一组电池模组都由一条 2/0 主线串联起来输出电流，因此 2/0 主线尤其重要。主线位于电池板中央，并且有护板覆盖，较为隐蔽。

　　2/0 主线汇集电流后将连接到输出端的接触器，经过接触器和电池管理器相连，如图6-71所示。特斯拉电池管理系统能自行处理充放电以及发热问题。每一组电池模组都有其独立的电池管理器，位于电池模组的侧面。

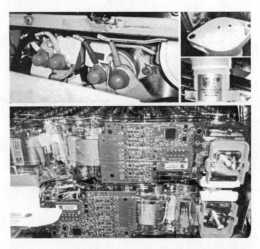

图 6-70　特斯拉 Model S 2/0 主线材料　　　　　图 6-71　特斯拉 Model S 接触器和电池管理器

第7章

Chapter 7

吉利纯电动汽车

313 吉利帝豪电动汽车整车结构

吉利帝豪电动汽车整车结构如图 7-1 所示。

整车架构

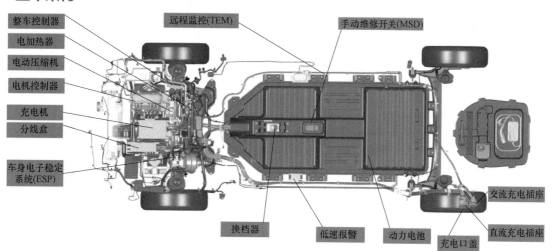

图 7-1 吉利帝豪电动汽车整车结构

314 吉利帝豪电动汽车动力电池内部结构及组成

吉利帝豪电动汽车动力电池内部结构及组成如图 7-2~图 7-4 所示。

图 7-2 吉利帝豪电动汽车动力电池位置及参数

FE-3Z 电池系统参数

基本参数	自然冷却包	水冷包
系统成组方式	3P98S	3P95S
总电量/(kW·h)	45.3	41.6
额定电压/V	359.66	346
电压范围/V	274.4~411.6	266~394
热管理系统	自然冷却	水冷
系统尺寸/mm	2001×1096×381.4	2042.5×1096×381.4(包括水管接口)
系统重量/kg	400	416(不含冷却液)
冷却液	/	50%乙二醇+50%水体积 3.52L

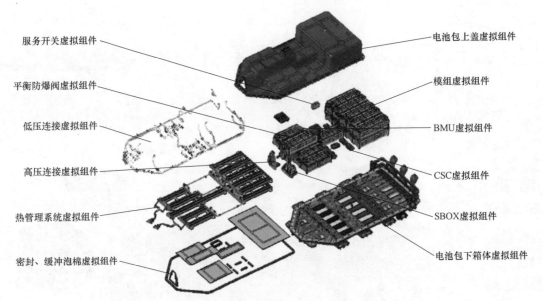

图 7-3 吉利帝豪动力电池构成组件

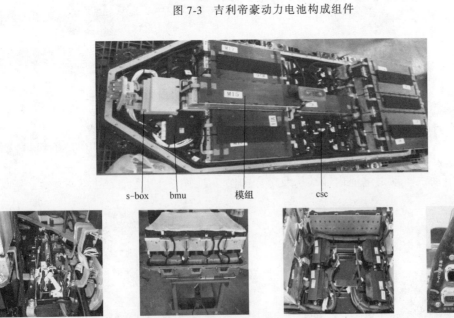

图 7-4 吉利帝豪动力电池内部结构

315 吉利帝豪电动汽车动力电池的工作原理

1）电气系统主要由 BMS、电流传感器、单体管理单元（CSC）采集模块、继电器、预充电阻、手动维修开关来实现高压电的输出及充电的输入，如图 7-5 所示。

2）CSC 采集模块具备的功能：采集电池单体的温度信号、采集电池单体的电压信号。

3）BMS 具备的功能：接收 CSC 反馈的单体电压、温度信号，监测整车高压部件绝缘电阻、电池包冷却液进水口温度，对继电器进行控制、监测，以及监控高压互锁、电流。

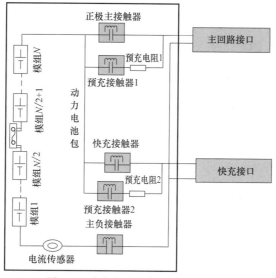

图 7-5　动力电池电气系统工作原理

316 吉利帝豪电动汽车直流充电原理

S 为常闭开关，U1、U2 为上拉电压 12V，R1~R5 为 1000Ω 的检测电阻充电原理如图 7-6 所示。

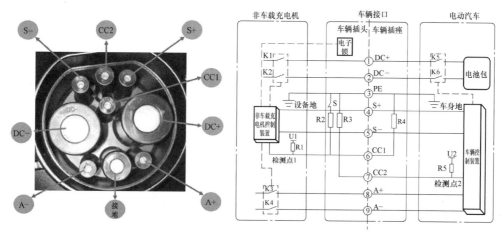

图 7-6　直流充电原理图

充电过程：充电插枪→充电桩自检→充电桩准备就绪→充电阶段→充电结束。

317 吉利帝豪电动汽车交流充电原理

1）S3 为枪头按压开关，插枪后手离开枪头，S3 开关闭合。

2）S3 闭合后 RC 电阻被车辆控制装置检测（检测点 3），仪表显示插枪信号。

3）车辆装置收到 CC 信号后唤醒 BMS，BMS 唤醒整车控制器，待整车控制器反馈车辆系统正常后告知车辆控制装置，并闭合 S2，CP 信号输入车辆控制装置后，激活车载充电机开始充电，如图 7-7 所示。

注：充电接口两插口并列布置，充电更方便，免去接口不对而挪车的烦恼。

左边充电插口为 DC410V 电压，适用快充 10kW/60kW。

右边充电插口为 AC220V 电压，适用慢充 1.8kW/3.3kW。

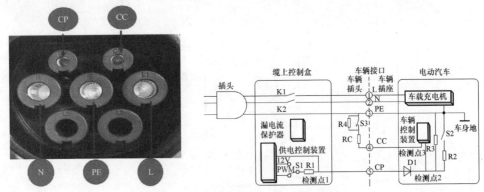

图 7-7　吉利帝豪电动汽车交流充电原理

318 吉利帝豪电动汽车直流快充的操作流程

1）首先确定充电桩设备运行正常（通过快充桩显示屏显示信息或手机 APP 获取）。

2）打开驾驶人座椅左侧充电口盖开启开关，此时充电口打开，充电口照明白色指示灯会点亮（点火开关在任意状态都可以实现充电）。

3）打开直流充电口盖，把直流充电枪插入快充插座，此时应能观察到仪表显示插枪图标。

4）操作直流充电桩刷卡后，点击开始充电即可开启直流充电模式，或者使用手机 APP 操作开启充电。

5）停止充电时，要先操作手机或者充电桩选择停止充电，观察仪表上显示充电结束后再拔掉直流充电枪（切勿在没有停止充电时直接拔枪，尽量避免在雷雨天进行充电）。操作流程如图 7-8 所示。

图 7-8　直流快充的操作流程

319 吉利帝豪电动汽车交流慢充的操作流程

1）首先确保家用三孔插座接地（地线）正常，插座规格要满足10A的要求。

2）然后将充电盒的三相插头插入家用三孔插座内，此时应急充电盒指示灯会点亮。

3）再把充电枪插入车辆的交流充电插座内，松开枪座上的按钮，此时观察仪表应有充电显示状态，并显示充电电流及剩余时间。

4）四门两盖都关闭后，遥控上锁方可离开。

5）由于2017款帝豪EV带充电锁功能，正常插枪后，充电锁会自动锁止充电枪，此时人为是拔不掉充电枪的。结束充电时，需要按下遥控器开锁按键，充电会同步停止，此时按下充电枪头的按钮即可拔掉充电枪（尽量避免在雷雨天进行充电）。操作流程如图7-9所示。

图7-9 交流慢充的操作流程

320 吉利帝豪电动汽车电机控制器结构

PEU总成包括顶盖组件（含密封圈）、逆变器端壳体组件、变换器端壳体组件、水冷板、逆变器组件、DC-DC变换器、输入滤波组件、主控电路板（Elmar板）、通气孔、排线等，如图7-10所示。

PEU布置在前机舱，重量9.8kg，体积8.6L。

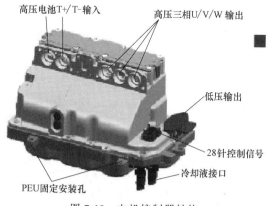

图7-10 电机控制器结构

321 吉利帝豪电动汽车电机的组成

电机主要组成部件有前端盖、后端盖、壳体、定子总成、转子总成、轴承、低压接插件、接线板组件、旋变总成（套）、三相线输入端子等，如图7-11所示。

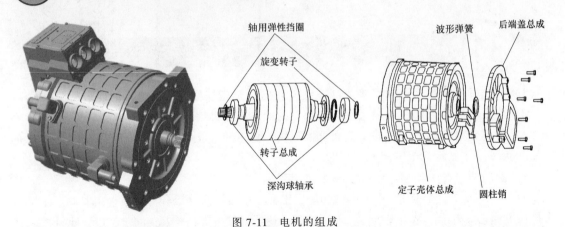

轴用弹性挡圈

旋变转子

转子总成

深沟球轴承

波形弹簧

后端盖总成

定子壳体总成

圆柱销

图 7-11　电机的组成

(322) 吉利帝豪电动汽车电机旋变信号异常的测量方法

吉利帝豪电动汽车电机旋变信号异常的测量如图 7-12 所示。

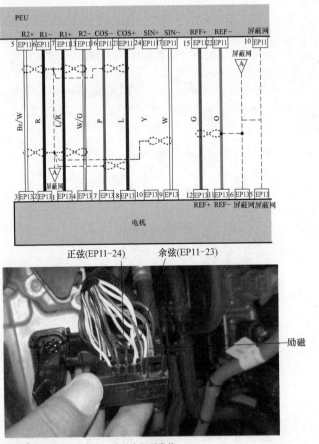

电机旋变的正弦、余弦、励磁电阻正常值：
余弦:(14.5±1.5) Ω,正弦(13.5±1.5) Ω,励磁:
(9.5±1.5) Ω

图 7-12　旋变信号异常的测量

323 吉利帝豪电动汽车车载充电机结构

车载充电机布置在机舱内动力总成托架上，位于电机控制器旁边。

车载充电机采用充电机与分线盒集成一体式方案，取消了原来充电机与分线盒之间的高压线束和水冷结构，具备4个安装点，如图7-13所示。

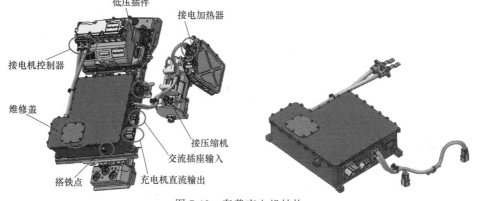

图 7-13 车载充电机结构

324 吉利帝豪电动汽车端子信号采集

吉利帝豪电动汽车端子信号采集见表7-1。

表 7-1 吉利帝豪电动汽车端子信号采集

序号	部件名称	脚号	脚号定义	工作电压/V				故障现象
				OFF	ON	ST	充电	
1	车载充电机	EP66/3	CAN-L	0	2.3	2.3	2.3	车辆无法起动,无法充电
2		EP66/4	CAN-H	2.2	2.3	2.3	2.3	车辆无法起动,无法充电
3		EP66/8	车载充电机电源（BAT）	12	11.87	13		车辆无法起动,无法充电
4		EP66/24	车载充电机唤醒线	0	12	13.5		车辆无法起动,无法充电
5		EP66/11	充电枪插座温度检测	2.2	2.2	2.1		无明显故障现象
6		EP66/12	充电枪插座温度检测	0	0	0		无明显故障现象
7	充电接口	EP21-6	CC	5			2	车辆无法充电
8		EP21-7	CP	0			9.4	车辆无法充电
9	电机控制器（PEU）	EP11-1	高压互锁	0	4.8	5.9		车辆无法起动,无法充电
10		EP11-4	高压互锁	0	4.8	5.8		车辆无法起动,无法充电
11		EP11-5	温度1（与13号15.45kΩ）	1.7	1.7	1.6		无明显故障现象
12		EP11-6	温度2（与7号15.45kΩ）	0	0	0		无明显故障现象
13		EP11-7	温度2	1.7	1.7	1.6		无明显故障现象
14		EP11-11	GND	0	0	0		无明显故障现象
15		EP11-13	温度1	0	0	0		无明显故障现象
16		EP11-20	CAN-H	0.6	2.7	2.6		车辆无法起动,无法充电
17		EP11-21	CAN-L	1.0	2.3	2.2		车辆无法起动,无法充电
18		EP11-16	电机旋转信号（COS-）	0	2.2	2.2		车辆无法起动,无法充电
19		EP11-17	电机旋转信号（SIN-）	0	2.2	2.1		车辆无法行驶,无法充电
20		EP11-23	电机旋转信号（COS+）	0	2.2	2.1		车辆无法行驶,无法充电
21		EP11-24	电机旋转信号（SIN+）	0	2.2	2.2		车辆无法起动,无法充电
22		EP11-25	至IG2继电器ER15-30	0	12	13.9		无明显故障现象
23		EP11-26（EF31保险）	常电1	12	12	13.9		车辆无法起动,无法充电

（续）

序号	部件名称	脚号	脚号定义	工作电压/V				故障现象
				OFF	ON	ST	充电	
24	辅助控制模块	SO87-4	制动灯开关 IP05-1	0	0	13.8		无明显故障现象
25		SO87-5	B+	12	12	13.9		车辆无法起动，无法充电
26		SO87-10	GND	0	0	0		车辆无法行驶，无法充电
27		SO87-11		11.6	11.4	13		无明显故障现象
28		SO87-12	ACM 唤醒 BMS 线	0	0	0	13.8	车辆无法充电
29		SO87-15	充电状态信号（BMS）	0	0	0	0	无明显故障现象
30		SO87-17	充电加热	10.5	10.3	11.8		无明显故障现象
31		SO87-18	充电完成	9	9	11.3		无明显故障现象
32		SO87-19	CAN-L	0.5	2.2	2.2		车辆无法行驶，无法充电
33		SO87-20	CAN-H	0.5	2.2	2.7		车辆无法行驶，无法充电
34		SO87-22	制动灯开关 IP05-4	0	12	13.8		无明显故障现象
35		SO87-23	充电状态信号（BMS）	0	0	0	0	无明显故障现象
36		SO87-26	充电故障	10.6	10.3	12.0		无明显故障现象
37	CU	CA55-57	DCDC-EN	2.9	0	0		车辆无法充电
38		CA55-73	HIL-OUT	0	4.9	5.7		车辆无法起动，无法充电
39		CA55-51	HIL-IN	4.9	4.8	5.7		车辆无法起动，无法充电
40		CA54-13	CAN-H	2.3	2.7	2.6		车辆无法起动，无法充电
41		CA54-25	CAN-L	2.0	2.2	2.2		车辆无法起动，无法充电
42		CA54-38	CAN-H	2.2	2.7	2.6		车辆无法起动，无法充电
43		CA54-37	CAN-L	2.3	2.3	2.2		车辆无法起动，无法充电

325 吉利帝豪电动汽车水冷板热管理基本功能

整车热管理系统分为乘员舱回路的热管理、电池系统回路的热管理以及控制动力系统回路的热管理三个部分。动力冷却系统的作用是对电池、电机、控制器及充电机等车辆关键部件进行冷却或加热，使其保持在适宜的工作温度范围内，冷却或加热性能直接影响零部件的性能表现，对于提升动力性、经济性有重要意义。

水冷板与原来方案相比，增加了电池包冷却与加热功能，在电池包内部设计有冷却液板与电池接触，引入空调冷源或热源对电池进行冷却或加热，保持电池包在最优温度区间工作，更好地满足用户在不同环境工况下的使用需求，如图 7-14 所示。

基本功能如下：

1）车辆在交流充电、直流充电、智能充电、行车过程中（包括车速为 0）都可以起动动力电池冷却。

2）车辆处于 ON 档非充电状态下时，当动力电池单体温度超过上限值 55℃，车辆不进行动力电池冷却。

3）电池温度监测由 BMS 完成，BMS 根据动力电池单体温度判定动力电池是否起动冷却，并发送冷却请求给 VCU，VCU 转发 BMS 上述信号至空调控制器（ATC）。

4）一般情况下，压缩机和水泵由 ATC 控制，风扇由 VCU 控制。但是，当面板给 VCU 发送压缩机开机请求和功率请求时，风扇低速运转。当面板给 VCU 发送风扇高速请求时，VCU 控制风扇高速运转。

5）水泵的流量可控，额定工作条件下，转速不低于 2000r/min。

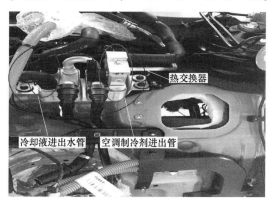

图 7-14　水冷板与原来方案区别

 吉利帝豪电动汽车热管理故障诊断

吉利帝豪电动汽车热管理故障诊断见表 7-2。

表 7-2　热管理故障诊断

序号	故障名称	整车故障处理方式
1	BMS 冷却液温度传感器发送冷却液温度值无效	BMS 发送加热或者冷却结束,同时 BMS 记录故障码,待动力电池单体温度过高后仪表点亮动力电池故障灯
2	电池冷却过程中,BMS 冷却液温度传感器发送的冷却液温度降低至 14℃(暂定),接近空调保护最低冷却液温度值(暂定 13℃)	ATC 发送命令关闭压缩机(A/C 按钮不工作时)或者关闭 Chiller 换热器(A/C 按钮工作时),电池冷却水泵和风扇仍正常运行
3	BMS 发送冷却命令后,冷却系统工作 5~10min(暂定)以后,此时间段内冷却液温度不降低或者出现温度上升	停止动力电池冷却,BMS 发送冷却结束命令并记录冷却系统故障码。待动力电池单体温度过高后仪表点亮动力电池故障灯
4	电池冷却液温度持续下降(持续时间暂定 10min),但电池温度持续上升(持续时间暂定 5min)	停止动力电池冷却,BMS 发送冷却结束命令并记录冷却系统故障码。待动力电池单体温度过高后仪表点亮动力电池故障灯
5	电驱动回路冷却过程中,PEU 电机回路上入口冷却液温度过高,超过阈值(暂定 65℃)	PEU 记录故障,PEU 限功率使用
6	BMS 发送冷却请求,但是风扇无法起动或运行	风扇不工作会导致系统压力异常,压力过高压缩机停机,等压力恢复后压缩机继续起动,此过程中如果导致冷却液温度过高[超过 30℃,发送目标水温(TBD)],则 BMS 记录冷却液温度过高故障码
7	BMS 发送冷却请求,但是冷却回路上的水泵或者 Chiller 换热器或者三通阀无法运作	ATC 识别水泵、三通阀是否正常工作,并记录故障码。同时,如果冷却液温度过高(超过 30℃,TBD),则 BMS 记录冷却液温度过高故障码
8	BMS 发送加热请求,但是加热回路上的水泵、高压电加热系统(HVH)或者三通阀无法运作	ATC 识别水泵、HVH 或三通阀是否正常工作,并记录故障码
9	低温加热工作状态下,持续加热超过 15min(暂定),但是电池温度无上升趋势	BMS 发送加热结束,并记录故障码
10	低温加热工作状态下,持续加热超过 15min(暂定),但水温无上升趋势	ATC 发送故障并记录故障码,BMS 发送冷却结束命令,结束动力电池冷却

327 吉利帝豪电动汽车电机控制器线束插接器

吉利帝豪电动汽车电机控制器线束插接器如图 7-15 所示。端子定义见表 7-3。

EP11接电机控制器线束连接器

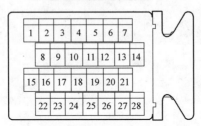

图 7-15　电机控制器线束插接器

表 7-3　端子定义

端子号	端子定义	线径/mm^2	颜色	端子状态	状态
1	高压互锁输入	0.5	Br	E-S-PLTIN	—
2	—	—	—	—	—
3	—	—	—	—	—
4	高压互锁输出	0.5	W	E-S-PLOUT	—
5	温度传感器输入	0.5	Br/W	E-A-EMTI	—
6	温度传感器接地	0.5	R	M-A-EMTO	—
7	温度传感器输入	0.5	L/R	E-A-EMTO	—
8	—	—	—	—	—
9	—	—	—	—	—
10	屏蔽线接地	0.5	B	M-SCH IRM-VOGT	—
11	接地	0.5	B	—	—
12	—	—	—	—	—
13	温度传感器接地	0.5	W/G	E-A-EMTI	—
14	唤醒输入	0.5	L/W	E-S-唤醒	—
15	resovler+EXC	0.5	G		
16	resovler+COSLO	0.5	P		
17	resovler+SINLO	0.5	W		
18	—	—	—	—	—
19	—	—	—	—	—
20	CAN-H		L/R	总线	
21	CAN-L	0.5	Gr/O	总线	
22	resovler-EXC	0.5	O	A-F-LG-ERR-NEG	
23	resovler+COSHI	0.5	L	E-F-LG-COSHI	
24	resovler+SINHI	0.5	Y	E-F-LG-SINHI	
25	KL15	0.5	R/B	E-S-KL15	
26	KL30	0.5	R/Y	U-UKL30	
27	调试 CAN-H	0.5	P/W	总线	
28	调试 CAN-L	0.5	B/W	总线	

328 吉利帝豪电动汽车驱动电机旋变信号故障

（1）故障码　故障码及说明见表 7-4。

表 7-4　故障码及说明

故障码	说　明	故障码	说　明
P0C5300	sin/cos　输入信号消波故障	P150700	电机超速故障
P0C511C	sin/cos　输入信号超过电压阈值	P171000	角度跳变故障
P0C5200	sin/cos　输入信号低于电压阈值	P171100	信号失配错误
P0A4429	跟踪误差超过阈值	P171200	配置错误
P170900	输入转速信号超过芯片最大跟踪速率	P171300	奇偶校检错误
		P171400	锁相错误

（2）电路　驱动电机旋变信号电路如图 7-16 所示。

（3）诊断步骤：

步骤 1：检测驱动电机旋变的正弦、余弦、励磁电阻值。

驱动电机旋变的正弦、余弦、励磁电阻正常值分别为（13.5±1.5）Ω、（14.5±1.5）Ω、（9.5±1.5）Ω。

步骤 2：检测驱动电机旋变信号屏蔽线路。

1）操作起动开关使电源模式至 OFF 状态。

2）拆卸维修开关。

3）操作起动开关使电源模式至 ON 状态。

4）断开电机控制器线束插接器 EP11（图 7-15）。

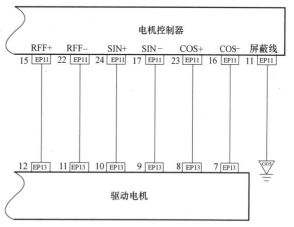

图 7-16　驱动电机旋变信号电路

5）用万用表测量电机控制器线束插接器 EP11 的 10 号端子与车身接地之间的电阻，标准电阻应小于 1Ω。

6）确认测量值符合标准，不符合则修理或更换线束。

步骤 3：检测驱动电机余弦旋变信号线路。

1）操作起动开关使电源模式至 OFF 状态。

2）拆卸维修开关。

3）操作起动开关使电源模式至 ON 状态。

4）断开驱动电机线束插接器 EP13。

5）断开电机控制器线束插接器 EP11。

6）用万用表按表 7-5 进行测量。

7）确认测量值符合标准，不符合则修理或更换结束。

表 7-5　驱动电机余弦旋变信号线路检测

测量位置 A	测量位置 B	测量标准值
EP13-7	EP11-16	小于 1Ω
EP13-8	EP11-23	
EP13-7	EP13-8	10kΩ 或更高
EP13-7	车身接地	
EP13-8	车身接地	
EP13-7	车身接地	0V
EP13-8	车身接地	

步骤 4：检测驱动电机正弦旋变信号线路。

1）操作起动开关使电源模式至 OFF 状态。

2）断开蓄电池负极电缆。

3）拆卸维修开关。

4）操作起动开关使电源模式至 ON 状态。

5）断开驱动电机线束插接器 EP13。

6）断开电机控制器线束插接器 EP11。

7）用万用表按表 7-6 进行测量。

8）确认测量值符合标准，不符合则修理或更换线束。

表 7-6　驱动电机正弦旋变信号线路检测

测量位置 A	测量位置 B	测量标准值
EP13-9	EP11-17	小于 1Ω
EP13-10	EP11-24	
EP13-9	EP13-10	10kΩ 或更高
EP13-9	车身接地	
EP13-10	车身接地	
EP13-9	车身接地	0V
EP13-10	车身接地	

步骤 5：检测驱动电机励磁旋变信号线路。

1）按步骤 4 1）~6）操作。

2）用万用表按表 7-7 进行测量。

3）确认测量值符合标准，不符合则修理或更换线束。

表 7-7　驱动电机励磁旋变信号线路

测量位置 A	测量位置 B	测量标准值
EP13-11	EP11-22	小于 1Ω
EP13-12	EP11-15	
EP13-11	EP13-12	10kΩ 或更高
EP13-11	车身接地	
EP13-12	车身接地	
EP13-11	车身接地	0V
EP13-12	车身接地	

329　吉利帝豪电动汽车驱动电机三相线束故障

（1）故障码说明　P0A9000—电流控制不合理故障。

（2）电路　驱动电机控制电路简图如图 7-17 所示。

（3）诊断步骤

步骤 1：检测驱动电机三相线束是否相互短路。

1）操作起动开关使电源模式至 OFF 状态。

2）断开蓄电池负极电缆。

3）拆卸维修开关。

4）断开驱动电机三相线束插接器 EP61，如图 7-18 所示。

5）断开 PEU 三相线束插接器 EP62。

6）用万用表按表 7-8 进行测量。

7）确认测量值符合标准，不符合则修理或更换线束。

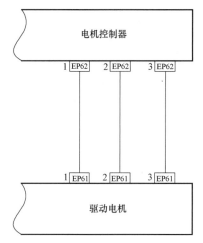

图 7-17　驱动电机控制电路

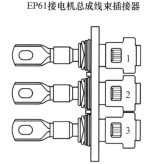

EP61接电机总成线束插接器

图 7-18　三相线束插接器

表 7-8　三相线束标准值测量

测量位置 A	测量位置 B	测量标准值
EP61-1	EP61-2	
EP61-1	EP61-3	20kΩ 或更高
EP61-2	EP61-3	

步骤 2：检测驱动电机三相线束对地短路故障。

1）按步骤 1 1）~5）操作。

2）用万用表按表 7-9 进行测量。

3）确认测量值符合标准，不符合则修理、更换线束或更换电机控制器。

表 7-9　驱动电机三相线束与车身接地测量值

测量位置 A	测量位置 B	测量标准值
EP61-1	车身接地	
EP61-2	车身接地	20kΩ 或更高
EP61-3	车身接地	

330　吉利帝豪电动汽车电机控制器故障

（1）电路　电机控制器电路简图如图 7-19 所示。

（2）诊断步骤

步骤 1：检查蓄电池电压。

1）操作起动开关使电源模式至 OFF 状态。

2）用万用表测量蓄电池电压，标准电压为 11~14V。

3）确认测量值符合标准，不符合则更换蓄电池或为蓄电池充电。

步骤 2：检查电机控制器熔丝 EF18、EF31 和蓄电池正极柱头熔丝是否熔断。

1）操作起动开关使电源模式至 OFF 状态。

2）拔下熔丝 EF31，检查熔丝是否熔断。熔丝额定容量：10A。

3）拔下熔丝 EF18，检查熔丝是否熔断。熔丝额定容量：30A。

4）拔下蓄电池正极柱头熔丝，检查熔丝是否熔断。熔丝额定容量：150A。

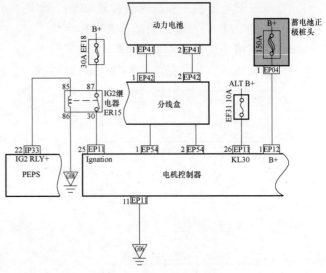

图 7-19　电机控制器电路图

5）若熔断，检修熔丝线路，更换额定容量熔丝。

步骤 3：检查电机控制器低压电源电压。

1）操作起动开关使电源模式至 OFF 状态。

2）断开电机控制器线束插接器 EP11。

3）操作起动开关使电源模式至 ON 状态。

4）用万用表测量电机控制器线束插接器 EP11 端子 25 和车身接地之间的电压值，标准电压为 11～14V。

5）用万用表测量电机控制器线束插接器 EP11 端子 26 和车身接地之间的电压值，标准电压为 11～14V。

6）确认测量值符合标准，不符合则修理或更换线束。

步骤 4：检查电机控制器接地电阻。

1）操作起动开关使电源模式至 OFF 状态。

2）断开电机控制器线束插接器 EP11。

3）用万用表测量电机控制器线束插接器 EP11 端子 11 和车身接地之间的电阻，标准电阻为小于 1Ω。

4）确认测量值符合标准，不符合则修理或更换线束。

步骤 5：检查分线盒线束。

1）操作起动开关使电源模式至 OFF 状态。

2）断开蓄电池负极电缆。

3）拆卸维修开关。

4）断开电机控制器高压线束插接器 EP54（图 7-20）。

5）断开直流母线线束插接器 EP42（分线盒侧），如图 7-21 所示。

6）用万用表测量电机控制器高压线束插接器 EP54 端子 1 和直流母线线束插接器 EP42 端子 1 之间的电阻，标准电阻为小于 1Ω。

7）用万用表测量电机控制器高压线束插接器 EP54 端子 2 和直流母线线束插接器 EP42

端子 2 之间的电阻，标准电阻为小于 1Ω。

8）确认测量值符合标准，不符合则更换分线盒总成。

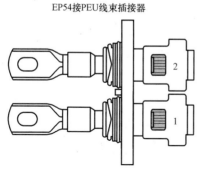

图 7-20　PEU 线束插接器

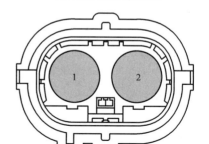

图 7-21　分线盒线束插接器

步骤 6：检查 DC-DC 变换器与蓄电池之间的线路。

1）操作起动开关使电源模式至 OFF 状态。

2）断开蓄电池负极电缆。

3）断开电机控制器线束插接器 EP12（图 7-22）。

4）断开蓄电池正极电缆。

5）用万用表测量电机控制器线束插接器 EP12 端子 1 和蓄电池正极电缆之间的电阻，标准电阻为小于 1Ω。

6）确认测量值符合标准，不符合则修理或更换线束。

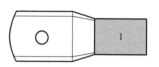

图 7-22　DC 输出线束插接器

331　吉利帝豪电动汽车分线盒拆装

（1）拆卸

1）打开前机舱盖。

2）断开蓄电池负极电缆。

3）拆卸维修开关。

4）拆卸电机控制器上盖。

5）拆卸分线盒总成。

① 断开分线盒低压线束插接器 1。

② 断开分线盒侧直流母线线束插接器 2，如图 7-23 所示。

③ 拆卸分线盒电机控制器高压线束插接器的 2 个固定螺栓 1（电机控制器侧）。

④ 拆卸分线盒电机控制器高压线束端子的 2 个固定螺栓 2（电机控制器侧），脱开线束，如图 7-24 所示。

⑤ 断开 PTC 高压线，如图 7-25 所示。

⑥ 断开分线盒充电机高压线，如图 7-26 所示。

⑦ 断开空调高压线束，如图 7-27 所示。

⑧ 拆卸 4 个分线盒固定螺栓，如图 7-28 所示。

⑨ 脱开线束固定卡扣，取出分线盒总成。

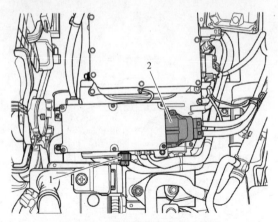

图 7-23　断开分线盒线束插接器

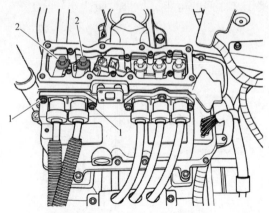

图 7-24　拆卸分线盒电机控制器高压线束固定螺栓

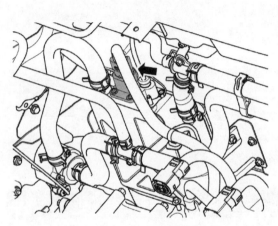

图 7-25　断开 PTC 高压线

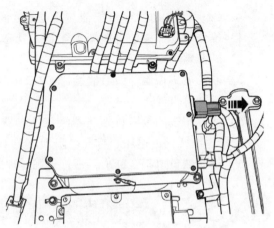

图 7-26　断开分线盒充电机高压线

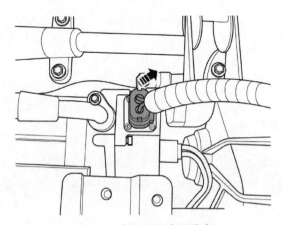

图 7-27　断开空调高压线束

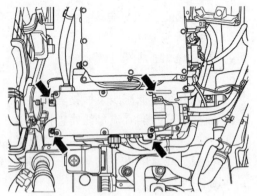

图 7-28　拆卸 4 个分线盒固定螺栓

（2）安装

1）放置分线盒，紧固 4 个分线盒固定螺栓，拧紧力矩：9N·m。

2）连接线束固定卡扣。

3）紧固分线盒电机控制器高压线束端子的 2 个固定螺栓（电机控制器侧），拧紧力矩：23N·m。

4）紧固分线盒电机控制器高压线束插接器的 2 个固定螺栓（电机控制器侧），拧紧力矩：9N·m。

5）连接分线盒侧直流母线线束插接器。

6）连接分线盒低压线束插接器。注意：插接时注意"一插、二响、三确认"。

7）连接 PTC 高压线。

8）连接分线盒充电机高压线。

332 吉利帝豪电动汽车电机控制器拆装

（1）拆卸

1）打开前机舱盖。

2）断开蓄电池负极电缆。

3）拆卸维修开关。

4）拆卸电机控制器上盖的 8 个螺栓，取下电机控制器上盖，如图 7-29 所示。

5）拆卸电机控制器。

① 拆卸驱动电机三相线束插接器（电机控制器侧）的 3 个固定螺栓 1。

② 拆卸驱动电机三相线束端子（电机控制器侧）的 3 个固定螺栓 2，脱开三相线束，如图 7-30 所示。

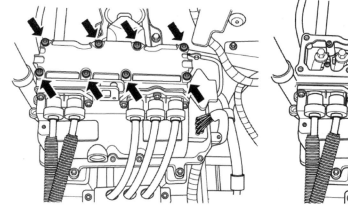

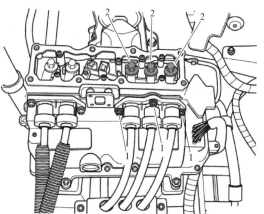

图 7-29　拆卸电机控制器上盖的 8 个螺栓　　　图 7-30　拆卸驱动电机三相线束固定螺栓

③ 拆卸分线盒电机控制器高压线束插接器（电机控制器侧）的 2 个固定螺栓 1。

④ 拆卸分线盒电机控制器高压线束端子（电机控制器侧）的 2 个固定螺栓 2，脱开线束，如图 7-24 所示。

⑤ 断开电机控制器线束插接器 1。

⑥ 拆卸电机控制器 4 个固定螺栓 2，如图 7-31 所示。

⑦ 取下防尘盖，拆卸电机控制器 2 根搭铁线束固定螺母，脱开搭铁线束，如图 7-32 所示。

⑧ 脱开电机控制器进水管 2。

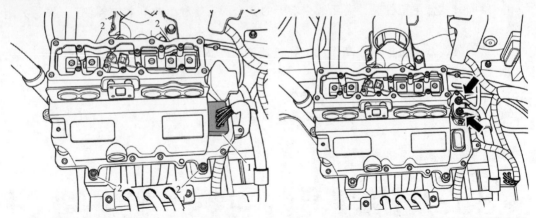

图 7-31 拆卸电机控制器 4 个固定螺栓　　图 7-32 拆卸电机控制器 2 根搭铁线束固定螺母

⑨ 脱开电机控制器出水管 1，取下电机控制器总成，如图 7-33 所示。

注意：水管脱开前应在车辆底部放置容器，接住冷却液，以免污染地面。

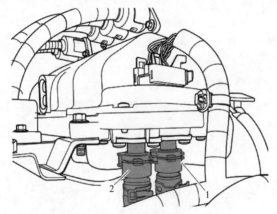

图 7-33 脱开电机控制器出水管

（2）安装　安装顺序与拆卸相反。

333　吉利帝豪电动汽车车载充电机低压线束插接器及含义

吉利帝豪电动汽车车载充电机低压线束插接器如图 7-34 所示。端子含义见表 7-10。

EP10接充电机OBC线束插接器

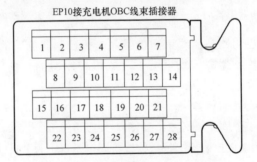

图 7-34 车载充电机低压线束插接器

表 7-10 端子含义

端子号	端子定义	线径/mm²	颜色	端子状态	规定条件(电压、电流、波形)
1	终端 30 输出	0.5	R/L	电源	+12V
2	GND	0.5	B	接地	负极
3	CAN-H	0.5	L/R	总线高	—
4	CAN-L	0.5	Gr/O	总线低	—
19	唤醒	0.5	Y/B	慢充唤醒信号	—

334 吉利帝豪电动汽车车载充电机通信故障

（1）故障码 故障码及说明见表 7-11。

表 7-11 故障码及说明

故 障 码	说 明
U007388	Busoff 事件发生
U100287	BMS 报文超时事件发生
U100016	KL30 电压小于 9V
U100017	KL30 电压大于 16V
U24BA81	BMS_CCU_Control 帧内的 Checksum 错误

（2）电路 车载充电机电路简图如图 7-35 所示。

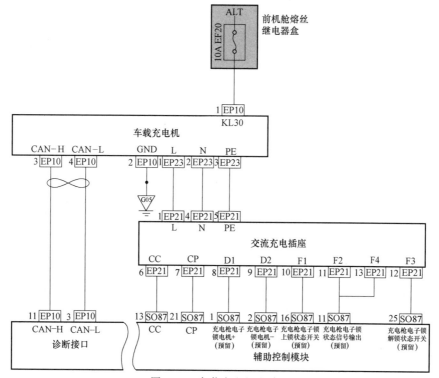

图 7-35 车载充电机电路图

（3）诊断步骤

步骤 1：使用故障诊断仪读取故障码。

1）操作起动开关使电源模式至 ON 状态。

2）连接故障诊断仪，读取系统故障码。

3）检查系统是否存在其他故障码。

4）若存在，优先排除其他故障码指示故障。

步骤 2：检查车载充电机熔丝 EF20 是否熔断。

1）操作起动开关使电源模式至 OFF 状态。

2）拔下熔丝 EF20，检查熔丝是否熔断。熔丝额定容量：10A。

3）检修熔丝线路，更换额定容量熔丝。

步骤 3：检查车载充电机电源、接地之间的电压。

1）操作起动开关使电源模式至 OFF 状态。

2）断开车载充电机线束插接器 EP10（图 7-34）。

3）操作起动开关使电源模式至 ON 状态。

4）用万用表测量车载充电机线束插接器 EP10 端子 1 和端子 2 之间的电压值，标准电压为 11~14V。

5）确认测量值符合标准，不符合则修理或更换线束。

步骤 4：检查车载充电机的通信线路。

1）操作起动开关使电源模式至 OFF 状态。

2）断开车载充电机线束插接器 EP10。

3）用万用表测量车载充电机线束插接器 EP10 端子 3 和诊断接口 IP15（图 7-36）端子 11 之间的电阻，标准电阻为小于 1Ω。

4）用万用表测量车载充电机线束插接器 EP10 端子 4 和诊断接口 IP15 端子 3 之间的电阻，标准电阻为小于 1Ω。

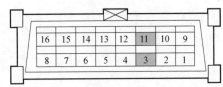

图 7-36　诊断接口 IP15 线束插接器

5）确认测量值符合标准，不符合则修理或更换线束。

步骤 5：进行 B-CAN 网络完整性检查。

1）操作起动开关使电源模式至 OFF 状态。

2）用万用表测量诊断接口 IP15 端子 3 和端子 11 之间的电阻值，标准电阻为 55~67.5Ω。

3）确认测量值符合标准，不符合则优先排除 B-CAN 网络不完整故障。

335 吉利帝豪电动汽车充电感应信号（CC）故障

诊断步骤如下所示。

步骤 1：检查充电枪与充电口插针是否松动。

1）操作起动开关使电源模式至 OFF 状态。

2）拆卸维修开关。

3）检查充电枪插针是否松动。

4）检查充电口插针是否松动。

5）若松动，更换故障的充电枪或充电口。

步骤2：检查辅助控制器与交流充电接口之间的充电控制确认信号（CP）线路。

1）操作起动开关使电源模式至 OFF 状态。

2）拆卸维修开关。

3）断开交流充电接口。

4）断开辅助控制器线束插接器 SO87，如图 7-37 所示。

5）用万用表测量辅助控制器线束插接器 SO87 端子 21 和交流充电接口（图 7-38）7 号端子之间的电阻，标准电阻为小于 1Ω。

6）确认测量值符合标准，不符合则修理或更换线束。

EP21交流充电插座线束插接器

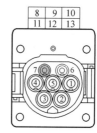

SO87辅助控制模块线束插接器

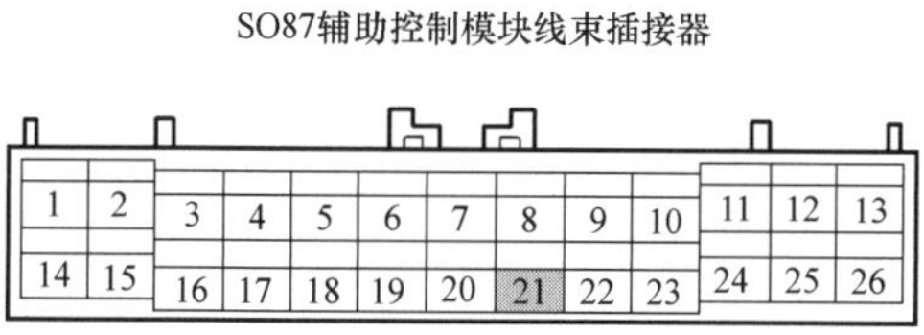

图 7-37　辅助控制器线束插接器

图 7-38　交流充电接口线束插接器

步骤3：检查辅助控制器电源、接地之间的电压。

1）操作起动开关使电源模式至 OFF 状态。

2）断开辅助控制器线束插接器 SO87。

3）用万用表测量辅助控制器线束插接器 SO87 端子 5 和端子 10 之间的电压，标准电压为 11～14V。

4）确认测量值符合标准，不符合则修理或更换线束。

336　吉利帝豪电动汽车预充故障

（1）故障码说明　P100005—预充电继电器故障。

（2）电路　电机控制器电路简图如图 7-39 所示。

（3）诊断步骤

步骤1：检测铅酸蓄电池电压。

1）操作起动开关使电源模式至 OFF 状态。

2）用万用表测量铅酸蓄电池正负极之间的电压，标准电压为 11～14V。

3）确认测量值符合标准，不符合则更换蓄电池或为蓄电池充电。

步骤2：重新起动一次。

1）操作起动开关使电源模式至 ON 状态。

2）重新起动一次。

3）确认预充电压是否达到预充完成的电压要求。若达到要求则诊断结束，否则进行下一步。

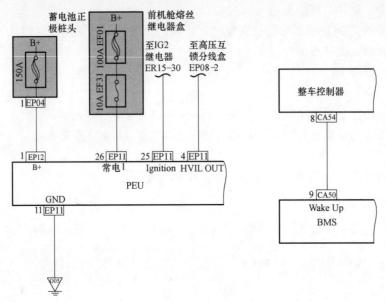

图 7-39　电机控制器电路图

步骤 3：检查 VCU 与 BMS 之间的线路。

1）操作起动开关使电源模式至 OFF 状态。

2）断开 VCU 线束插接器 CA54，如图 7-40 所示。

3）断开 BMS 线束插接器 CA50，如图 7-41 所示。

4）用万用表测量 VCU 线束插接器 CA54 端子 8 和 BMS 线束插接器 CA50 端子 9 之间的电阻，标准电阻为小于 1Ω。

5）确认测量值符合标准，不符合则修理或更换线束。

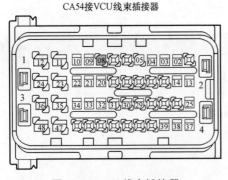

图 7-40　VCU 线束插接器

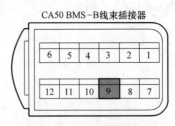

图 7-41　BMS 线束插接器

步骤 4：检查电机控制器电源、接地之间的电压。

1）操作起动开关使电源模式至 OFF 状态。

2）断开电机控制器线束插接器 EP11（图 7-15）。

3）用万用表测量电机控制器线束插接器 EP11 端子 25 和端子 11 之间的电压，标准电压为 11~14V。

4）用万用表测量电机控制器线束插接器 EP11 端子 26 和端子 11 之间的电压，标准电压为 11~14V。

5）确认测量值符合标准，不符合则修理或更换线束。

337 吉利帝豪电动汽车高压系统漏电故障

（1）故障码　故障码及说明见表 7-12。

（2）电路　高压电气原理图如图 7-42 所示。

表 7-12　故障码说明

故障码	说　　明
U210101	交流输入电压过高
U210001	两路直流高压检测偏差过大
P100001	内部母线电压过高
U210002	高压输出过电压
U210003	高压输出过电流
U210004	高压输出短路

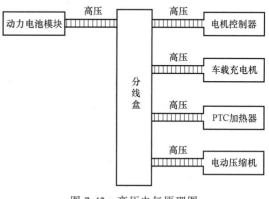

图 7-42　高压电气原理图

（3）诊断步骤

步骤 1：检查分线盒正极高压线束。

1）操作起动开关使电源模式至 OFF 状态。

2）拆卸维修开关。

3）断开直流母线（动力电池侧）线束插接器 EP41，如图 7-43 所示。

4）用绝缘电阻测试仪测试 EP41 的 1 号端子与车身接地之间的绝缘电阻，标准电阻为大于或等于 20MΩ。

5）确认测量值符合标准。若符合则转至步骤 3，否则进行下一步。

EP41 接动力电池线束插接器

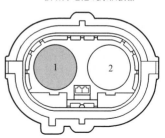

图 7-43　线束插接器 EP41

步骤 2：依次检查电机控制器、车载充电机、PTC 加热器、电动压缩机、充电接口正极对地电阻。

1）操作起动开关使电源模式至 OFF 状态。

2）拆卸维修开关。

3）用绝缘电阻测试仪依次检查电机控制器、车载充电机、PTC 加热器、电动压缩机、充电接口正极与车身接地之间的绝缘电阻，标准电阻为大于或等于 20MΩ。注意：测试时断开其他零部件高压接插件。

4）确认测量值符合标准，不符合则修理或更换故障部件。

步骤 3：检查分线盒负极高压线束。

1）操作起动开关使电源模式至 OFF 状态。

2）拆卸维修开关。

3）断开直流母线（动力电池侧）线束插接器 EP41。

4）用绝缘电阻测试仪测试 EP41 的 2 号端子与车身接地之间的绝缘电阻，标准电阻为大于或等于 20MΩ。

5）确认测量值符合标准。若符合则转至步骤 5，否则进行下一步。

步骤 4：依次检查电机控制器、车载充电机、PTC 加热器、电动压缩机、充电接口负极对地电阻。

1）操作起动开关使电源模式至 OFF 状态。

2）拆卸维修开关。

3）用绝缘电阻测试仪依次检查电机控制器、车载充电机、PTC 加热器、电动压缩机、充电接口负极与车身接地之间的绝缘电阻，标准电阻为大于或等于 20MΩ。注意：测试时断开其他零部件高压接插件。

4）确认测量值符合标准，不符合则修理或更换故障部件。

步骤 5：检查动力电池正极高压线束。

1）操作起动开关使电源模式至 OFF 状态。

2）拆卸维修开关。

3）断开直流母线（分线盒侧）线束插接器 EP42（图 7-21）。

4）用绝缘电阻测试仪测试 EP42 的 2 号端子与车身接地之间的绝缘电阻，标准电阻为大于或等于 20MΩ。

5）确认测量值符合标准。若符合则转至步骤 7，否则进行下一步。

步骤 6：检查动力电池负极高压线束。

1）操作起动开关使电源模式至 OFF 状态。

2）拆卸维修开关。

3）断开直流母线（分线盒侧）线束插接器 EP42。

4）用绝缘电阻测试仪测试 EP42 的 1 号端子与车身接地之间的绝缘电阻，标准电阻为大于或等于 20MΩ。

5）确认测量值符合标准，不符合则修理或更换线束。

步骤 7：更换动力电池。

1）操作起动开关使电源模式至 OFF 状态。

2）断开蓄电池负极电缆。

3）更换动力电池。

4）确认故障排除。

338 吉利帝豪电动汽车加速不响应

（1）故障现象　一辆行驶里程约为 3000km 的吉利帝豪 EV300 电动汽车，车辆行驶不久，仪表板上的电机过热指示灯与功率限制指示灯偶发性点亮，且散热风扇高速运转，踩加速踏板无加速响应，车辆只能以电机怠速行驶。

（2）故障诊断　仪表板上的电机过热指示灯点亮，表示电机温度太高，须停车并使电机降温。在下列工作条件下，电机可能会产生过热现象：在炎热的天气进行长途爬坡；车辆处于停停走走的交通状态；频繁急加速、急制动；车辆长时间运行；拖曳挂车时。仪表板上的功率限制指示灯同时点亮则说明电机或电机控制器温度过高（超出正常范围），导致电机功率受到限制而无法加速。

驱动电机转子高速旋转会产生高温，热量通过机体传递，如果不加以降温，驱动电机无法正常工作，因此驱动电机机体内设置有冷却液道，通过冷却液的循环与外界进行热交换，这样能将驱动电机的工作温度保持在一定范围内，防止驱动电机过热。电机控制器不但控制驱动电机的高压三相供电，还要将动力电池的高压直流电转化成低压直流电为铅酸蓄电池充电，在此过程中也会产生热量，需要通过冷却液循环散热。冷却系统的作用就是通过冷却液循环为驱动电机、电机控制器散热。电动冷却液泵由低压电路驱动，为冷却液的循环提供压力，图7-44所示为在电动冷却液泵的驱动下冷却液在管路中的流向。该故障车在正常温度下起步行驶不久后便出现过温功率限制，分析认为很可能是冷却散热系统故障或电机、电机控制器自身故障。

起动车辆试运行一段路程，待出现功率限制后，连接故障检测仪读取故障码，读得偶发故障码P0A3C00，含义为"电机冷却液泵使能控制开路或对搭铁短接"，读取相关数据流如图7-45所示。根据故障码的含义与相关数据流分析，该车故障很可能是冷却液泵循环电动

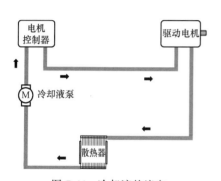

图7-44　冷却液的流向

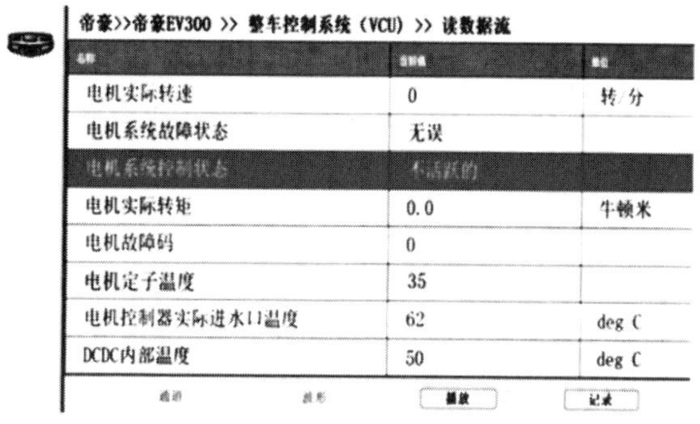

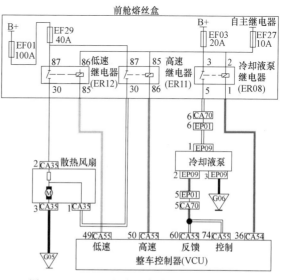

图7-45　故障数据流

机不正常运转导致的。查阅吉利帝豪EV300电动汽车电路手册中的冷却系统控制电路，如图7-46所示，冷却液泵与散热风扇都由整车控制器（VCU）控制，电源经过EF03熔丝（20A）和冷却液泵继电器ER08为冷却液泵提供工作电源。

操作起动开关使电源模式至OFF状态，打开前舱熔丝盒盖，拔下EF03熔丝检查，熔丝额定容量为20A且未熔断，正常；检查冷却液泵的供电电压，操作起动开关使电源模式至OFF状态，拔下冷却液泵的导线插接器EP09，在起动车辆后，用万用表测量EP09的端子1

图7-46　EV300电动汽车冷却系统控制电路

与 EP09 的端子 3 之间的电压，为 13.09V（标准电压为 11~14V），正常，说明冷却液泵的供电线路正常；连接好导线插接器 EP09，用示波器测量导线插接器 EP01 端子 5 的冷却液泵反馈信号波形，结果发现无电压信号，这说明冷却液泵没有正常运转，判定为冷却液泵自身有故障，需要更换冷却液泵。

（3）故障排除　断开起动开关使电源模式至 OFF 状态，断开蓄电池负极连接并进行绝缘后等待 5min；打开冷却液加注盖，拔下电机冷却液出液口管路，放掉冷却液；拆下冷却液泵总成，更换上新的冷却液泵后，装复电机冷却液出液口管路；加注冷却液，对冷却系统排气后试车，故障排除。

第8章
Chapter 8
荣威纯电动汽车

339 荣威电动汽车高压系统布置

荣威电动汽车高压系统布置图如图8-1所示。

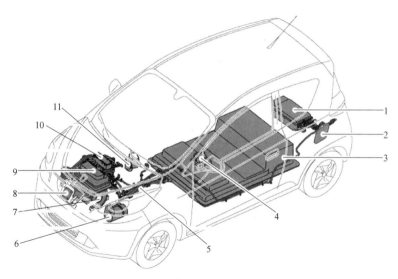

图 8-1　高压系统布置图

1—慢速充电器　2—慢速充电口　3—高压电池包　4—手动维修开关
5—高压线缆　6—电动空调压缩机　7—驱动电机　8—快速充电口
9—电力电子箱　10—高压配电单元　11—电加热器（在空调箱内）

340 荣威电动汽车动力驱动系统概述

（1）驱动电机　驱动电机为三相交流电机，接受电力电子箱（PEB）的控制，是整个车辆的动力源，如图8-2所示。

（2）电力电子箱（PEB）　电力电子箱（图8-3）是控制驱动电机的电器组件，在高速CAN上与VCU、仪表（IPK）、车身控制器（BMS）等控制器通信，且电力电子箱控制器带有自诊断功能。

电力电子箱内部主要由电机控制器、逆变器、DC-DC变换器等组成。

图 8-2　驱动电机

图 8-3　电力电子箱（PEB）

341　荣威电动汽车动力驱动系统高压电缆布置

动力驱动系统高压电缆布置图如图 8-4 所示。

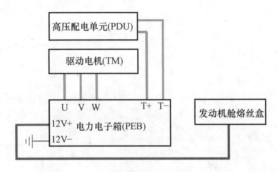

图 8-4　动力驱动系统高压电缆布置图

动力驱动系统高压电缆如图 8-5 所示。

图 8-5　动力驱动系统高压电缆

342　荣威电动汽车驱动电机结构

荣威电动汽车驱动电机结构如图 8-6 所示。

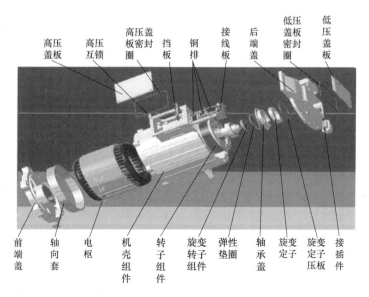

图 8-6 荣威电动汽车驱动电机结构

转子壳体剖面图如图 8-7 所示。

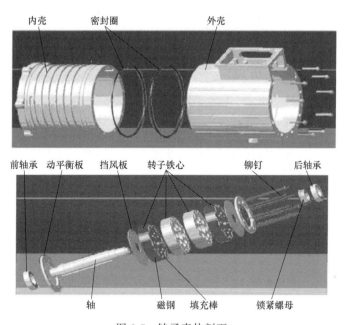

图 8-7 转子壳体剖面

343 荣威电动汽车 PEB 结构

荣威电动汽车 PEB 结构如图 8-8 所示。

PEB 高低压电缆如图 8-9 所示。

U/V/W：行驶时输入 310V 三相高压交流电。T+：动力电池通过高压配电单元向 PEB

提供 310V 高压直流电。T−：高压直流电负极。注意：T−与车身不通。KEY OFF 或 ON 时，T+和 T−之间电压为 0V；KEY CRANK（READY）时，T+和 T−之间电压为 310V。12V+：车辆准备就绪指示灯点亮时，DC-DC 变换器工作，向 12V 蓄电池充电。12V−：12V 电源接地

连接插头BY015

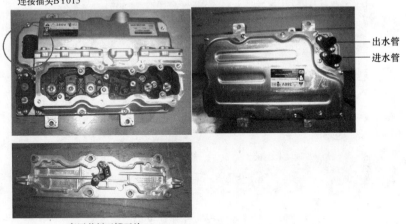

出水管
进水管

高压盖板互锁开关

图 8-8　PEB 结构

图 8-9　PEB 高低压电缆

344 荣威电动汽车 PEB 作用

1）驱动牵引电机（TM Motor）。牵引电机在 MCU 的控制下进行高精度与高效能的转矩以及速度调节。

2）发电机模式。变频器起整流作用，将三相高压交流电转换为 310V 的高压直流电。

3）高压与低压转换 DC-DC 变换器将高压直流电转化为低压直流电，为 13~14.5V，向 12V 蓄电池充电。

4）电源管理单元模块（PMU）。当快速充电或者点火钥匙打开的状态下，PMU 通过 VCU 给电子电力箱发送一个目标电压，电力电子箱向 PMU 返回状态值。

5）空调系统。空调系统与冷却泵有关系，将 PEB 的温度控制在合适的范围区间（75℃以下）。

6）电机温度仪表显示。电机温度在仪表显示为六段，如图 8-10 所示。第一段 40℃、第

二段 60℃、第三段 85℃、第四段 120℃、第五段 140℃、第六段 155℃。

PEB 将实时向 IPK 发送电机与逆变器温度，当温度超过限值时仪表将点亮警告灯。

图 8-10　电机温度仪表显示

7）输出功率仪表显示。输出功率在仪表显示为八段，如图 8-11 所示。第一段 10kW、第二段 0kW、第三段 0kW、第四段 10kW、第五段 20kW、第六段 30kW、第七段 40kW、第八段 50kW。

图 8-11　输出功率仪表显示

345　荣威电动汽车高压电池内部结构

高压电池及内部结构如图 8-12～图 8-16 所示。

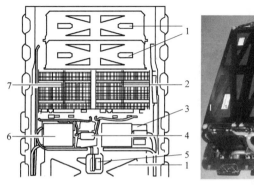

图 8-12　高压电池结构

1—电池模块（27S3P）　2—电池模块（6S3P）　3—电池管理控制器与电池采集和均衡模块（6S3P）
4—电池检测模块　5—手动维修开关　6—电池高压电力分配单元与电池采集和均衡模块（6S3P）　7—电池模块（6S3P）

——电池管理单元(BMS)

图 8-13　电池管理单元（BMS）

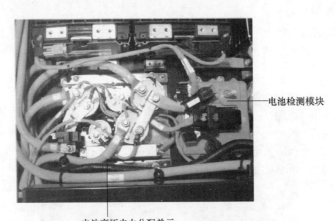

——电池检测模块

电池高压电力分配单元

图 8-14　电池高压电力分配单元

通气孔和通气螺栓

慢充高压电缆正极熔丝

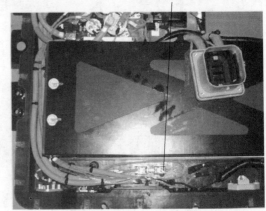

图 8-15　电池通气孔　　　　　　　　图 8-16　慢充高压电缆正极熔丝

荣威电动汽车高压电池内部控制原理如图 8-17 所示。

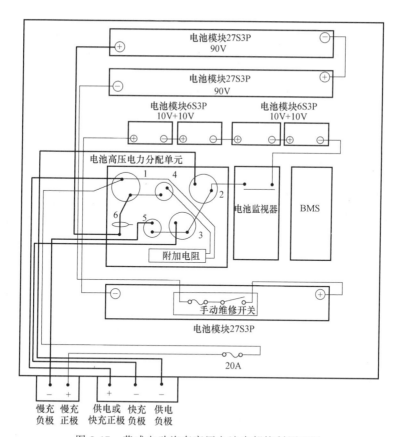

图 8-17　荣威电动汽车高压电池内部控制原理图

1—主继电器（高压供电或快充/慢充正极）　2—供电负极继电器　3—快充负极继电器

4—预充电继电器　5—慢充负极继电器　6—供电正极电缆电流传感器

346　荣威电动汽车高压电池外部连接部件

荣威电动汽车高压电池外部连接部件如图 8-18 所示。

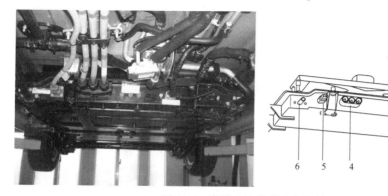

图 8-18　高压电池外部连接部件

1—冷却水管入口　2—低压接插件：整车低压接插件 BY113　3—低压接插件：充电低压接插件 BY115

4—高压接插件：整车快充接插件　5—高压接插件：车载充电接插件　6—冷却水管出口

347 荣威电动汽车高压电池接插件及端子定义

整车低压接插件 BY113 如图 8-19 所示，端子定义见表 8-1。

充电低压接插件 BY115 如图 8-20 所示，端子定义见表 8-2。

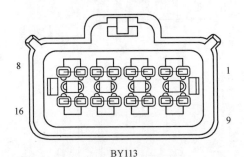

BY113

图 8-19　整车低压接插件

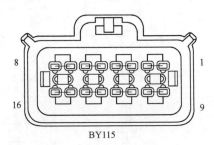

BY115

图 8-20　充电低压接插件 BY115

表 8-1　BY113 端子定义

针脚号	描　述
1	12V 低压供电正极（KL30）
2	12V 低压供电负极接地（GND）
3	高速 CAN1 高电平
4	高速 CAN1 低电平
5	—
6	主高压互锁线路回路
7	充电状态指示
8	高压惯性开关
9	主高压互锁线路源路
10	低压唤醒（KL15）
11	底盘接地
12	—
13	充电连接指示
14	—
15	高压电池包冷却泵供电电源
16	高压电池包冷却泵输出驱动

表 8-2　BY115 端子定义

针脚号	描　述
1	车载充电器低压供电
2	车载和非车载低压供电接地
3	本地 CAN2 高电平（与车载充电器通信）
4	本地 CAN2 低电平（与车载充电器通信）
5	—
6	充电高压互锁线路回路
7	充电高压互锁线路源路
8	车载充电器低压唤醒
9	—
10	—
11	车载充电器连接线检测输入
12	非车载充电器连接线检测输入
13	本地 CAN1 高电平（与非车载充电器通信）
14	本地 CAN1 低电平（与非车载充电器通信）
15	—
16	非车载充电器低压唤醒

348 荣威电动汽车高压惯性开关

　　如果车辆发生碰撞或突然冲击，当撞击加速度达到一定值时，会触发高压惯性开关打开，自动切除高压供电系统。组合仪表显示动力系统切断警告。此时车辆无法正常起动。

　　经过排除故障，确认安全后才可以进行复位操作。高压惯性开关位于杂物箱右后方，固定于右侧 A 柱车身上。

　　高压惯性开关垂直安装，在其顶面上有一个重置按钮。在拆卸下杂物箱后，可以用手触摸到。按下按钮（图 8-21 中箭头标出）可使惯性开关重新复位。控制电路如图 8-22 所示。

当惯性开关打开后，危险警告灯闪烁、室内灯点亮、动力系统故障警告灯点亮、高压电池包切断警告灯点亮、车辆准备就绪灯"READY"熄灭、门锁解锁。

图 8-21 高压惯性开关

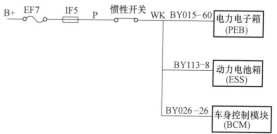

图 8-22 高压惯性开关控制电路

349 荣威电动汽车电子点火开关

（1）结构　荣威电动汽车电子点火开关结构如图 8-23 所示。

元件作用：

1）ACC 档控制附件继电器。

2）ON 档控制转换继电器、PEB/VCU 转换继电器。

3）CRANK 档向 BCM、VCU 等提供起动信号。

4）发送从识读线圈获得的钥匙信息到仪表中的防盗单元。

5）非 P 位钥匙被电磁阀锁止。

6）点火开关照明控制。

（2）控制电路原理　电子点火开关线路如图 8-24 所示。

钥匙锁止原理：电子点火开关内的锁止电磁阀不通电时，钥匙不锁止；BCM 的 BY027-9 端子接地，电磁阀通电时，钥匙被锁止。

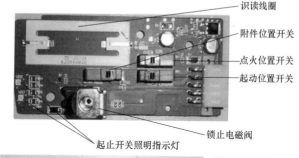

图 8-23 荣威电动汽车电子点火开关结构

钥匙被锁止时，钥匙不能从电子点火开关中拔出。

满足以下条件之一，钥匙将被锁止：

1）点火开关 ON 档，变速杆位于 R、N 或 D 位。

2）车辆准备就绪指示灯点亮。

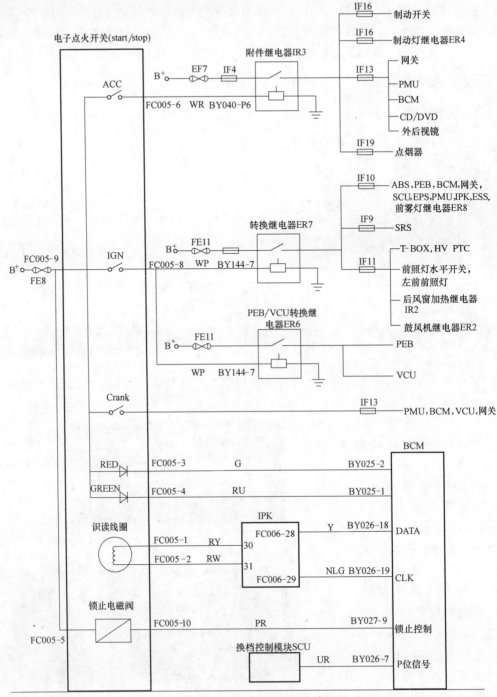

图 8-24　电子点火开关线路

350 荣威电动汽车慢充口端子说明

荣威电动汽车慢充口端子如图 8-25 所示。

注：CC 端子电压在点火开关 ON 档时为 5V；点火开关 OFF 档时为 0V。

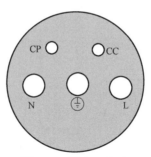

图 8-25　慢充口端子

N—220V 零线　L—220V 交流电源线　⏚—屏蔽接地　CP—慢充线连接信号接地　CC—慢充线连接输入开关信号

351 荣威电动汽车车载慢速充电器

荣威电动汽车车载充电器结构如图 8-26 所示。

慢充手柄与慢充口连接，但未提供 220V 交流电，点火开关在 ACC 或 OFF 档时，充电器连接指示灯不亮。点火开关打开，充电器连接指示灯点亮，如图 8-27 所示。

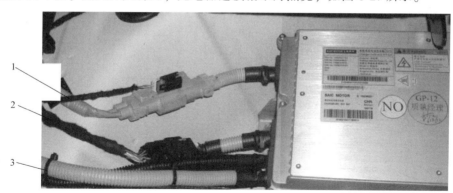

图 8-26　车载充电器结构

1—从车载充电器输出至高压电池　2—插件 BY185

3—慢速充电接口连接线，黄色为 220V 交流输入，黑色为充电连接线输入开关信号

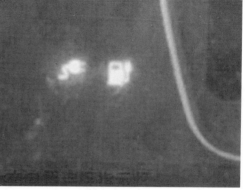

图 8-27　充电指示灯和充电器连接指示灯

点火开关在 OFF 档，慢充手柄与慢充口连接，慢充线插头插入 220V 交流电源插座，充电指示灯点亮。

充电系统功能电路如图 8-28 所示。

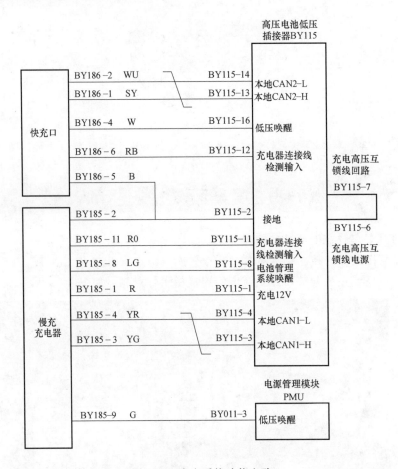

图 8-28 充电系统功能电路

BY185-8/9：慢充唤醒信号，先将慢充线手柄与慢充口连接好后，如慢充线插头插入220V 交流电源插座，信号电压为 10V；如慢充线插头未插入 220V 交流电源插座，信号电压为 0V。

BY185-1：由 BMS 提供 12V 常电源。

BY185-11：慢充连接指示灯信号线。

当满足以下情况中的任一个，信号电压为 3.8V：

1）慢充线手柄与慢充口连接好后，点火开关在 ON 档，未提供 220V 交流电。

2）慢充线手柄与慢充口连接好后，点火开关在 OFF 档，提供 220V 交流电。

352 荣威电动汽车快充口端子说明

荣威电动汽车快充口端子如图 8-29 所示。

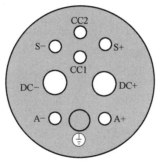

图 8-29　快充口端子

S+—BY186-1，本地 CAN2-H　S-—BY186-2，本地 CAN2-L　CC1—BY186-3，快充充电连接指示灯信号接地
CC2—BY186-6，快充充电连接指示灯信号　DC-—310V 高压直流电源负极　DC+—310V 高压直流电源正极
A-—BY186-5，快充充电唤醒信号接地　A+—BY186-4，快充充电唤醒信号　⊥—屏蔽接地

353　荣威电动汽车高压配电系统布置

荣威电动汽车高压配电系统布置如图 8-30 所示。

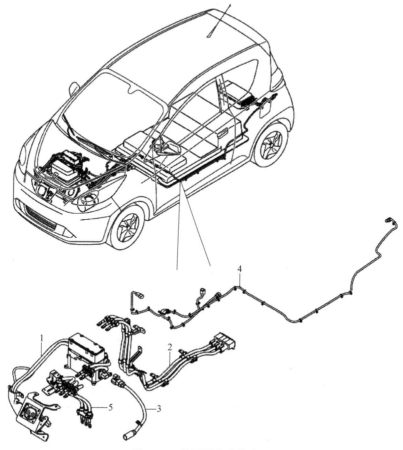

图 8-30　高压配电系统布置

1—高压配电单元　2—高压配电单元线束　3—高压压缩机线束　4—高压加热器线束　5—高压电机线束

1）高压配电单元（PDU）结构如图 8-31 所示。

2）高压配电单元线束如图 8-32 所示，连接在高压电池和 PDU 之间。在高压电池侧的电缆插接器中有高压互锁开关，信号输入到 BMS。

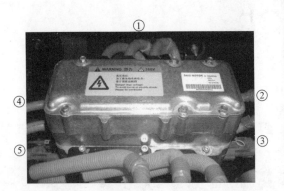

图 8-31　高压配电单元（PDU）结构

1—3 条高压线和高压电池相连　2—2 条高压线，输出到 PEB

3—输出到电动压缩机　4—2 条高压线，和快速

充电接口相连　5—输出到空调电加热器

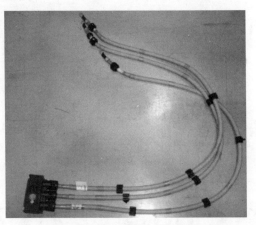

图 8-32　高压配电单元线束

3）高压电力电子箱线束如图 8-33 所示，连接在 PEB 和 PDU 之间。

图 8-33　高压电力电子箱线束

4）高压压缩机线束如图 8-34 所示，连接在电动压缩机和 PDU 之间。

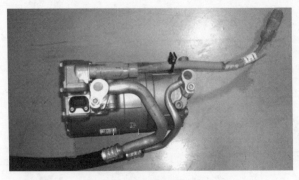

图 8-34　高压压缩机线束

5）高压电机线束如图 8-35 所示，连接在 PEB 和驱动电机之间。

6）高压加热器线束如图 8-36 所示，在 2 号高压电缆插接器中含有互锁开关，信号输入到 BMS。

图 8-35　高压电机线束

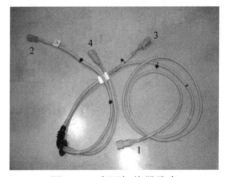

图 8-36　高压加热器线束

1—慢充充电器提供的 310V 直流电源

2—高压电池包充电电源，来自慢充充电器

3—高压配电单元输出的 310V 直流电源

4—PTC 加热器高压电源

7）高压配电单元电路如图 8-37 所示。

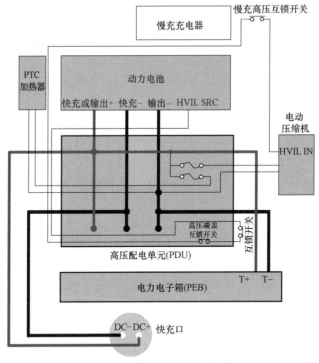

图 8-37　高压配电单元电路

354 荣威电动汽车整车控制单元插件及端子定义

整车控制单元（VCU）用于行车控制，安装于车辆左前围板下板上。

VCU 接插件 BY013 如图 8-38 所示，端子定义见表 8-3。

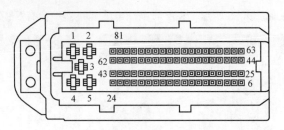

BY013

图 8-38　VCU 接插件

表 8-3　端子定义

针脚号	描　述	针脚号	描　述
1	整车控制单元接地（GND）	53	制动踏板位置传感器信号
2	整车控制单元接地（GND）	54	—
3	整车控制单元接地（GND）	55	高速 CAN2 高电平（HS CAN2 H）
4	整车控制单元供电（B+）	56	高速 CAN2 低电平（HS CAN2 L）
5	整车控制单元供电（B+）	57-63	—
6	整车控制单元供电（IGN）	64	制动踏板位置传感器 & 加速踏板位置
7-11	—		传感器 1 接地（GND）
12	整车控制单元供电（ST）	65	加速踏板位置传感器 2
13-14	—		接地（GND）
15	加速踏板位置传感器 1 信号	66	—
16	加速踏板位置传感器 2 信号	67	制动踏板开关信号
17	高速 CAN1 低电平（CAN1 L）	68	—
18	高速 CAN1 高电平（CAN1 H）	69	制动踏板开关接地（GND）
19-25	—	70	—
26	制动踏板位置传感器 & 加速踏板位置	71	制动踏板位置传感器 & 加速踏板位置
	传感器 1 供电（+5V）		传感器 1 接地（GND）
27	加速踏板位置传感器 2 供电（+5V）	72	—
28-38	—	73	制动踏板位置传感器 & 加速踏板位置
39	PWM 冷却风扇信号		传感器 1 接地（GND）
40-44	—	74	加速踏板位置传感器 2 接地（GND）
45	PWM 冷却风扇继电器	75	加速踏板位置传感器 2 接地（GND）
46-52	—	76-81	—

355　荣威电动汽车电力电子箱插件及端子定义

电力电子箱线束端插接器 BY015 如图 8-39 所示，BY015 插接器位于前舱右前部 PEB 上，为黑色母插接器。

端子定义见表 8-4。

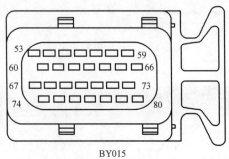

BY015

图 8-39　BY015 插接器

表 8-4　端子定义

针脚号	描　　述	针脚号	描　　述
53	高压互锁	67	励磁正信号
54	PEB 冷却泵控制信号	68	余弦负信号
55	—	69	正弦负信号
56	高压互锁	70	—
57	—	71	—
58	环境温度传感器接地	72	高速 CAN1 高电平
59	电机温度模拟信号 0~5V	73	高速 CAN1 低电平
60	碰撞信号输入	74	励磁负信号
61	—	75	余弦正信号
62	屏蔽线接地	76	正弦正信号
63	接地	77	点火输入信号
64	—	78	PEB 供电 12V
65	—	79	本地 CAN 高电平
66	唤醒信号	80	本地 CAN 低电平

356　荣威电动汽车电源管理单元模块插件及端子含义

电源管理单元模块（PMU）用胶带捆绑固定在铅酸蓄电池负极电缆上，控制模块本身包含电压、电流、温度传感器，这些传感器用来采集蓄电池的工作状态。

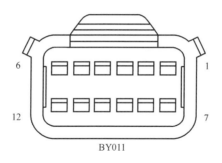

图 8-40　PMU 接插件 BY011

PMU 接插件 BY011 如图 8-40 所示，端子含义见表 8-5。

表 8-5　端子含义

针脚号	描　　述	针脚号	描　　述
1	电源管理单元模块供电（B+）	7	蓄电池电压读取（+）
2	—	8	点火开关位置信号（IGN）
3	慢充充电信号	9	点火开关位置信号（ST）
4	蓄电池电压读取（-）	10	点火开关位置信号（ACC）
5	电源管理单元模块接地（GND）	11	高速 CAN1 低电平（CAN1-L）
6	—	12	高速 CAN1 高电平（CAN1-H）

357　荣威电动汽车冷却系统布置

（1）PEB/驱动电机冷却系统　布置图如图 8-41 所示。

（2）高压电池包冷却系统　布置图如图 8-42 所示。

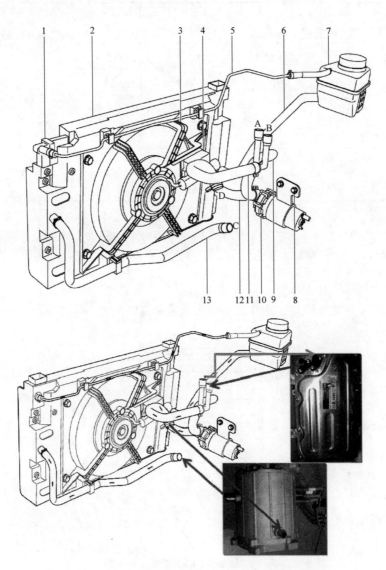

冷 ——— ； 热 ———
驱动电机冷却系统

图 8-41 PEB/驱动电机冷却系统

A—电力电子箱（PEB）进液口 B—电力电子箱（PEB）出液口 C—驱动电机出液口 D—驱动电机进液口

1—散热器 2—冷却风扇罩 3—冷却风扇 4—冷却风扇低速电阻 5—散热器溢流管

6—软管（膨胀水箱到散热器） 7—膨胀水箱（电机） 8—电机冷却液泵安装支架

9—软管（水泵到 PEB） 10—冷却液泵（电机） 11—软管（PEB 到电机）

12—软管（水泵到散热器） 13—软管（电机到散热器）

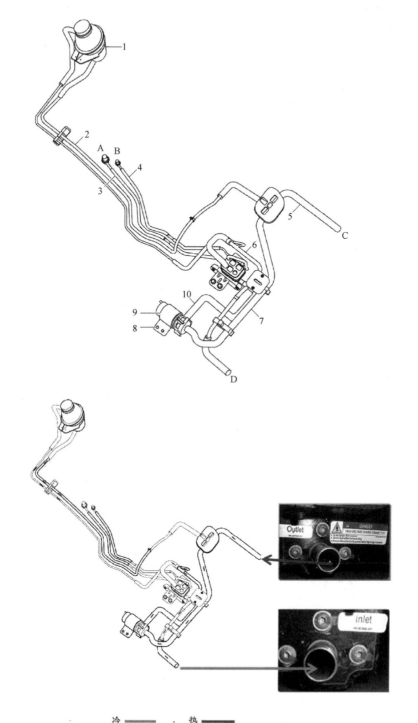

冷 ━━━━ ; 热 ━━━━

图 8-42 高压电池包冷却系统

A—电池冷却器（Chiller）低压空调管接口 B—电池冷却器（Chiller）高压空调管接口

C—高压电池包冷却液出液口 D—高压电池包冷却液进液口

1—膨胀水箱（高压电池包） 2—软管（膨胀水箱到冷却液管三通） 3—电池冷却器低压空调管 4—电池冷却器
高压空调管 5—软管（高压电池包到冷却液管三通） 6—软管（电池冷却器到高压电池包） 7—软管（冷却液管
三通到水泵） 8—高压电池包冷却液泵安装支架 9—冷却液泵（高压电池包） 10—软管（冷却液泵到电池冷却器）

358 荣威电动汽车冷却系统主要元件

（1）PEB/电机冷却液泵　PEB/电机冷却液泵安装在前右纵梁上，如图8-43所示。电机冷却系统温度较低时，冷却液泵不工作。温度上升后，冷却液泵工作。其工作温度不能超过75℃，最合适的工作温度应该低于65℃。20℃时电阻值为1.3Ω左右。

（2）电池冷却液泵　电池冷却液泵安装在车身底盘上，如图8-44所示。BMS控制电池冷却系统电动冷却液泵，在电池温度上升到32.5℃时开启，在温度低于27.5℃时关闭，BMS发出要求电池冷却器膨胀阀关闭和冷却液泵运转的信号。20℃时电阻值为1.3Ω左右。

（3）膨胀水箱　膨胀水箱如图8-45所示，膨胀水箱盖的额定压力为140kPa。

图8-43　PEB/电机冷却液泵

图8-44　电池冷却液泵

（4）冷却液温度（ECT）传感器　ECT传感器安装在散热器右侧前部，如图8-46所示。元件作用主要是控制电子风扇运转，不提供信号给仪表。PEB计算冷却液温度并将它与PEB冷却液温度传感器信号进行比较，判断是否需要使用PEB冷却液温度传感器控制冷却风扇运转。

注：电池冷却系统温度传感器在电池组内部，外面看不到。

（5）电池冷却器（Chiller）　电池冷却

PEB/电机膨胀水箱

电池冷却膨胀水箱

图8-45　膨胀水箱

器安装在车身底盘中部，如图8-47所示。主要由热交换器、带电磁阀的膨胀阀（TXV）、管路接口和支架等组成。主要用于电池冷却液和制冷系统制冷剂的热交换，将电池冷却液中的热量转移到制冷剂中。

膨胀阀控制/冷却液温度控制：空调控制器（ETC）收到BMS的膨胀阀电磁阀开启的信号要求时，打开电池冷却器膨胀阀的电磁阀，并给电空调压缩机（EAC）发出起动信号。电池组最适宜的温度为20～30℃。当电池的冷却液温度在30℃以上时，ETC限制乘客舱制冷量，当冷却液温度在48℃以上时，ETC关闭乘客舱制冷功能，但除霜模式除外。ETC只控制冷却液温度。BMS控制冷却液与BMS电池内部的热量交换（控制冷却液泵）。快速充电时，会被网关模块唤醒，此时电池冷却系统进入正常工作状态。

（6）散热器和冷却风扇　散热器和冷却风扇如图8-48所示。冷却风扇受VCU控制，冷却风扇工作时，VCU控制PWM模块使冷却风扇在20%～90%的占空比范围内以8个档位速度工作。冷却风扇开启条件：取决于A/C和PEB冷却液温度这两个重要因素。当EAC开启或PEB冷却液温度高于52℃时，开始工作。冷却风扇停止工作条件：PEB冷却液温度低于65℃（实测47℃），并且EAC关闭，冷却风扇停止工作。点火开关关闭，EAC关闭，PEB冷却液温度高于65℃，冷却风扇继续工作，环境温度低于10℃，工作30s，环境温度高于10℃，工作60s。

图8-46　PEB/电机冷却系统ECT传感器

图8-47　电池冷却器

图8-48　散热器和冷却风扇